동료 시민 10인의 **탈핵잇_다**

싸놓은
뚱은
치워야거
않것소

동료 시민 10인의 탈핵잇_다

싸놓은 똥은 치워야지 않것소

김우창 이태욱 인터뷰

도서출판 말

사람이 잇고, 있다 6

국내 핵발전소 운영 현황 10

일러두기 11

김우창이 만난 동료 시민들

황분희 | 월성 핵발전소 최인접 마을에 사는

'황분희들'의 주문, 안전할거야 13

장마리 | 동료 시민의 힘을 믿는 장마리 캠페이너 35

이규봉 | 핵발전소에 종속된 지역에서 나를 지키며 살아가려면 59

장영식 | 당신은, 핵발전소 유치하는 주민들을 이해할 수 있나요? 75

김용호 | 눈에 보이지 않는 위험과 싸우는 사람들 102

인터뷰를 마치며 | 탈핵은 지역주민만의 숙제가 아냐 126

이태옥이 만난 동료 시민들

김영희 | 영희는 법으로 싸운다 129

노병남 | 싸놓은 똥은 치워야지 않것소? 162

이옥분 | '삼척평화'의 탈탈탈 분투기 192

오하라 츠나키 | 후쿠시마가 죽음의 땅? 그곳에도 사람이 살아요 224

용석록 | 울산 시민은 방사선비상계획구역에 산다 258

인터뷰를 마치며 | "탈핵하는 사람, 귀하고 소중한 존재들" 292

사람이 잇고, 있다

만남 1

기후위기가 자신들의 미래를 훔치고 있다며 지구촌 곳곳에서 청소년들이 기후소송에 나섭니다. 우리나라 청소년들도 2018년 인천 송도에서 열린 IPCC 총회를 계기로 청소년 기후소송을 진행 중입니다.

그해 가을, 기후소송을 준비하는 청소년들이 기후문제의 중심 의제인 핵발전소가 있는 지역 청소년들과 만남의 시간을 가졌습니다. 서울 청소년들이 영광에 사는 또래 친구들에게 묻습니다.

"핵발전소가 있는 영광에 견학하러 간다고 했더니 엄마가 위험한데 왜 가냐며 말리셨어. 좀 어이가 없더라. 너희는 위험한 핵발전소 옆에서 사는 기분이 어때?"

돌직구 질문에 당황한 '영광 친구'는 조용히 답합니다. "그냥 살아. 지금까지 큰 사고가 없었던 것처럼 앞으로도 사고가 없길 바라면서. 집이 여긴데 어쩌겠어. 그냥 사는 거지."

만남 2

"가마미 해수욕장을 아시나요?"

전라도에 사는 사람들은 서해 낙조가 아름다운 가마미 모래사장의 추억을 술술 풀어냅니다. 200여 그루 소나무가 해변을 감싸고 있고, 입자가 고운 모래사장이 반달 모양으로 1km 넘게 펼쳐져 있는 아름다운 해변이었던 때가 있었다고요. 수심 1~2m로 물이 깨끗하고 수온이 높아 해수욕과 모래찜질에 안성맞춤인 가마미 해수욕장이 지금은 누구도 선뜻 찾지 않는 쓸쓸한 해변이 되었습니다. 모래사장 한 켠에 우뚝 솟아오른 핵발전소 시멘트 돔을 보면서, 방사능 온배수가 흘러나오는 곁에 앉아 붉은 낙조를 보고 싶지는 않을 테니까요.

전 세계에서 가동 중인 420여 개 핵발전소의 절반이 해안선을 따라 자리 잡고 있습니다. 펄펄 끓는 원자로를 식히기 위해 끊임없이 냉각수를 공급해야 하기 때문이죠. 핵발전소 주변 바닷물은 원자로를 식히느라 데워진 물을 다시 쏟아내기 때문에 평균 수온이 높습니다. 해양 생태계를 교란하고 지구온난화에도 영향을 줍니다.

2017년 〈한국경제〉에 실린 '후쿠시마 여행 포기한다? 이유 알고보니 세슘' 기사는 '우려'를 사실로 전합니다.

후쿠시마 핵사고 이후 주변 해안가 모래와 지하수가 핵발전소에서 흘러나온 세슘을 스펀지처럼 흡착하고 있다가 소금기가 있는 물에 닿으면 세슘이 씻겨 멀리 떨어진 해안가 모래까지 오염시킨 것이 확인되었습니다.

만남 3

2014년 12월, 핵발전소 주변 지역 주민들 618명이 갑상선암 공동소송을 시작했습니다. 마을에서 따돌림당할까 아파도 아프다고 말하지 못하고 쉬쉬하며 살아온 피해자들입니다. 갑상선암 뿐만 아니라 위암과 폐암 등 다른 암도 발병한 주민, 가족 3명이 갑상선암 피해자가 된 가정, 2대가 갑상선암에 걸리고 갓난아기가 항문 없이 태어난 원인 규명을 호소한 부모 등 피해자들이 바란 것은 한가지였습니다. '(우리가, 우리 아이가) 아픈 것에 사업자인 한수원의 책임이 있는지 꼭 밝혀 달라'는 것입니다.

그렇게, 하나둘 이어진 이야기를 더 크고 깊게 이어보고 싶었습니다. 핵발전소 주변지역 주민으로 살면서 일상이 투쟁이 된 사람들, 법전으로 또는 사진으로 동료시민이 되어가는 사람들을 찾아 2023년 한 해 동안 나눈 이야기들을 한 권의 책으로 내놓습니다. 핵발전소를 40여 년 이용한 대가로 떠안은 방사능 폐기물을 '싸놓은 똥'이라 비유하며 전기소비자인 우리 모두가 치워야 하지 않나 묻는 질문의 답을 찾는 과정이기도 합니다.
매주 월요일 '생명평화탈핵'을 외치는 '생명·평화·탈핵순례단' 기도가 13년째 이어지고, 자신의 이름을 적은 관을 끄는 '나아리주민이주대책위 상여시위'가 올해로 벌써 10년째입니다. 오늘도 수명 다한 낡은 핵발전소가 안전하게 퇴장하도록 현장을 뛰어다니는 사람들도 있습니다. 오마이뉴스 '탈핵 잇_다' 연재가 올라올 때마다 읽고 응원해 준 독자들도 있습니다. 모두의 건강과 안전, 핵 없는 세상의 평화를 기도합니다. 고맙습니다.

원불교환경연대 '탈핵잇_다' 기록단

국내 핵발전소
운영 현황

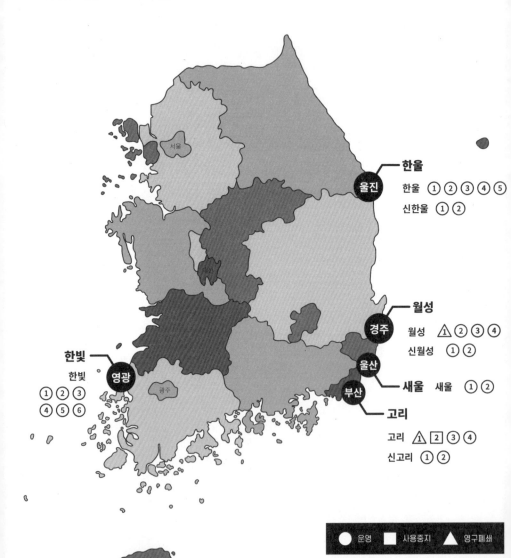

한울
한울 ① ② ③ ④ ⑤
신한울 ① ②

월성
월성 ⚠ ② ③ ④
신월성 ① ②

새울 새울 ① ②

고리
고리 ⚠ ☐2 ③ ④
신고리 ① ②

한빛
한빛
① ② ③
④ ⑤ ⑥

울진
경주
울산
부산
영광

⬤ 운영　☐ 사용중지　▲ 영구폐쇄

* 2024년 7월 기준

일러두기

이 책에 실린 글은 인터뷰이의 입말을 살리기 위해 기관명은 줄임말로,
전문용어는 여러 표현으로 혼재되어 사용되었기에 아래와 같이 일러둡니다.

- **한수원** : 한국수력원자력의 줄임말. 대한민국 내 원자력발전소와 수력발전소를 관할. 한전(한국전력공사)의 자회사.

- **원안위** : 원자력안전위원회 줄임말. 안전규제 전문 중앙행정기관. 핵발전소 운영 관련 인허가, 안전성 확보, 원자력시설 보호, 방사선 비상 및 재난 대비가 주요 업무.

- **원전** : 원자력발전소 줄임말. 핵분열 원리를 이용해 생산한 전기를 원자력이라고 부르지만 정확한 의미는 핵에너지, 핵발전소. 본 글에서는 원전, 원자력발전소, 핵발전소를 혼용해서 사용함.

- 한국 핵발전소는 운영 25기, 영구폐쇄 2기(고리1, 월성1), 설계수명 만료로 사용중지 1기(고리2)로 총 28기를 운영·관리 중.

- 고리 2호기는 1983년 4월 9일 상업운전을 시작, 설계수명 40년 만료로 2023년 4월 9일 가동 중단. 수명연장으로 재가동 추진 중이나 본글에서는 정지로 표기.

- 2024년 6월 기준, 운영 중인 핵발전소(원전) 25기 위치 현황
  부산 고리 : 고리 3, 4호기. 신고리 1, 2호기
  울산 새울 : 새울 1, 2호기(전 신고리 3, 4호기)
  경주 월성 : 월성 2, 3, 4호기, 신월성 1, 2호기
  울진 한울 : 한울 1, 2, 3, 4, 5, 6호기, 신한울 1, 2호기
  영광 한빛 : 한빛 1, 2, 3, 4, 5, 6호기

- **사용후핵연료** : 핵발전소의 원료로 사용되고 난 후 남은 핵연료. 핵분열 반응에서 생긴 높은 방사능 농도와 열 때문에 고준위 방사성 폐기물 또는 핵폐기물이라고도 함.

- **맥스터** : 사용후핵연료 임시저장시설. 핵발전소 부지 내 임시저장 시설인 수조가 포화상태에 이르러 추가로 건설하고 있음. 현재, 경북 경주 월성 맥스터만 완공됨. 부산 고리, 영광 한빛에도 건설 추진 예정.

월성원전인접지역이주대책위원회 부회장 **황분희**

그린피스 기후에너지 캠페이너 **장마리**

핵으로부터안전하게살고싶은울진사람들 대표 **이규봉**

타인의 고통을 기록하는 사진작가 **장영식**

기장해수담수반대대책협의회 대표 **김용호**

김우창이
만난
동료 시민들

월성 핵발전소 최인접 마을에 사는
'황분희들'의 주문, 안전할거야

후쿠시마 사고 이후 자신의 직함을 관 위에 적고 상여시위하는 황분희 씨.
'안전한 곳에서 사랑하는 가족과 함께 살기 위해' 그는 10년째 싸우고 있다.

경주에서 보이는 것과 보이지 않는 것들

박사학위 논문을 위해 2020년 10월부터 2021년 7월까지 경주시 양남면에서 현장 연구를 진행하였다. 그때 매주 이주를 요구하며 상여 시위하는 주민을 만났고, 특히 황분희 씨와 많은 이야기를 했다. 2014년부터 현재까지 10년째 핵발전을 비판하며 이주를 요구하는 사람들, 그중 황분희 씨를 다시 만난 이유는 그의 일상과 고민이 궁금했기 때문이다. 이주대책위 부위원장이 아닌 아내이자, 엄마이자, 할머니로서 또한 '황분희'로서 월성 핵발전소 가까이에 사는 그의 이야기를 더 듣고 싶었다. 상여 시위에 참여하는 주민은 줄고 농성장의 전기마저 끊겼지만, 그는 안전한 곳에서 가족과 함께 살기 위해 일상과 싸움 모두 포기하지 않고 있다. 2023년 1월 27일 황분희 씨의 집에서 세 시간가량 이야기를 나누었다.

천년 고도 경주. 경주는 992년간 신라의 수도였으며 지금도 역사와 관광으로 유명한 도시다. 석굴암, 불국사, 동궁과 월지, 그리고 황리단길까지. 그러나 핵발전소가 경주에 있다는 것을 아는 사람은 극히 드물다. 월성 핵발전소 4기와 신월성 핵발전소 2기, 중저준위 방사성폐기물 처분장과 사용후핵연료 조밀 건식 저장시설인 맥스터, 한국 원자력환경공단, 양성자가속기연구센터와 한국수력원자력(아래 한수원) 본사까지. 핵발전소 관련 시설 거의 모두가 경주에 모여 있다고 해도 과언이 아니다.

이 모든 핵발전 시설은 토함산에 의해 천년 고도 경주를 즐길 수 있는 경주 시내와 생활권이 분리된 동경주(양남면, 문무대왕면, 감포읍)에 몰려 있어, 우리의 눈에 잘 보이지 않는다.

반대로 월성 핵발전소가 있는 양남면에서만 볼 수 있는 것이 있다. 월성 원자력발전소 홍보관과 월성 스포츠센터, '원전 수용성 전화 설문 조사 안내' '원전 현장 인력양성원 교육 훈련생 모집' '월성 청소년 합창단 모집'이 적힌 현수막, 그리고 '이주'를 요구하는 주민이 만든 농성장은 원자력발전소 홍보관 앞에 있다.

핵발전소로 더 다가가면, 곳곳에 '제한구역 알림: 본 지역은 원자력안전법 제89조에 따라 제한구역(EAB)으로 설정된 지역으로 일반인 출입 및 거주를 통제하는 지역입니다'라는 팻말이 설치돼 있다. 이곳은 월성 핵발전소 원자로 반경 914m에 해당하며, 원자력안전법에 따르면 "방사선 관리구역 및 보전구역의 주변 구역으로 피폭방사선량이 위원회가 정하는 값을 초과할 우려가 있는 장소"를 말한다.

'핵발전' 시설과 핵발전소에서 반경 914m밖에 떨어지지 않아 일반인의 출입 및 거주를 엄격히 통제해야 하는 제한구역은 천년 고도 경주시와 좀처럼 어울리지도, 연결되지도 않는다. 그러나 경주 시내에서는 보이지 않지만, 지난 30여 년간 핵발전소와 함께 살아가는 사람이 경주시 양남면 나아리에 있다.

경주시 양남면 나아리 주민, 황분희

안동이 고향이고 결혼한 이후에는 오랫동안 남편의 직장을 따라 울산에서 살았던 황분희 씨는 남편의 좋지 않았던 건강 때문에 경주시 양남면 나아리에서 3년 정도 쉬고, 건강을 회복하면 다시 울산으로 가려고 했다. 그러나 그는 10분 거리에 아름다운 해당화가 핀 나아 해변이 있고, 집으로 돌아오는 좁은 길목에 소나무가 가득한 이곳에서, 조그맣게 농사지으며 평생을 살아도 좋겠다고 생각했다. 남편의 건강이 차츰 나아지기 시작하면서 가족들과 함께 먹을 건강한 과일, 채소를 키우기 시작했고, 현재는 과일나무를 포함해 재배 작물이 스무 가지가 넘는다.

우리 아저씨가 울산 현대중공업에 다녔거든. 그때는 회사에서 종일 살았어. 새벽 깜깜할 때 집을 나갔다가 한밤중에 들어왔거든. 우리 아저씨가 총반장이라고 반장 중에서도 제일 높았어. 철판으로 배를 만들려면 도면을 뜨고 재단을 해야 하는데, 그걸 잘하지 못하면 엄청난 손해가 나잖아. 아저씨 성격이 굉장히 꼼꼼하거든. 정확하게, 오차도 없이 만들었어. 근데 그렇게 일하니 스트레스를 받는 거야. 갑자기 건강이 안 좋아졌어, 무슨 특별한 병이 있는 게 아니라. 게다가 총반장이니까, 자기 밑에 있는 직원들한테 싫은 소리도 해야 하는데, 그런 걸 못 하니까. 보너스를 나눠줘도, 왜 누군 얼만데 나는 이것 밖에 안주냐고 집 앞까지 와서 따지는 사람도 있었고. 혼자

끙끙 앓았던 거지. 살이 빠지고 마르기 시작하는데, 음식도 제대로 못 먹으니 면역력이 약해져서 식중독 같은 것도 걸리고. 병원에 가니까 절대로 스트레스받으면 안 된다, 이렇게 살면 안 된다, 그렇게 딱 말하더라고. 그래서 경주로 오게 됐지.

황분희 씨가 이곳에 들어와 살기 시작한 것은 체르노빌 사고가 났던 1986년으로 현재 38년째 가족들과 살고 있다. 그의 이야기를 듣다 보니 '혹시, 이사 올 때, 핵발전소가 있다는 걸 모르셨어요?'라는 질문을 하기가 주저됐다. 이 모든 문제의 원인이 마치, 이곳을, 핵발전소를 제대로 알아보지도 않고 이사 온 당신 탓처럼 들릴까 봐, 주저하며 던진 질문에 황분희 씨는 차분하게 대답했다.

당연히 몰랐지, 몰랐어. 이사 올 때 누구도 마을 1km 바로 바깥에 핵발전소가 있다는 걸 알려주지 않았어. 지금은 마을에서도 핵발전소가 잘 보이는데, 당시에는 왜 안 보였나 모르겠어. (한참을 고민하다가) 근데, 알았다 하더라도 크게 개의치 않았을 거야. 지금도 그렇지만 당시, 30년 전에는 국가나 텔레비전에서, 학교에서 원전은 깨끗하고 안전한 에너지라고 말했잖아. 그냥 믿었겠지, 믿었을 거야. 그렇게 우리는 아무것도 모르고 이곳이 좋아서 들어왔고 지금까지 살고 있어.

황분희 씨는 이 작은 마을에 핵발전소가 있다는 것을, 그 핵발전소가 위험할 수도 있다는 것을 나중에야 알았다. "정말 아무것도 몰랐어, 그냥 바보처럼 모르고 살았어"라는 말을 인터뷰하는 중간에도 몇 번이나 되뇌었다. 그래도 마을살이는 좋았다.

이웃사촌이라고 멀리 사는 가족, 자식이 무슨 소용이야. 바로 앞집, 뒷집에 사는 이웃이나 친구랑 밥도 먹고 차도 마시면서 수다도 떨고. 내가 된장국 하면 와서 먹으라고 하고, 저기서 시래깃국 하면 나도 얻어먹고 했지. 바깥에서 만나면 반갑고 너무 좋아서, 길에서 시간 가는 줄도 모르고 수다 떨고.

그렇게 이웃사촌인 마을주민과도 허물없이 지내던 이곳에서 큰딸 내외에게 같이 살자고, 손주도 돌봐주겠다고 말했다.

우리 세대만 해도 아들을 엄청나게 좋아했잖아. 근데, 내가 딸만 셋을 놓고 더는 아들 낳으려고 할 수 없다고 말하니까, 아저씨가 괜찮대. 딸만 키워도 괜찮다, 이래 가지고 딸만 키웠는데. 손자를 보니까 그렇게 좋더라고. 딸이 울산 시내에 살았는데, 어린이집에 보내지 말고 내가 손녀랑 손자 키워 줄 테니 들어와서 살아라, 말했지. 할머니 밑에서 크면 애들 인성도 좋고. 너희는 걱정하지 말고 일해라, 내가 애들 봐줄 거라고 했지.

그러나 하나의 사고가 그들의 일상과 행복이 실은 불안과 위험과 멀지 않음을, 그동안 한수원과 정부가 공고하게 쌓아왔던 핵발전소 '안전 신화'를 단번에 깨트리게 될 줄은, 그 누구도 예상하지 못했다. 2011년 3월 11일, 후쿠시마 핵발전소 사고가 일어나기 전까지는.

후쿠시마 사고와 산산이 부서진 '안전 신화'

황분희 씨는 "한수원은 원자력발전소는 깨끗하고, 안전하다 늘 홍보했거든. 우리는 그걸 믿고 살아왔지. 근데 TV에서 검은 연기가 나고 해일이 치는 걸 보는데, 뭘 처음 느꼈냐면, 아무리 안전하다 해도 한순간에 핵발전소가 위험할 수 있구나라고 생각했어"라고 말했다.

여기 사는 우리가 사실 한수원을 비판할 이유가 없었잖아. 왜냐하면, 한수원에서는 항상 원전은 깨끗하고 좋은 에너지라고 말하고. 환경단체들이 여기서 할 수 있는 게 없었어. 삼중수소가 냄새도 안 나고, 색도 없고. 보통 환경오염이랑은 다르잖아. 깨끗하고 안전하다길래 평생을 믿고 산 거야.

2011년 일본 후쿠시마 사고는 모든 것을 송두리째 바꾸어놓았다. 텔레비전에선 연신 후쿠시마 핵발전소 사고 영상을 틀어주었고,

기자들도 마을을 방문해서 주민을 인터뷰하는 등 국내 원전의 위험성을 경고하는 기사를 쓰기 시작했다. 그런데 황분희 씨를 인터뷰했던 한 기자가 한수원이 들려주지 않았던, 혹은 들어왔던 것과 다른 이야기를 했다.

한수원은 지금까지 중수로가 경수로랑 다른 점이 없다고 했거든? 방사성물질도 전혀 안 나오고. 근데, 그게 다 거짓말이었던 거야. 한 기자가 인터뷰 마치고 나한테, '중수로는 경수로와 다르게 더 무거운 물인 중수(重水)를 냉각재로 써서 여기 월성원전은 다르다'라고 말한 거야. 게다가, '후쿠시마처럼 끔찍한 폭발사고가 나지 않더라도 액체나 기체로 방사성물질이 공장에서 나오는 연기처럼 계속 나온다'라고 말해주더라고. 내가 얼마나 놀랐는지 몰라, 왜 이렇게 모르고 살았나, 속고 살았나 싶더라고.

이처럼 후쿠시마 사고는, 사고 그 자체로도 한수원이 만들어 놓았던 '안전 신화'를 의심하게 했지만, 우연한 기회로 만난 기자와 전문가를 통해 '안전 신화'가 실은 거짓말로 유지되었다는 것을 황분희 씨는 처음 알게 되었다. 설상가상으로 후쿠시마 사고 이후인 2012년과 2013년에 핵발전소의 안전한 운영과 관리를 담보해야 하는 한수원 내부에서 '원전 부품 비리 사건'이 연이어 터지기 시작했다.
이러한 상황에서 황분희 씨는 후쿠시마 사고 이후 알게 된 전문가,

그중에서도 김익중 전 동국대 의대교수에게 삼중수소 문제나 여기에서 사는 게 안전한지 등을 물어보기도 했다. 누구도 알려주지 않고 그저 안전하다고만 했던 것에 대해서.

김익중 전 교수님을 찾아가서 이게 안전한 거냐, 문제는 없는 거냐고, 우리 어떻게 살아야 하냐고 물으니 삼중수소라는 방사성물질이 월성 핵발전소에서 나오는데 '문제는 그게 액체나 기체 상태로 계속 배출되니, 우리가 마시는 지하수나 먹는 농수산물에도 있다'는 거야. 그래서 어떻게 해결할 수 있냐고 물으니, 없대. 물을 끓여도 삼중수소가 안 없어지고, 정수기를 설치해도 안 된대. 그냥 생수를 사 먹는 수밖에 없다는 거야. 그래서 우리 가족이 전체 여섯 명인데, 한두 달간은 정말 걱정이 되어서 생수를 사 먹었거든? 근데, 이게 감당이 안 되는 거야. 뭘 어쩌겠어, 다시 먹던 물을 마셨지. 여기서 나는 농수산물을 안 먹으면 또 어떻게 살겠어. 그냥 먹었지, 그냥 그렇게 했지. 걱정돼도 우리는 여기서 살아야 하니까.

혼자서 고민하던 황분희 씨는 2014년 8월 24일, 후쿠시마 사고와 연이어 터진 부품 비리 사건 이후 마을에서 더는 한수원을 믿지 못하겠다는 사람들과 함께 월성원전인접지역주민이주대책위원회(아래 이주대책위)를 만들었다. 공고하게 보였던 핵발전소의 '안전 신화'에 주민 스스로가 문제를 제기하고 조금씩 균열을 내기 시작한 것이다.

주민 직함 적힌 관을 매주 끌며 시위

그때 만들어진 이주대책위는 현재까지 10년을 쉬지 않고 한수원과 정부에 이주를 요구하고 있는데, 매주 월요일 오전 8시 20분 월성 핵발전소 남문으로 이어진 도로에서 상여와 관을 끌며 집회를 이어오고 있다. 나아리 주민과 경주 시민, 울산 시민 등이 모여 끄는 상여와 관 위에는 주민들의 직함도 적혀 있다.

황분희 씨는 "핵발전소 아주 가까이에 사는 우리는 죽은 것이나 다르지 않아 관에 우리의 직함을 적었다. 매주 월요일, 우리의 직함이 적힌 관과 상여를 끄는 것은, 억울하고 안타까운 심정을 보여주기 위해서다"라고 비장하게 말했다. 예전에는 상복을 입고, 상여 노래를 틀기도 했다. 핵발전소 근처에서 사는 것은 죽은 것이나 다름없기에, 자신들의 장례식을 치르는 것과 동시에 위험한 핵발전소를 이제는 멈추라며 발전소에 대한 장례식, 즉 자신과 핵발전소의 장례식을 매주 치르고 있었다. 실제 하나의 관 위에는 '處士 局長 之 柩(처사 국장 지 구 : 사무국장의 관)'이라고 적혀 있다. 인과관계는 밝혀지지 않았지만, 황분희 씨는 2012년에 갑상샘암 수술을 받았고 그의 남편도 갑상샘항진증을 앓고 있다. 과학적으로 암을 비롯한 여러 질병과 방사성물질 사이의 인과관계를 드러내는 것은 어려운 일이지만, 그는 자기 몸에 새겨진 암이 자신이 싸워야 할 충분한 근거이자 원동력이라고 강조했다.

전문가들은 항상 기준치 이하라서 괜찮다고 말하거나, 바나나 몇 개, 멸치 몇 그램 먹는 것과 다르지 않다고 말하거든. 안전하다는 거야. 그러면 내가 오히려 물어보고 싶어. 이 마을에 암으로 돌아가신 어르신들이 수십 명이고, 예전에는 특히 초등학생, 중학생 또래 애들 세 명이 백혈병으로 죽었거든. 물론 그들 부모가 쉬쉬하거나 이 마을을 떠나서 제대로 알려지지 않았지만, 이상하잖아. 이상한 일 투성인데, 그냥 계속해서 괜찮다고만 하니까, 이제는 못 믿는 거지. 전문가란 사람들도 한수원이랑 한 패인가, 라는 생각을 하게 되고. 그리고 내가 가장 걱정되는 건 내 자식, 손주지. 그래서 매주 힘들더라도 싸우는 거야.

이주대책위가 처음 만들어진 2014년에는 월성 핵발전소에서 가장 가까이에 있는 나아리와 나산리 주민 72가구, 150여 명이 참여했다. 그러나 한수원에 이주를 요구하는 것, 매주 상여 시위에 참여하는 것은 생각보다 쉽지 않은 일이었다. 왜냐하면, 마을주민 대다수가 한수원과 직·간접적으로 연관된 일을 하기 때문이다. 월성 핵발전소나 하청·재하청에서 근무하는 사람도 있고, 그들의 자녀가 일하거나, 월성 핵발전소 정문 근처에서 식당이나 가게를 운영하기도 했다. 누구 하나 한수원에서 자유롭지 못했지만, 주민 중 일부는 '안전한 곳에서 행복하게 살고 싶다'라는, 누군가에게는 너무도 평범한 일상을 수년째 요구해 오고 있다.
시간이 갈수록 상여 시위에 참여하는 주민들은 자연스럽게 줄어들었는데, 한수원이 노골적으로 압박하지 않더라도 그들 스스로가 생계 때문에 싸움을 포기할 수밖에 없던 것이다. 최근에도 열심히 상여 시위에 참여했던 한 주민은 자신의 딸이 운영하는 가게에 영향을 준다는 이야기를 들었고, 함께 싸우지 못해 미안하다는 말을 이주대책위에 전하기도 했다.

그 할매가 최근에 상여 시위에 나와서, 우리한테 미안하다고 했어. 그 이후론 못 나왔어. 딸내미 때문에. 피자집인가 통닭집인가를 하거든. 딸내미가 먹고살려고 다시 고향에 들어와 가게를 차렸거든. 근데, 엄마가 계속 우리 집회장에 나오니까, (한수원이) 직원들을 가게에 못 가게 하거나 배달을 딱 끊어버렸다는 거야.

이런 일이 한두 번이 아니었다. 반대 집회에 나간 가게의 주인이 한수원 인트라넷 '나쁜 가게' 리스트에 올라 매출이 떨어지기도 했다. 심지어는 점심에 수천 개의 도시락을 주문받아 준비했는데 갑자기 취소하는 등 한수원은 자신에게 반대하는 가게를 가만히 두지 않았다는 것이다.

나는 (도시락 시켰다가 취소했다는) 식당이 좀 과장되게 말한 거 아닌가 싶었는데. 이 할머니가 직접 겪고 여기 와서 말을 하니까 정말 심각하다는 것을 다시 느낀 거지. 할머니가 우리한테 '못 나가서 미안하다'라고 하는

데, 내가, '괜찮다, 못 나와도 괜찮다. 아니, 자식이 먹고살려고 다시 고향에 왔는데, 살아야죠. 그러니까 안 나와도 괜찮습니다'라고 했지.

이렇게 150여 명으로 시작한 이주대책위는 다양한 이유로 시위에 참여하는 인원이 줄어들기 시작했고, 10년이 지난 지금은 적을 때는 채 열 명도 나오지 않게 되었다. 그래도 황분희 씨는 그들을 비판하거나 비난할 수는 없다고 말했다.

물론 함께 싸워온 사람이 그만둘 때마다 아쉽기도 하고, 계속 같이 싸웠으면 좋겠지만, 이해돼. 맥스터 추가 건설 반대 집회 때, 식당 주인들이 많이 참여한 적도 있거든. 근데 같이 싸우고 싶어도 먹고 살아야 하니까. 집회장에 한 번 나오면 도시락 주문 다 끊기고, 피해를 보니까. 이 마을은 딴 데보고 장사를 하는 게 아니라, '한수원 하나' 보고 장사를 하잖아. 외부에서 관광객이 많이 오는 것도 아니거든. 치사하게 그런 걸 가지고 회유든 협박을 하는 거지. 자기들이 잘해서, 동네, 지역주민과 더불어 살 생각은 안 하고, 이런 먹고사는 일 갖고 동네 사람을 갈라놓는 거지. 한수원이 입에 달고 사는 진짜 '상생'을 해야 하는데, 저렇게 '나쁜가게 리스트'를 만들지 않나. 주민이 이젠 아는 거지. 내가 집회에 가면, 먹고 살기 힘들다는 걸.

황분희 씨는 한수원이 강조하는 '마을 발전'이나 '지역 상생'이 '안전 신화'처럼 거짓말과 기만으로 가득 차 있다고 지적했다.

살기 좋고 인심 좋은 동네였는데, 한수원이 들어와서 그냥 버려놓은 거지. 하나라도 같이 나눠 먹고 했던 사람들을, 이제는 적군 아니면 아군. 아니면 모든 걸 득이 되고 이익이 되는지에 따라서 사람들이 행동하게 만든 거지. 그래서 마을 사람이 한수원에 아부하고, 잘 보이려 하고, 정작 한수원은 안전이나 이주, 건강 문제에는 관심이 없어.

5세 아이 몸에서 방사성물질이

그동안 핵발전소 인접 마을에 사는 주민에 관한 연구, 기사, 보고서가 많이 출간되었지만, 보통은 주민이 어떻게 싸우고 투쟁해왔는지, 즉 '싸우고 투쟁하는 사람, 비판하는 사람'에 주목하여 가장 극적인 장면과 모습만이 알려져 왔다. 핵발전소 문제를 연구하고 글을 쓰는 나도 '싸우는 황분희'에 대해서만 알고 있었다. 이주대책위 부위원장으로 기자회견에 가고, 상여 시위에 참여하고, 마이크를 잡고 핵발전소 문제를 비판하고 이주를 요구하는 황분희, 그러나 '탈핵 전사'가 아닌 일상에서 황분희 씨는 어떻게 살아가고 있을까? 소농부로서, 엄마로서, 할머니로서, 황분희로서 그는 어떻게 살아가고 있으며 또 그의 일상에서 핵발전소는 어떤 의미가 있을까? 어쩌면, 이 인터뷰를 하게 된 이유, 황분희 씨에게 가장 듣고 싶고, 보고 싶었던 것이 그의 일상과 핵발전소가 어떻게 교차하는지였다. 왜냐하면, 우리는 모두 핵발전소에 인접한 마을에 사는 주민이 아니기에, 그들이 평소에 느끼는 것, 일상 속 핵발전소에 대해 경험할 기회가 없으니까. 가족은 그가 하는 다양한 활동이나 상여 시위를 잘 알고 있을까? 민감할 수도 있지만, 가족에 대해 묻지 않을 수 없었다. 그는 "알지, 대충은 알지. 가끔 서울로 기자회견 하러 가면, 손녀가 응원한다고 말해주기도 해"라고 말했다. 이어 황분희 씨는 신이 나 다음의 이야기를 해주었다.

작년에, 유학 중인 손자가 나한테 연락을 한 거야. 무슨 일이 있나 걱정이 돼서 물어봤더니, 자기가 수업 시간에 가족을 소개하는데, 자기 할머니는 인터뷰에 검색하면 나온다고, 가족을 위해 힘들게 싸우고 있는 할머니가 자랑스럽다고, 수업에서 발표했대.

다만, 한 가지 걱정되는 것이 있었다. 나아리에서 태어나서 함께 살았던 손주가 다섯 살일 때 KBS '추적 60분' 등에서 검사를 했는데, 그 결과 손주의 몸에서 성인에 필적하는 삼중수소가 발견되었기 때문이다. 가족들과는 활동만이 아니라 건강에 관한 이야기를 나누기조차 쉽지 않을 것 같다는 생각이 들었다.

건강 얘기를 잘 안 해, 못 하지. 아저씨랑은 하는데, 자식들한테 안 하지, 얘기할 때도 조심스럽게 애들(손주)한테는 더 못 하고. 지금 둘이 벌써 고3이랑 초등학교 6학년 올라가거든. 그때, 삼중수소가 몸 안에 있다는 조사할 때가, 다섯 살 때였으니. 이런 이야기를 사실 애들한테 할 수가 없어. 우리만 스트레스 받는 건 괜찮은데, 애들이 만약 수업에서 '방사능이 위험하다'라는 걸 알면, 어떻게 생각하겠어. 자기 몸에 삼중수소가 성인보다 높게 있었는데, 충격이나 스트레스가 얼마나 크겠어. 그러면 우리는 왜 방사능을 맞고 살아야 하는지 이해하지 못 할 거고. 애들한테는 방사능 얘기, 위험하다는 얘기, 원전 얘기를 못하고, 심지어는 너희들 몸속에 방사능이 있다는 얘기는 아예 하질 못하지. 진짜 못해. 할 수가 없어. 그 얘기를 하려고 하면, 내 가슴이 더 미어지고 찢어지는데, 너무 미안하고. 그걸 어떻게 할 수가 있겠어.

"내가 애들한테 여기에 와서 같이 살자는 말만 안 했어도 이렇게 되지는 않았을 텐데. 항상 미안하지"라고 말하는 황분희 씨는 지금도 자녀와 아이들에게 미안함과 죄책감을 느끼고 있었다.

여기선 애들이 울산까지 출퇴근하는 게 20~30분밖에 안 걸리거든. 나를 믿고 들어와서 산 거지. 당시에 손녀는 여섯 살이었고, 손자는 여기서 임신해서 낳은 거고. 근데, 한 가지 후회스러운 것은 그때 내가 애를 봐준다고 하지 않았으면, 이렇게 되지 않았을 텐데. 늘 미안하고 죄스럽지. 후쿠시마 사고 날 때부터 불안해지기 시작하는 게, 그 불안한 게 딱 적중을 한 거야. 삼중수소 검사 결과를 받고는 희망이 무너지더라고. 힘이 빠져서 그 자리에 주저앉았어. 그 생각하면 하늘이 무너지고. 처음에는 진짜, 머리가 돌이나 망치로 한 대 맞은 기분이었어. 애들한테 너무 미안하지. 나만 욕심을 부리지 않았으면 이렇게 애들이 피해 보지도 않았을 텐데. 늘 불안한 생각은 갖고 있지. 그냥 놀다가 피날 수도 있고, 넘어질 수도 있잖아. 근데 나는 계속 걱정이 드는 거지, 왜 저렇게 코피가 나지….

2015년 '추적 60분'에서 나아리 주민 40명의 소변을 모아 삼중수소 농도를 검사하였는데, 삼대가 함께 사는 황분희 가족 모두가 참여하였다. 검사 결과 40명 모두에게서 삼중수소가 검출되었는데, 갑상샘암 수술을 받았던 황분희 씨는 28.1 Bq/L, 갑상샘항진증을 앓고 있는 남편은 24.8 Bq/L이 나왔고, 당시 다섯 살 손자도 17.5 Bq/L로 40명 평균인 17.3 Bq/L보다 높은 수치가 검출되었다.
삼중수소는 경수로(고리, 영광, 울진)에서도 발생하지만, 월성 핵발전소처럼 중수로에서는 약 50배 정도 더 많이 만들어진다. 물론 이러한 방사성물질은 눈에 보이지도 않고 냄새도 나지 않는다는 특징 외에도 질병과의 인과관계를 밝히기 쉽지 않기에 현재까지도 내부피폭에 대한 상반된 해석이 존재한다. 핵발전소를 옹호하고 지지하는 전문가들은 '삼중수소와 같은 방사성물질이 배출되는 것은 맞지만, 기준치 이하이기에 인체에 미치는 영향은 거의 없다'라고 주장한다. 반대로 핵발전소의 위험성을 알리는 김익중 전 교수나 백도명 교수 등은 '내부피폭의 경우, 몸에 들어오면 단백질, 유전자, DNA 등을 삼중수소가 공격해 흠집을 낸다'라며 삼중수소가 인체 내에서 일으키는 영향을 간과해선 안 된다고 지적한다. 황분희 씨 역시 방사능 누출사고가 날 때마다, 한수원이나 전문가들로부터 "기준치 이하라서 괜찮다. 바나나, 멸치 조금 먹는 것이나 다름없다"라는 말을 수도 없이 들어왔다.

핵발전소 주변에서 사는 것이 위험할 수도 있겠다는 막연한 걱정이 구체적인 숫자로 드러나자, 황분희 씨는 이주를 요구할 명분을 갖게 되었다고 생각했다. 동시에 그에게는 '절망'과 '죄책감'이 교차한 순간이기도 했다. 즉 삼중수소 검사는 일상 속 눈에 보이지 않던 위험 물질을 명료하게 드러내어 핵발전소로 인한 '피해자'가 될 수 있는 순간이기도 했지만, 위험한 곳에서 함께 살자고 권유했던 자신이 가족을 위험에 빠트린 '가해자'가 되는 순간이기도 했다. 물론 위험 속에 지역주민을 방치한 가해자는 따로 존재함에도 불구하고, 황분희 씨는 가족이 위험 속에서 살아가며, 그들 몸에 삼중수소가 검출된 것 자체를 마치 자기의 탓인 것처럼 생각하며 죄책감을 느끼게 된 것이다.

방학인 요즘, 손자가 할머니 집에 놀러 가도 되냐고 전화를 하거든. 근데 내가 어떻게 마음 편하게 '그래, 할머니랑 할아버지랑 맛있는 것도 먹고 바닷가에 놀러 가고 며칠 푹 자다 가'라고 말하겠어. 또 반대로 '얘들아, 여기는 방사능 때문에 위험하니까, 놀러 오지마'라고 말할 수도 없잖아. 그러면 애들은, '할머니가 우리를 싫어하나? 왜 오지 말라고 하시지'라고 생각하게 되는 거니까. 참, 항상 고민되지, 어떻게 설명할까. 어떻게 말해야 할까.

황분희 씨나 다른 주민의 집을 방문할 때마다 나 역시 문득 그런 고민을 했다. '주민들이 해주신 음식을, 직접 기른 블루베리로 만들어준 차를, 먹어도 될까? 별문제는 없을까?' 그들의 환대를 진심으로 즐기기보다는, 나도 모르는 찰나에 이런 걱정을 했다, '나는 괜찮을까?' 그러다 비로소 '황분희들'이 평생을, 수도 없이, 일상 속에서, 누구도 확신해줄 수 없는 '안전과 위험 사이'를 오가고 있음을 어렴풋이 느낄 수 있었다. 그렇다면, 처음 삼중수소 검사 결과를 확인했을 때, 방사성물질이 나온다는 것을 알게 됐을 때, 황분희 씨는 무엇을 느꼈을까. 가족들에 대한 미안함 외에도, 먹고사는 것에 대한 걱정은 없었을까?

당연히 무서웠지. 처음에 방사능이 나온다고 했을 때는, 정말 걱정이 많았지. 이걸 먹어야 하나, 안 먹어야 하나, 판단이 안 섰지. 근데 벌써 10년이 지나다 보니 무뎌지기도 하고, 직접 농사해서 먹고 가꾸고 우리도 살아야 하잖아. 무뎌지더라고. 지금도 좋지는 않다고 보지. 근데 애들은 아무 생각 없이 먹으니까, 거기다가 '안 좋으니까, 위험하니까, 먹지 마, 조심해, 이럴 수도 없잖아.' 그럼, 나는 스스로를 위로하는 거지. '그래 몸에 들어가도 반감기가 있다고 하니까. 몸 밖으로 배출된다고 하니까' 이렇게 생각하는 거지.

나를 위해, 가족과 사랑하는 누군가를 위해 농사짓고, 요리를 하고, 그러나 농수산물과 음식이 실은 위험할 수도 있다는 생각을 어떻게 매일, 매 순간 할 수 있을까? 그래서 황분희 씨가 말한 "이제는 처음보다 무뎌졌지, 그렇게 위로를 하는 거지"라는 말을 조금은 이해할 수 있었다. 어쩌면 황분희 씨는, 핵발전소 최인접지역에 사는 '황분희들'은, 한수원의 '핵발전소 안전 신화'와는 다른, '안전해야 해, 안전할 거야'라는 위로와 주문을 매일 자신에게 걸고 있는 것은 아닐까. 그렇다면, 이보다 더 슬프고 안타까운 위로와 주문이 세상 어디에 있을까. 황분희 씨는 그렇게, 누구에게도, 가족에게조차 일상에서 느끼는 걱정과 불안, 안타까움과 미안한 감정 모두를 보여주지 못한 채, 혼자 주문을 걸고 있었다. '안전해야 해, 괜찮을 거야.'

고마움, 그러나 확장되지 못하는 아쉬움

글을 쓰고 있는 현재를 기준으로 가장 최근의 상여 시위는 2024년 6월 24일이었다. 황분희 씨를 포함한 이주대책위는 3,592일째 싸우고 있다. 인터넷과 유튜브에 '황분희'를 검색하면 많은 기사와 영상이 나온다. 황분희 씨는 지난 몇 년간 참 많은 사람을 만났다. 누군가에게는 당연한 '안전하고 행복한 하루'를 싸워서 쟁취하기 위해서라면 안 가 본 곳 없고, 안 해본 것 없고, 안 만나 본 사람이 없었다. 마지막으로, 황분희 씨에게 연대자, 활동가, 연구자, 기자 등 월성에 관심 갖고 방문한 이들에게 하고 싶은 말을 부탁했다.

늘 만나는 사람들한테는 고맙지, 우리를 도와주려고 하니까. 우리를 안타까워하고, 위로하고. 참 좋아. 근데 또 반대로 생각하면, 서울이든, 경주든, 부산이든 탈핵 행사가 있는 곳에 가면 항상 만나는 사람들만 만나. 이미 우리 문제를 잘 알고, 나를 잘 아는 사람만 만나니까, 우리 싸움이 확장이 안 되는 것이 아닌가 싶더라고. 가끔 아무것도 모르는 사람이나 단체가 우리 농성장에 오면 나는 또 열심히 내가 아는 것, 경험한 것을 설명하거든. 한 번은, 20명 정도 기후 위기에 관심이 있는 사람들이 왔거든. 근데 남자 한 분이 먼저 '죄송하다'라는 말을 해야겠대. 자기가 예전에 이곳에 왔는데, 그때는 원전도 모르고, 자기 생각에는 내가 너무 비판적으로, 편향적으로 말하는 것 같았대. '저거 다 거짓말이야, 저 말이 사실이면, 뉴스에 나오고 사람들이 모를 리가 없는데'라고 생각하고 집에 갔대. 다 거짓말이라고 생각한 거지. 그래서 집에 가서 원전에 대해 찾아보고, 공부하고 기사를 검색하는데, 다 맞는다는 거야. 다시 만나면, 자기가 너무 몰랐고 관심을 못 가져서 미안하다는 말을 해야겠다고 생각했대. 그래서 내가 그랬지. '그게 우리나라 원전의 특징이다. 사고가 나고, 방사능 유출이 되도 뉴스에 나오지도 않는다'

나를 비롯하여 많은 이들은 안전한 곳에서 사랑하는 사람과 행복하게 사는 것을 너무 당연하게 여기지만, 황분희 씨는 이러한 일상을 쟁취하기 위하여 매주 월요일 상여 시위에 참여한다. 그의 몸속에 기록된 질병은 여전히 인정받지 못하지만, 그는 핵발전의 '안전 신화'에 조금씩 균열을 가하며 왜 싸우는지, 왜 상여를 끄는지 외치고 있다. 황분희 씨의 싸움이 외롭지 않도록, 보다 많은 사람이 '황분희들'의 손을 잡아주길 바란다.

동료 시민의 힘을 믿는
장마리 캠페이너

그린피스 기후에너지 캠페이너 **장마리**

성벽에 가려진 원전과 싸우는 장마리 씨.
후쿠시마에서 마주친 '고요한 죽음'이 더는 생겨나지 않도록
동료 시민과 만들어 갈 긍정적인 변화를 믿고 있다.

'성벽'에 둘러싸여 접근할 수 없는 원자력발전소

후쿠시마 사고는 적어도 나에게는 일어나서는 안 될 최악의 핵발전소 사고이자, 2011년 3월 11일에 벌어진 과거의 사건이었다. 그러나 최근 후쿠시마 오염수 방류 문제가 대두되면서 후쿠시마는 과거만이 아닌 지금까지 지속해서 일어나는 현재진행형의 사고로 바뀌었다. 일본 정부의 오염수 해양 방출 계획과 이에 대해 수수방관하는 대한민국 정부 사이에서 고군분투하는 많은 사람 중 그린피스의 장마리 캠페이너가 있다. 신문과 방송, 라디오와 팟캐스트에서 그를 쉽게 만날 수 있지만, 특정 사건이나 이슈에 대한 설명 너머 장마리 캠페이너와 그가 해왔던 활동이 궁금해졌다.
2023년 4월 6일 그린피스 서울사무소에서 만나 이야기를 나누었다. 그린피스에 대해서는 익숙했지만, 장마리 씨가 어떤 팀에 속해 무슨 일을 하고 있는지는 제대로 알지 못했다. 그가 속한 기후에너지 팀에 대해 먼저 물어보았다.

기후에너지 팀에서 진행하는 캠페인은 기후참정권, 내연기관차 반대, 기업의 재생에너지 확대, 후쿠시마와 국내 원자력발전소(아래 원전) 캠페인으로 총 네 가지예요. 정책 제안을 위한 정책 자문위원과 금융 자문위원들도 함께 일합니다. 이외에도 그린피스에서는 생물다양성, 플라스틱과 해양 등 여러 캠페인이 진행되고 있어요. 시민참여팀은 일반 시민이 지역 중심 혹은 활동 중심으로 그린피스 캠페인을 더 가깝게 만나는 일을 하고 있어요.

장마리 씨는 그린피스 입사 6년 차에 접어들었다. 처음부터 기후 에너지 팀에 배치되어 한국 정부의 세금으로 해외에 석탄발전소 건설하는 것을 반대하는 캠페인을 진행하였다. 그는 그린피스에 들어오기 전부터 '원전 캠페인'에 관심이 많았다고 했다.

원전 캠페인을 하고 싶어서 그린피스에 입사했어요. 제가 들어왔을 때가 2018년도 2월이니까, 신고리 5·6호기 건설 허가 취소소송의 1심이 진행 중이었어요. 제가 맡았던 해외 석탄 캠페인과 함께 신고리 5·6호기 취소소송을 3심까지 진행했어요. 해외 석탄 캠페인, 후쿠시마 캠페인과 함께 국내 원전 이슈에 대해 계속 관심이 있었죠.

그렇다면 본격적으로 국내 원전 캠페인을 시작한 것은 언제였을까? 그리고 그동안 어떤 일을 했는지 궁금했다.

2020년부터 본격적으로 국내 원전 캠페인을 시작했어요. 기후변화를 알리는 캠페인에 집중하다 다시 국내 원전 캠페인을 진행한 지 2~3년 정도 된 거죠. 그린피스 단체 자체는 반세기 넘게 원전 반대 캠페인을 해왔지만, 제가 국내 원전을 다룬 시간은 그 정도입니다. 첫 번째 프로젝트로 '월성 원전 1호기 사용후핵연료 누설 문제'를 다루기 전에 1년 가까운 시간 동안 국내 원전 이슈를 알리면서 시행착오를 겪었던 것 같아요. 사실 그때는 원전 캠페인을 국내에서 진행하기 가장 힘든 시기였다고 생각해요. 왜냐하면, 문재인 정부 말기였고, 정부의 탈원전 정책에 대한 비판만이 아니라 원전을 다시 지으라는 요구가 거셌잖아요. 탈원전과 친원전이라는 첨예한 입장 차가 나라 전체를 뒤덮었고요.

장마리 씨의 말처럼 당시 원전 문제는 어떤 대통령 후보를 지지하는가를 가르는 중요한 기준 중 하나일 정도로 갈등과 이슈의 중심에 있었고, 원전의 경제성과 안전성이 압도하는 상황에서 원전 문제를 알리기 쉽지 않은 상황이었다. 그런데도 장마리 씨는 시행착오와 어려움만을 말하지 않았다.

우리 메시지가 대중에게 전달되는 힘이 가장 약했던 시기이지만, 아주 무의미하지는 않았다고 생각해요. 시행착오를 겪으면서 우리가 올바른 '방향'을 잡게 되었기 때문이죠.

시행착오 끝에 나온 국내 원전 캠페인의 방향

원전 캠페인이 무의미하지 않았으며 오히려 방향을 설정하는 데 도움이 되었다는 그의 말에 희망과 확신이 느껴졌다. 그가 말한

'올바른 방향'이란 것이 정확히 무엇인지 다시 물었다.

저희는 시민의 '참여와 지지'를 통해서 캠페인을 진행하는 단체이다 보니, 시민에게 '지지'받으며 '시민참여'가 확대되는 방식으로 캠페인을 진행하는 것이 굉장히 중요하거든요? 물론 모든 캠페인을 그렇게 진행할 순 없지만, 국내 원전 캠페인은 함께 하는 시민의 숫자와 얼굴과 목소리, 의견이 더 눈에 드러나는 방식으로 같이 진행해야 한다고, 힘들더라도 그걸 기준으로 잡아야 한다고 생각했어요.

그는 당시 상황을 떠올리며 다음의 말들을 덧붙였는데, 한마디 한마디에 힘이 실려 있었다.

시민들에게 복잡하고 첨예한 문제를 어떻게 효과적으로 전달할 수 있을까? 언론이 다룰 수 있는 이슈에는 무엇이 있을까? 어떻게 우리가 접근해야 문제의 본질을 놓치지 않으면서도 언론과 시민에게 우리가 생각하는 문제를 알릴 수 있을까, 더 많이.

구체적으로 그린피스에서 장마리 씨가 했던 첫 번째 국내 원전 캠페인인 월성 원자력발전소 이슈에 대해 물었다.

시행착오를 겪은 후 나와 우리에게 맞는 가장 적절한 방법을 찾기 위해 여러 가지를 시도했고 그 과정을 거치면서, 우리가 누구에게 도움을 받을 수 있을까. 너무 많은 원전 이슈가 있는데, 어떤 부분부터 우리가 다뤄야 하며 다룰 수 있을까, 이런 것들을 구체적으로 고민하게 되었어요. 지역이나 서울에 있는 원전 관련 활동가들과 함께 전문가 강의를 20회 가까이 진행했는데, 그 과정에서 월성 원전 문제를 더 깊이 알게 된 거예요. 그래서, '이건 그린피스가 적극적으로 문제를 제기하기에 좋다'고 생각했죠. 왜냐하면, 구체적인 문제의 정황을 드러낼 수 있었잖아요. 사실 우리가 원전 캠페인을 하면서 가장 어려운 것은 방사능이 눈에 보이지 않고 그 위험이 원전 울타리 안에서 일어나기 때문에 문제의 실체에 가까이 가기가 너무 어렵다는 것이었는데, 월성 원전에서 발생한 문제는 물리적으로 확인할 수 있는 문제였죠. 게다가 월성 1호기는 그것이 긍정적이든, 부정적이든 사람들이 많이 알고 있는 원전이었어요. 이미 '정치화'가 된, 사건의 중심에 월성 1호기가 있었으니까. 원전이 어떻게 생겼고, 몇 개이며 어디에 있는지도 제대로 모르는 사람에게 원전이 위험하다는 것만 계속해서 알리는 것보다, 이미 알려진 것, 익숙한 것을 활용하는 것이 캠페인으로 효과가 있다고 생각했어요.

'처음 접하는 사람의 기준'에서 생각하기

장마리 씨가 시작한 월성 원전 캠페인의 중심에는 '방사성물질 누출 문제'가 있다. 이 사건은 월성 원전의 내부고발자가 보고서와 자료들을 경주환경운동연합에 전달한 것에서 시작되었다. 수백 페이지가 넘는 보고서와 자료를 꼼꼼히 읽은 경주환경운동연합 이상홍 사무국장은 결국 사용후핵연료 저장수조(SFB)의 차수막이 파손되었다는 것을 알게 되었고, 차수막 밑의 지하수 방사능 수치가 주변 지역보다 월등히 높다는 것을 2020년 연말부터 알리기 시작했다. 이처럼 내부고발자, 전달받은 내부문건을 해석하고 고발한 경주환경운동연합, 이를 함께 보도한 언론사와 다양한 활동가가 있었기에 은폐될 수도 있었을 '사용후핵연료 누출 문제'를 사회에 알릴 수 있었다.

원전 안전 문제의 핵심은 이 중차대한 문제를 제대로 다룰 수 없는 구조적인 문제잖아요. 기울어진 운동장 속에서 문제 자체에 접근할 수 없는 것처럼. 월성 1호기 사용후핵연료 누출 문제는 그 구조적인 은폐, 왜곡, 불투명한 의사결정 구조 등이 모두 점철되어 있었던 거죠. 내부고발로 시작된 이 문제를 캠페인 하기에 적절하다고 생각했고, 이 문제로 월성 원전의 안전 문제에 진입하는 것이 좋겠다고 판단했죠.

물론 이러한 상황에서도 장마리 씨는 고민할 수밖에 없었다. 여전히 우리 사회에서 원전 문제를 다루고 알리는 것은 쉽지 않았기 때문인데, 그는 이것을 '거대한 성벽과 단단한 방패들'로 가려진 문제와 싸우는 느낌이라고 비유했다.

원전 문제의 어려움은 그 문제에 접근하는 것 자체가 막혀있다는 점도 있지만, 그걸 쉽게 전달하는 것도 어렵잖아요. 그린피스에서 일하면서 배운 것은 '나의 기준'이 아니라, 이 문제를 '처음 접하는 사람의 기준'에서 생각하고 고민하게 된다는 거예요. 여전히 부족한 점이 많지만(웃음) 어려운 문제를 효과적이고 전략적으로 소통할 수 있는가, 언론이나 대중에게 이 문제가 잘 전달될 수 있을까, 이것이 잘 진행되었을 때 비로소 이 사회가 저희에게 응답하는 거잖아요. 물론 저도 '이게 과연 가능할까?'라는 고민을 계속 했죠. '마치 거대한 성벽이나 단단한 방패들이 원전 문제를 가리거나 막고 있는데, 우리가 무엇 하나라도 뚫을 수 있을까?' 이런 고민은 있었지만, 그 가능성을 본 거죠. '가능하다! 멈추지 않고 계속해서 문제의 본질을 드러낸다면, 할 수 있다'라는 확신이 들었어요.

"우리에겐 아직 후쿠시마 같은 재난 피할 기회가 있다"

장마리 씨의 말처럼, 은폐와 왜곡 그리고 불투명이라는 성벽과 방패 안에서 만들어진 '원전 안전 신화'는 내부고발이라는 예상하지 못한 변수로 아주 조그만 틈이 생겨나기 시작했다. 그는 무엇을 고민하였고, 어떤 확신을 갖게 되었을까.

월성 원전의 방사능 누출 문제를 알리게 되면서, 함께 싸우는 사람들이 있어서 꼭 할 수 있다고 생각했어요. 우리와 오랫동안 연대해왔던 탈핵법률가모임 해바라기의 김영희·김석연 변호사, 지역에서 전문가 강의를 스무 번 하면서 알게 된 지역의 활동가 선배, 열성적으로 취재하고 있던 포항 MBC의 장미쁨 기자, 게다가 진행하던 과정에서 추가로 공익제보자가 나타난 거죠. 물론 저도 '우리의 기대처럼 이 문제가 제대로 알려질까?'라는 고민도 했지만 계속해서 이 문제를 함께 알리는 사람들을 만나고, 무엇보다 월성원전 주변 주민들은 오랜 시간 포기하지 않고 싸우고 자신이 받아온 피해를 직접 증언하고 있잖아요. 그것도 정말 중요했죠.

누구도 알아주지 않지만 지난 10년 동안 원전을 비판해 온 월성원전 인접 지역주민과 각자의 자리에서 싸워온 사람이 있었기에, 조금씩 월성 원전 문제가 공론화되기 시작하였다. 장마리 캠페이너는 이에 대해 "시민들은 '공익을 추구하고 국민의 안전을 우선해야 하는 국가기관 혹은 공기업이 어떻게 이런 일을 벌일 수 있었나'하는 분노를 하게 되는 거죠. 우리가 잘 모르는 시간 동안 갑상샘암 피해자들이 생겼고, 누구는 사망했고, 치료를 받아야 하고, 그 치료를 받아야 하는 사람들의 가족까지 오랜 시간 이 외로운 싸움을 하고 있었다는 것을 알았을 때, 사람들이 반응하는 거죠. '나 이 일에 참여하고 싶어, 그 사람들을 만나본 적은 없지만, 서명과 후원, 언론이나 방송 댓글과 공유…' 많은 분들이 이런 다양한 방식으로 저희를 지지했는데, 저는 거기서 시민들의 반응을 느꼈어요"라고 말했다.

이렇게 '어렵고 복잡한 방사능 누출 문제'가 시민들의 관심과 지지, 참여를 끌어낼 수 있을지 의심하고 고민했지만, 결국 "이 길이 맞다"라는 확신으로 이어지는 과정에서, 장마리는 하나를 더 간절히 바라게 되었다. 많은 이들의 활동과 참여, 때로는 내부고발로 가능해진 월성 원전 방사능 누출 문제를 다루면서, "결실은 꼭 있어야 한다"라고 힘주어 말했다. 그가 말하는 '꼭 내야 하는, 꼭 내고 싶은 결실'은 무엇을 말하는 것이며, 그 이유는 무엇일까?

용기내어 제보한 이들… "책임감 느꼈다"

장마리 씨는 "월성 1호기 사용후핵연료 누출 문제로 두 명의 공익제보자가 나타났고, 그중 본인의 실명과 얼굴을 공개하고 본격적으로 이 문제를 세상에 알린 이희택 한국원자력안전기술원(KINS) 위촉 연구원이 참여연대에서 시상하는 2022 올해의 공익제보자 상을 받았다"라고 말했다. 그는 "이건 정말 공익을 위해, 자신의 많은 것을 걸고, 위험을 무릅쓰며 희생을 감수하고 언론과 대중 앞에 서서 진실을 알리기 위해 하신 거잖아요"라며 힘든 상황에서도 공익을 위해 제보한 이희택 씨를 손꼽아 말했다.

참여연대는 이희택 씨를 '2022 올해의 공익제보자 상'으로 선정한 이유를 "한국원자력안전기술원(KINS)에 30년 넘게 근무하며 원전의 안전 규정 준수 여부를 감독해 온 이희택 씨는 보고서를 통해 KINS에 '월성 원전에서 기준치 이상의 삼중수소가 검출된 사실이 사용후핵연료 저장 수조의 누수 때문이니 조사해야 한다'고 주장했다. 또한 월성 1호기의 안전성을 높인다며 2012년에 설치한 격납건물여과배기(CFVS) 설비가 수조 바닥을 7곳이나 관통해 물막이벽이 파손되었다는 사실을 KINS 내부에 알려왔다.

이후 사용후핵연료 저장 수조에서 물이 새고 있음을 촬영한 사진, 영상 등의 증거가 나오고, 원자력안전위에서 이를 인정했음에도 방사능누출에 대한 대응이 제대로 이루어지지 않자 2022년 10월, 결국 본인의 실명과 얼굴을 공개하고 본격적으로 이 문제를 세상에 알리고 있다"라고 밝혔다.

실제 지난해 10월 22일 뉴스타파 '방사능 줄줄 샌다⋯. 어느 원전 전문가의 고백' 기사에서는 이희택 박사가 상급자인 A 본부장과 나눈 대화를 공개했는데, 이 박사의 의지를 엿볼 수 있다. 당시 A 본부장은 이희택 박사에게 "앞으로도 그 부분을 잘 확인해서 관리될 수 있도록 하라는 게, 선배님이 사업자들한테 하고 싶은 조치 아닌가요?"라고 묻는다. 그러나 이희택 박사는 "아니요. 나는 국민들이 좀 알았으면 좋겠어요. 이런 내용을 오픈해서 국민이 알게끔 해야 하는 게 우리의 임무라고 생각해요"라며 단호히 말했다.

저는 거기서 많은 것을 느꼈어요. 제가 그분이 이 문제를 알리기 위해 수년간 홀로 힘써온 내력과 정리한 자료들이 공개됐을 때, 감사하면서도 한편으로 이런 고독한 여정을 선택하기 위해 거쳤을 여러 고민을 감히 짚어 봤어요. 특히 누출 문제를 같이 알리면서, '이런 사람들이 있구나, 굉장히 감사하다' 이분은 자신의 환경 속에서도 최선을 다하고 계신 거잖아요. 나도 그렇게 멈추지 말고, 최선을 다해야겠다 싶었어요. 사실 이희택 박사님은 공익제보를 한 뒤에도 아직 재직 중인데, 저처럼 환경단체에서 일하면서 주변 모두가 지지해줄 수 있는 그런 환경에서 일하고 계신 것도 아니잖아요. 40년 가까이 KINS에서 일해서, 그게 전부일 텐데. 진실을 위해, 국민에게 알리기 위해, 그런 제보를 할 수 있다는 것만으로도 우리가 원전의 안전 문제를 시민의 한 사람으로서 책임지고 내가 할 수 있는 것을 하는 것이, 굉장히 중요하겠다는 생각, 무엇보다 책임감을 느꼈죠.

장마리 씨는 "자신의 모든 것을 걸고 싸우는 누군가와 어딘가에서 고민하고 있을 누군가"에게 다가가 이 문제를 잘 알리기 위한 책임감을 느꼈다. 또한 이 책임감은 '꼭 성공하고 싶은, 꼭 결실을 내고 싶은 기분 좋은 부담감'으로도 이어졌다고 말했다.

희생을 감수하고서라도 나타난 공익제보자들의 활약과 우리를 지지해주는 시민을 위해서라도, 이 문제를 제기한 입장에서 그린피스가 이것을 하지 않았을 때와는 확실히 다른 변화를 만들어 가야 한다고 생각하죠, '일종의 기분 좋은 부담감' 같은. 저로서는 정말 죽을 때까지 못 잊고, 이 일을 함께해주신 분들에게 마지막까지 감사하다는 마음일 거고요.

장마리 씨는 이런 공익제보자를 만나면서 '내가 하는 일이 정말 중요하다, 우리가 하는 일이 정말 중요하다'라고 생각했다. 환경운동 캠페인에 동의하고 함께 싸워줄 분들이 정말 많을 텐데, 그런 사람에게 더 가까이 가고 싶고, 만나고 싶었다.

그분들이 거기, 그곳에 계시는데, 황분희 어머니처럼 오랜 시간 마을에서 상여 시위하는 분들도 계시고, 또 활동가, 기자, 변호사들까지. 가장 중요한 것은 어딘가에서 이 어려운 문제 앞에서 고민하고 저와 같이 활동하는 사람을 기다리는 '동료 시민'이 있다는 거예요.

캠페이너란 어떤 직업?

2019년 8월 19일 TBS '최일구의 허리케인 라디오'에 출연한 장마리. 진행자는 그에게 "캠페이너란 직업이 어떤 직업이냐?"라고 물었고, 장마리 씨는 "캠페이너는 목표를 실현하기 위해 가장 빠르고 효과적인 방법들을 고안하고 그를 실제로 이행하는 사람"이라고 대답했다.

제가 하는 일을 통해 우리와 함께할 수 있는 더 많은 이들을 만나고, '동료 시민'을 찾고, 그리고 그분들이 우리를 알아볼 수 있게 계속 이 일을 멈추지 않고 하는 것이 중요하다고 생각해요. 그래서 결실을 내는 것이 중요한 것 같아요. 동료 시민에게 우리의 활동을 알릴 수 있으니까. 그린피스를 포함하여 시민사회에서 일한 게 15년 정도 되는데, 제가 가장 경계하는 것이 '우리가 하는 일이 시민단체 활동이나 사회·공익적 활동이기 때문에, 우리가 내는 성과는 시간이 오래 걸리고 눈에 잘 보이지 않아' '우리가 하는 일들은 눈에 보이지 않지만 훌륭한 일이야!', 이렇게 생각하는 것을 저는 굉장히 경계해요. 왜냐하면, 계속 변하고 있다는 것을 사람들에게 보여주고 경험하게 해야, 우리 힘이 더 강력해진다고 생각해요. 물론 눈에 보이지 않게 진행되는 것이 의미가 없다기보단, 더 많은 내 편, 나와 같은 생각을 하는 동료 시민을 찾기 위해서, 또 다른 생각을 하는 시민분에게 더 가까이, 다른 사람에게는 다른 언어를 구사하면서 가까이 가기 위해서라도, 결실이 눈에 드러나는 것이 중요하다고 생각하죠. 시민단체 활동을 이어가면서 그런 생각을 자연스럽게 하게 됐고요. 어떻게 이 의미 있는 활동을 드러나게 하고, 더욱 많은 동료 시민과 함께할 수 있을까를 고민하는 지점에서 그린피스를 만나게 된 거죠.

운동가, 여전히 우리에게는 '낯선 직업과 직함'이지만 지금까지 장마리 씨가 말하고 강조했던 것을 생각하면, "어렵고 복잡한 기후·에너지 문제를 효과적으로 알리고 그 과정에서 이 문제를 전달하는 것을 넘어, 모르는 이들의 관점에서 '어떻게 쉽고 효과적으로 알릴 수 있을까'를 끊임없이 생각한다"라는 말들이 이해되기 시작한다. 그는 캠페인을 통해 시민들의 참여와 지지를 확대하고 함께하는 사람들을 늘려나감으로써 힘을 키우는 것을 가장 중요하게 생각하는데, 여기서 그는 낯선 하나의 단어를 꺼냈고, 나는 장마리 씨가 강조한 '동료 시민'이 무엇을 뜻하는지 다시 물었다.

동료 시민을 기다리며

왜 그랬는지 모르겠지만, 장마리 씨의 입에서 '동료 시민'이라는 단어가 나왔을 때, 종이에 큼지막하게 따라 적었고, 그의 말이 끝나자마자 묻지 않을 수 없었다. "방금 동료 시민이라고 말씀해 주셨는데, 이게 어떤 뜻으로 사용하신 거예요? 사실 너무 생경하고 낯선데, 장마리 캠페이너가 하는 일, 중요하게 생각하는 활동과 연결되는 중요한 단어 같아서요"라고 말이다.

음…. 우리가 각자 어느 지점에서 하나의 점으로 이 세상을 살아가고 있지만, 한편으론 나와 내 주변이 좋게 변하도록 하는 일을 저마다 하잖아요. 우리가 어디에서 뭘 하고 있는지 모를 뿐이죠. 그렇지만 그 사람이 거기에 있다는 것을 알기에 그들은 나의 동료 시민이다, 라는 생각을 하면서 살아왔어요. 저처럼 시민단체나 환경단체에서 일을 하지 않아도 저는 모든 동료 시민이 활동가라고 생각하는데요. 어딘가에 있을 다양한 시민활동가이자 캠페이너를 만나고, 함께 행동하기 위해 제가 그들에게 다가가는 것이 중요한 것 같아요. 그들도 저를 동료 시민이라고 불러주면 좋겠고요.

장훈교는 책《일을 되찾자: 좋은 시간을 위한 공동자원체계의 시각》에서 박상훈의 말을 빌려, "동료 시민이라는 말은 아테네 민주정과 로마 공화정에서 만들어진 '최고의 언어'로 서로를 평등한 시민 구성원으로 부르는 말"이라고 정의했다.

장마리 씨는 어딘가에서 자신만의 활동, 캠페인을 하고 있을 동료 시민에게 다가가기 위해 끊임없이 고민하고, 그가 하는 캠페인의 결실이 나오는 것이 중요하다고 강조했다. 이때 중요한 것은 '나와 같은 생각을 하는 동료 시민'만이 아니라 '다른 의견을 가진 시민에게도 더 가까이, 나와는 다른 사람에게는 다른 언어를 구사하면서 더 가까이 다가가는 것'을 강조하고 있다는 점이다.

내 주변의 '안전' 문제로 인식할 수 있도록

자연스럽게 평소에 궁금했던 것을 물었다. 후쿠시마 오염수 문제는 먹거리와 관련이 있기에 보다 많은 시민이 '자신의 문제'라고 인식하는데, 국내 원전에 대해서는 상대적으로 관심이 없는 것처럼 보여서다. 우문현답, 어리석어 보이는 질문에 그는 의미 있는 답을 보여주었다.

거리의 문제인 것 같아요. 공감과 이해를 위해서는 문제에 대해 나름의 파악이 있어야 하죠. 근데 제 생각은, '알고 모르고, 인지하고 아니고'의 차이라기보다는 나와 이게 얼마나 직접적이냐, 그 거리에 있어서 국내 원전은 여전히 굉장히 멀다고 생각해요. 그렇다면, '공감과 이해의 차원'으로만 생각하기 전에, 나에게 '멀리 있는 것처럼 보이는 문제'를 어떻게 조금 더 '가깝게' 만들까, 이렇게 접근하면 어떨까요? 사실은 후쿠시마보다 국내 원전 문제가 우리에게 더 가까운 문제잖아요. 그런데 여러 가지 의도가 섞여 있는 왜곡된 정보와 사실들이 겹겹이 쌓이고 점철되면서 시민에게 가까이 닿아야 하는 원전의 안전 문제가 너무 등한시되고 가려져 있는 거죠. 한 명의 캠페이너로서 이 심각한 문제를 시민들에게 얼마나 가깝게 드러낼 것인가, 사실 이게 저의 중요한 역할이고요. 그래서 월성 캠페인을 하면서, 많은 문제를 시민들이 가깝게 느끼도록 해서 '이거 고쳐야 하는 문제네, 잘못된 거네'라고 사안 자체를 우리의 문제처럼 느낄 수 있게 하는 게 중요했어요. 거기서부터 시작해야 하지 않을까요.

나아가 장마리 씨는 후쿠시마 오염수와 국내 원전 문제는 독립적인 문제가 아니며 두 문제는 연결되어 있다고 강조했다.

후쿠시마 오염수와 국내 원전을 단적으로 비교해서, 마치 둘 중에 뭐가 더 중요하고 아닌지를 말하는 것처럼 생각해서는 안 된다고 생각해요. 시민들에게 가깝게 느끼고 중차대한 문제라고 생각하는 것에서부터 말하면 되는 거잖아요. 후쿠시마 오염수가 지금으로서는 목전에 와있고 굉장히 급한 문제이기에, 이 이슈가 우리에게 알려준 것도 있다고 생각해요. 우선 원전 사고가 나면 이처럼 오염수가 발생하거나 폐기물이 쌓이는데. '이웃 나라인 일본에서 사고가 나도 우리에게 직간접적으로 영향을 줄 수 있고' '내 일상에 영향을 줄 수 있구나'라는 거요. 두 번째는 지난 3~4년 동안 후쿠시마 오염수 문제 때문에 세슘이나 스트론튬, 삼중수소와 같은 방사성물질에 대해 시민들이 많이 들어봤을 거예요. 저는 그것 역시도 국내 원전 문제를 알리는 것과 연결되어 있다고 생각해요. 다만, 우리는 아직 후쿠시마와 같은 재난을 피할 기회가 있다는 것, 그 차이가 매우 크기도 하고요.

황금들판이 '고요한 죽음'으로

그린피스는 후쿠시마 사고 이후 현재까지 현지 방사선 준위를 측정하고 결과를 발표하고 있다. 지난 10년 동안 아베, 스가 정부가 "제염은 효과적으로 완료되었고, 방사선 준위가 안전한 수준"이라고 주장한 것에 비해, 그린피스 보고서는 이러한 주장을 '기만'이라고 비판했다.

일본 정부가 제염한 곳 대부분이 "여전히 방사성 세슘으로 오염되어 있으며, 그 이유로 후쿠시마현의 상당 부분이 제염이 불가능한 산림지대이기 때문"이라고 말한다. 장마리 캠페이너는 2019년 가을에 후쿠시마현에 있는 미나미소마시에 갔다.

저는 후쿠시마에 조사하러 처음 갔어요. 음… 무섭지는 않았어요. 무섭다는 감정도 있었겠지만, 그보다도 '알고 싶다, 보고 싶다, 경험하고 싶다'라는 생각이 우선했던 것 같아요. 왜냐하면, 앞으로 내가 이 캠페인을 하면서 오염수 방류를 막아야 하는데, 만약 후쿠시마를 가보지 않은 내가, 후쿠시마 사람을 만나보지도 않은 내가 어떻게 이 캠페인을 성공적으로 할 수 있냐는 생각을 먼저 했어요. 할 수 없진 않겠죠. 근데 문제의 실체를 경험하고 직접 내 눈으로 본 것과는 다를 테니까. 지금까지도 그 경험들이 영향을 주고 있고요. 그린피스는 체르노빌이나 후쿠시마 현지의 오염 상황을 조사하는 것을 우선시하기 때문에, 다음에도 기회가 된다면 무조건 가지 않을까요.

일주일 동안 머물렀던 장마리 씨가 가장 먼저 배워야 했던 것은 '무엇을 조심해야 하고, 무엇을 하지 말아야 하는지'였다. 눈에 보이지 않고 냄새도 나지 않는 위험 앞에서 장마리 씨는 무엇을 느꼈을까.

동료들은 1~2주를 더 지내고 저는 먼저 한국으로 돌아가야 했는데, 이 일을 알리기 위해 조사하는 동료들과 그곳에서 살았던 주민을 생각하니 가슴이 먹먹했어요. 그리고 곡식이 익은 너무 아름다운 황금 들판이 계속 생각났죠. 개인적으로 추수기에 농촌에 가는 것을 좋아해요. 다 익은 곡식이 논을 꽉 채우는 풍경을 보면 생명이 살아 있는 거잖아요. 누군가는 그 쌀을 먹고 또 누군가는 그 벼를 키움으로써 생명이 계속 이어나갈 수 있는 거잖아요. 마치 '생명의 잔치'처럼. 후쿠시마에 가을에 갔는데 아무도 보살피지 못하는데도 벼가 들판의 중간에 자라 있어요. 근데 그 근처에는 검은색 제염토 봉투가 있는 거예요. 핵폐기물이 황금 들판에 함께 있는 거죠. 제가 항상 마음과 눈에 담아두었던 가장 풍요로운 장면이 지금 이곳에서는 생명을 살아가게 하고, 연장하게 만드는 것이 아니라 생명을 앗아갈 수 있는 거잖아요. 농촌이라는 아름다운 일상이자 노동의 공간이자 살아가는 생명을 이어주는 공간이, 이곳에서는 '죽음의 공간'이었죠.

장마리 씨는 조사를 마치고 "황금빛 논을 지나가는데 저와 동료들은 머리끝부터 발끝까지 방호복을 입고, 방사능 측정기를 손에 들고 있었어요. 노을이 지는데, 사진으로라도 남기고 싶은 아름다운 자연의 풍요로운 모습"이었다고 말했다. 그러나 "여기가 '고요한 지옥'이다, 물론 후쿠시마 주민에겐 이 표현이 아픈 상처가 되진 않았으면 좋겠는데, 그런 지역이 빨리 제염 되어 사람들이 안전하게 살아가길 바라면서도, 황폐하고 건물이 다 무너져 있는 곳만이 지옥이 아니라, 여기는 정말 고요한 지옥이었다"라고 말했다.

정말 천국과 지옥이 같은 모습일 수 있구나. 사실 지옥을 생각하면 가장 먼저 재난이나 황폐한 상황을 떠올리게 마련인데, 이렇게 일상의 아름다운 모습이 지옥처럼 비칠 수도 있겠구나, 라는 생각을 했어요. 그거 말고는 달리 표현할 방법이 없고, 지금도 생생해요.

핵발전소 '안전'과 '관리'에 대해

후쿠시마 외에도 국내 원전 캠페인을 함께 하는 장마리 씨에게 문재인 전 정권이 시도했던 탈원전 정책에 대해 물었다.

당시에는 원전의 안전 문제에는 누구도 관심이 없고, 원전을 마치 쓰냐 안 쓰냐, 한국의 기술이냐 아니냐, 사고가 날 것이냐 안 날 것이냐 등 모두가 탈원전과 친원전으로 나뉘어서 싸우고만 있었잖아요. 근데 문재인 정권이 탈원전 정책에 성공했어도 우리는 2080년까지 원전과 함께 살아야 하고, 미래세대는 수십만 년 동안 핵폐기물을 안고 살아야 하는데, 그것에 대한 논의는 부족했던 거죠. 한편으로는 필요한 논의를 할 수 없게 만드는 방해 요인도 있었다고 생각해요. 만약 원전이 기술적으로 훌륭하고 기후 위기의 대안으로 이용할 수 있다고 하더라도 원전을 운영함으로써 생겨나는 '핵폐기물과 사고 가능성, 기후리스크'도 있는데, 이걸 어떻게 관리하고 감독할 것인지, 모든 이슈를 다뤄야 하는데 한쪽만 다뤄지고 있잖아요. '안전하고, 깨끗하며 사고가 절대 날 수 없다'라는 말만 하면서. 그들의 과학도 과학처럼 다가오지 않는 이유는 "원전은 안전하다"가 끝이에요. 저는 그게 '비과학적이고 의도적이며 고의적'인 주장이라고 생각해요. 중요한 것은, 안전한 사회를 만들고, 안전한 에너지를 사용하자고 말할 때, 그 요구를 막아버리는, 그 말을 하는 사람을 나쁜 사람으로 만들어버리는 힘이 어디서 나오는가, 그 주체는 누구인지예요. 누가, 왜 원전에 대해 잘못되고 편향된 정보만 주입하고 있는가. 제 입장에서는 그게 더 중요해요.

장마리 씨는 "원전의 안전 문제를 더 가깝게, 나의 문제인 것처럼 생각하는 것"과 "우리가 사용후 핵폐기물의 위험이나 사고 가능성을 고민할 필요 없이 재생에너지가 가진 장점을 더 알릴 필요가 있다"라고 강조했다.

시민들이 모든 것을 알고 선택할 수 있도록 하는 것이 제겐 과제로 남은 거죠. 그 사이에 재생에너지에 대한 잘못된 사실들이 고착화되고, 지역에서 이격 거리나, 재생가능에너지가 정착할 수 없는 환경을 만들어버렸고, 한편에선 원전이 들어설 지역의 주민은 '돈을 바라는 대상'으로 만들어버리는 구조적인 문제를 어떻게 우리가 타파할 것인지가 중요한 문제라고 생각해요.

장마리 씨는 '의도적이고 고의적으로 만들어진 구조'와 그 구조가

가로막는 '우리에게 꼭 필요한 논의들'을 하나하나 강조했다. 그중에서 '돈과 지원금을 바라는 대상'으로 지역주민을 만드는 구조적인 문제에 대한 지적에도 동의할 수 있었다. 우리가 보통 '지역주민은 돈 때문에 지원금 때문에 원전을 유치하고 지지한다'라고 쉽게 생각하고 판단하지만, 그는 이렇게 말했다

그들에게 '안전이 아닌 이권'을 알려준 누군가가 있는 거죠. 그리고 주민들의 모든 자발적인 선택은 보상이든 반대든 존중받아야 하지만. 애초에 '그런 결정(지원금의 액수와 사용처만 논의)밖에 할 수 없는 환경을 만든 책임'이 누구에게 있나, 저는 그게 본질적인 문제라고 봐요. 원전을 지으려는 그들의 관점에서 생각하면, 원전이 들어서면 누군가는 걱정하고 그 걱정이 결사반대로 이어질 수 있고. 원전을 짓기 위해선 찬성하는 사람이 늘어나야 하는데, 그렇다면 원전은 안전하다고 믿게 만들고, 또 원전이 들어오면 이권이 생기고 지역이 발전한다고 믿게 만들고, 이것이 가장 쉽고 논리적인 방식이겠죠. 그렇게 생각하면 원전을 유치하는 주민이라고 비판하고 손가락질하기보다는, 어떤 의도를 가진 사람들에 의해 이미 정해진 결정을 그저 따르게 된 사람들이라고 봐야 하지 않을까요?

끝으로 장마리 씨는 가끔 일이 힘들 때, 성과나 가야 할 방향이 보이지 않을 때 "왜 내가 시민단체 캠페이너가 됐을까? 왜 내가 시민단체에서 일하는 사람이 됐을까"를 묻는다고 말했다. 왜 장마리는

캠페이너가 된 이유

아무 객관적인 평가나 이유 없이 저는 시민사회에서 일하고 싶었거든요, 시민사회가 세상을 바꿀 수 있다고 믿었죠. 지금도 그래요. 저는 시민들의 힘을 믿어요. 전 세계 지역과 주민과 마을이 있는데, 거기서 만들어내는 좋은 변화, 그 좋은 변화로 이끈 동력 중에는 항상 시민의 연대가 있었다고 생각해요. 그리고 그러한 시민들의 힘이 변화를 추동했다는 근거와 실제 사례들이 너무 많은 거죠. 저는 그래서 이것을 진리이자 과학이라고 생각하거든요. 입증된 사회과학인 거죠. 가끔 어떤 분이 저에게 정치하라고 말하기도 하지만, 시민에게 가장 가까이 있는 지금이 제가 가장 잘하고 또 가장 하고 싶은 일을 할 수 있는 위치에 있다고 생각해요. 시민의 힘을 조직하는 것, 동료 시민과 함께 긍정적인 변화를 만들어내는 것이요.

핵발전소에 종속된 지역에서
나를 지키며 살아가려면

핵으로부터안전하게살고싶은울진사람들 대표 **이규봉**

핵으로부터 안전하게 살기 위해 울진에서 싸워온 이규봉 씨.
핵발전에 종속된 삶을 끊어내기 위해 대안을 마련하여
핵발전이 없어도 되는 삶과 탈핵을 꿈꾼다.

당신에게 울진은 어떤 도시입니까?

울진, 하면 당신은 무엇이 생각나는가. 대게, 금강소나무 숲, 왕피천으로 유명하며 해안도로인 동해안 7번 국도가 지나가는 지역으로 울진을 기억하고 있을지 모르겠다.

7번 국도는 동해안의 아름다운 바닷길을 상징하기도 하지만, 핵발전소가 있는 고리-월성-울진을 지나간다. 2013년 5월 그마저도 핵발전소(1990년 2월 준공) 이름을 '울진'에서 '한울'로 바꿔, 핵발전소가 울진에 있는지조차 직관적으로 알 수 없게 되어버렸다. 그러나 울진에 핵발전소가 있다. 핵발전소가 있는 다른 지역(고리, 영광, 월성)에 비해 '핵발전소에 대한 의존이 가장 높은 지역'이라거나, '지역에서 싸우는 사람이 잘 보이지 않는 곳'으로도 불린다. 이번에 만나 이야기를 나눈 이규봉 씨의 말마따나 "지리적, 사회적 오지"라서 그런 걸까.

울진 핵발전소 관련 인문·사회학적 연구나 기사의 수도 다른 핵발전소에 비하면 현저히 적다. 그래서, 그런 만큼 다른 곳보다도 울진에서 묵묵히 싸우고 활동하는 사람들을 만나고 싶었고, '울진에도 탈핵하는 사람들이 있다'라고 말하고 싶었다. 2023년 6월 24일 무더웠던 여름, 이규봉 씨가 농사 짓는 곳에서 3시간가량 이야기를 나누었다. 30년 넘게 탈핵하는 이규봉 '핵으로부터 안전하게 살고 싶은 울진사람들(아래 핵안사)' 대표를 소개한다.

줄탁동시(啐啄同時). 병아리가 알에서 나오기 위해서는 새끼와 어미 닭이 안팎에서 서로 쪼아야 한다는 뜻으로, 합심하여 일이 잘 이루어지는 것을 비유하는 말이다. 이 사자성어야말로 이규봉 씨가 지역에서 해왔던 지난 30년간의 탈핵운동을 가장 잘 설명해주는 말이 아닐까.

1990년대와 2000년대 초반에는 반핵운동의 성과도 있었고, 지역의 다양한 조직이나 사람들과 함께 싸우기도 했지만, 이제 그는 "외부의 환경단체, 시민단체로부터의 연대와 지원이 없으면, 안에서만 싸우고 대응하기에는 한계가 있다"라고 말한다. 처음엔 오랜 시간 외롭게 싸워온 활동가의 자포자기로 들리기도 했지만, 지난 40년간 단단해지는 핵발전소의 영향력을 밖에서 함께 깨고 부술 누군가를 향한 고백 같기도 했다. "여기 울진에도 탈핵하는 사람이 있어요. 그런데 소수의 힘과 의지만으로 오랜 시간 두텁게 자리 잡은 겹겹의 핵발전소 영향력을, 주민들이 핵발전소와 함께 살아온 역사를, 종속과 의존의 구조를 깨기에는 어려움이 있어요. 그래서 밖에서 우리와 함께 싸워 줄 누군가를 기다리고 있습니다"라는 당신을 향한 고백 말이다.

경북대 정치외교학과 86학번으로 89년에 총 부학생회장을 맡았고, 집시법 위반 등으로 감옥에 2년간 다녀왔어요. 1986년에 체르노빌 사고가 나고, 1987년 6월 민주항쟁 이후 89년부터는 울진에서도 농민회, 초기 전

교조와 울진이 고향인 대학생들이 반핵활동을 조금씩 했어요. 총학생회에서 연대 차원으로 스티커랑 유인물을 만드는 등 울진 반핵운동을 지원했죠. 출소한 뒤에는 아무런 미련 없이 고향인 울진에 돌아왔고요. 울진에 온 게 1993년이니 30년간 반핵운동을 해 온 셈이네요. 사무국장, 대표, 또 사무국장, 대표를 30년간 반복하면서 지금까지 왔어요.

핵발전소 최우선 후보지, 울진에서 반대를 외치다

지난 30년 동안 이규봉 씨는 지역에서 어떤 활동을 해왔을까? 그는 다양한 단체에서 활동했는데, 대표적으로 울진반투위, 울진반핵연대, 울진참여자치연대, 울진생태문화연구소 그리고 핵안사 등이 있다.

90년대 후반과 2000년대 초반에는 울진 군민이나 다양한 단체들이 반핵을 지지하고 특히 '고향'을 지키자는 명분으로 핵발전소를 반대했어요. 지방에서 반핵운동에 성공하거나 어떤 성과를 내기가 쉽지 않은데, 우린 그래도 승리의 기억이 있어요. 2000년대 초반에는 울진 7·8·9·10호기 핵발전소가 추가로 건설되는 것을 막기 위해 군청 앞에서 철야농성과 서명운동, 수요집회 등을 했고, 울진 핵발전소 앞과 서울 명동성당 등에서도 반대했고요.

울진은 2003년 노무현 정부 당시에 핵폐기장 4개 후보지 중 하나로 포함되었고, 2005년 주민투표로 결정된 중저준위 방폐장이 들어설 유력한 후보지 중 하나였다. 2005년 7월 〈전력신문〉은 울진을 '방폐장을 유치할 가장 유력한 후보'라고 설명했다.

〈전력신문〉은 "투표율에 따라 방폐장 유치 여부가 결정될 것으로 보이는 가운데, 지역주민 수가 비교적 적은 울진군의 성공 가능성이 점차 높아지고 있다. 한수원 한 관계자에 따르면 '최근 이러한 분석이 나오면서 인구가 20~30만 명에 가까운 군산, 경주, 포항보다는 인구가 6만 명에 불과한 울진이 성공 가능성이 가장 높다는 지적이 나오고 있다'라고 밝혔다"라고 보도했다.

그러나 이규봉 씨를 비롯한 많은 주민이 힘을 모아 당시 군수와 군의회를 설득해 유치동의안 자체를 부결시키는 데 성공하였다.

그때 내가 울진반핵연대 대표였는데, 중저준위 방폐장 유치동의안을 제출하기 전날 출장 중이었던 울진군수를 관사 앞에서 밤 11시까지 기다렸다가 2시간 동안 설득했어요. 핵안사 회원들은 군의원들을 1:1로 만나 설득했고요. 정말 겨우 막았지. 당시 군수님이 울진 세계 친환경 농업 엑스포를 유치한 분이고, 왕피천 생태경관보전지역을 만드는 데 협조를 해줬어요. 무엇보다 군수가 사업가 출신이었는데, 당시 한나라당이 중앙 차원에서 지금보다는 소극적으로 원전을 지지했던 상황이라, 상대적으로 군수가 자유롭게 자신의 의견을 낼 수 있었어요. 그래서 우리는 새벽 1시까지 울진의 미래만 얘기했어요. 방폐장이 들어오면, 300년이 아니라 영원히 울진에 손해를 끼치기 때문에 절대로 받으면 안 된다고 강조했어요. 우리는 원전이 아닌 '생태, 청정, 자연자원을 활용한 관광'으로 가야 한다고 말했죠. 그렇게 군수와 군의원들을 설득했어요. 결국 경주에 방폐장이 들어섰는데, 시민단체도 미약한 울진에서 주민투표 자체를 부결시켰으니 그것 자체가 대단한 성과였죠.

이규봉 대표가 울진에서 참여한 활동은 이것만이 아니었다. 핵안사 대표로서 울진 핵발전소에 문제가 생길 때마다 성명서를 쓰고 마이크를 잡았다. 그는 울진생태문화연구소를 만들어 왕피천 유역에 사는 2천 종이 넘는 동식물을 기록했다. 왕피천은 녹지 자연이 8등급 이상으로 우수한 식생과 빼어난 자연경관을 보유한 낙동정맥의 중앙부에 있는 녹지 축으로 멸종위기종과 희귀 야생동식물이 서식하고 있다.

왕피천을 보존해서 생태경관보전지역으로 만들었고 금강소나무 숲길도 만들었어요. 특히 10여 년간 생태조사를 해서 약 2천 종이 넘는 동물과 식물을 기록하고 데이터로 남긴 것은 울진을 '생태관광의 수도'로 만들고 싶었기 때문이에요. 여기는 바다, 금강소나무 숲과 산 등 아름다운 자연이 많은데, 우리도 제주도나 남해안의 도시들처럼 자연을 바탕으로 한 관광으로도 먹고 살 수 있다고 생각했죠. 원전이 더 안 들어와도 이곳은 생태관광으로 충분히 자립할 수 있다는 것을 보여주고 싶었고요. 그것만이 이 지역의 모든 경제가 핵발전소에 종속된 역사를 막고, 지속 가능한 발전을 이뤄가는 대안이라고 생각했어요.

금덩어리 빼앗겼다고 말하는 주민들

반핵운동을 수십 년 동안 지속하기도 어렵지만, 지역 사람들에게 핵발전소가 아닌 대안을 제시하는 것은 더욱 어려운 일이다. 대부분 연구자나 활동가, 주민 역시 보통은 핵발전소를 비판하는 것에 집중할 뿐, 어떻게 전환이나 변화를 이뤄갈 수 있는지 고민하거나 답을 제시하지 못한다. 이규봉 씨는 왜, 어떻게 대안을 생각하게 되었을까?

반핵운동 초기에는 (관련 활동을 하다가 깡패들에게) 납치도 당했어요. 아내도 당시 10년 넘게 울진에서 살았는데 무섭대. 지금은 애들이랑 대구에서 일하면서 따로 살고 있어요. 와이프가 여기서 사는 거 싫어해. 납치당하고, 욕먹고. 게다가 주민들이 중저준위 방폐장을 유치하지 못한 것을 뭐라고 말하는지 알아요? '금덩어리' 빼앗겼대, 금덩어리….

고향을 지키기 위해 핵발전소를 비판하고 핵폐기장을 거부해왔던 승리의 20년이 지난 후에는 고향의 발전을 위해 핵발전소를 유치하는 사회로 극적으로 바뀐 것이다. 이규봉 씨의 설명처럼, 일부 주민은 중저준위 방폐장 유치신청서를 제출하지 못하도록 군수를 설득한 그를 향해, '너 때문에 황금 덩어리를 경주에 빼앗긴 것'이라고 비판하기까지 했다. 그렇다면 1990년대 후반과 2000년대 초반, 많은 울진 군민과 지역단체가 하나의 목소리로 핵발전소를 비판하고 막아왔지만, 왜 현재는 다수가 '고향을 지킨다'라는 명분으로 핵발전소를 찬성하고 지지하게 되었을까? 이규봉 씨는 "지금의 울진은 핵발전소에 의존하는 것을 넘어 종속"되었기 때문이라고 단호히 말했다.

원전마을의 경제·사회·심리적 의존과 종속의 구조

'위험과 편익을 거래, 교환'한다. 핵발전소 인접 지역에 사는 주민이 원전을 긍정적으로 생각하고, 유치운동을 벌이는 것에 대해 대부분 연구자가 설명하는 방식이다. 주민들은 핵발전소가 위험하다는 것을 알지만, 그것이 가져다주는 이익을 포기할 수 없기에 결국 핵발전소의 위험과 편익을 맞바꾼다는 것이다. 그러나 이규봉 씨는 '거래와 교환'이라는 경제(학)적으로만 접근하는 것은 일부만 옳은 설명일 뿐 복합적이고 누적된 이곳에서의 삶을 제대로 이해하지 못한 추상적인 분석이라고 반박했다.

핵발전소는 오히려 지역 농업과 어업, 관광업을 망치는 길이에요, 그것을 부정할 순 없죠. 그런데 핵발전소에서 지난 40년간 지역에 푼 돈이 많아요. 일반지원금, 특별지원금 등의 돈 때문에 읍면별로 한수원에 줄 서고, 사회단체는 크고 작은 행사 있을 때마다 손 내밀고. 울진사람들 누구나 핵발전소가 위험하고 안 좋다는 것을 알지만, 거기에서 나오는 돈과 영향력이 지난 40년 동안 울진을 야금야금 지배해 왔어요.

핵발전소로부터의 경제적 의존과 종속은 사회·심리적 종속으로 이어졌다.

핵발전에서 나오는 돈이 지역경제를 지배하다 보니, 사회관계도 지배당한 거예요. 위험하고 안 좋고 혐오 시설인 걸 알면서도, 이 좁은 울진군에서 내가 아는 거의 모든 사람이 핵발전소 관련된 일을 하거나, 아니면 내가 지원금을 받기 위해서라도 옴짝달싹할 수 없게 되지요. 결국에는 심리적으로도 '나 하나가 반대한다고 해서 뭐가 되겠나' '어쩔 수 없지. 지금까지 8개 들어왔는데, 2개 더 들어온다고 특별히 달라질 게 있겠나'라며, 자포자기하게 되는 거죠. 여기서 먹고살려면 크게 농업이나 어업, 자영업, 한수원이나 협력업체에서 일하는 거 아니면 공무원 딱 네 가지가 있어요. 구조적으로 반핵운동 자체가 열악하고 어려운 지역이에요. 그래도 무슨 일이 있을 때마다 성명서도 냈는데, 지금은 '그게 무슨 의미가 있나?' 싶을 정도로 핵발전을 비판하기가 어려운 상황이에요.

부산이나 경주, 영광도 탈핵운동 하기가 쉽지 않겠지만, 지역에 크고 작은 시민단체가 있고 대학도 있어서 연대하고 협력할 네트워크가 충분히 있다. 아니면 서울이나 수도권에서 교통편도 괜찮으니, 결합하기도 쉽다. 그런데 울진은 소수가 반대 목소리를 내는데, 그것도 전업 활동가가 있는 게 아니니 대응하기 어려운 상황이다. 그래서 30년을 활동해온 이규봉 대표도 조금 지쳐있다고 한다.

지역에서 탈핵운동 한다는 건… 인간관계 포기하겠다는 것

이규봉 씨는 "경제적인 종속과 의존은 지역의 촘촘한 네트워크, 인간-사회관계망에 영향을 주기 때문에, 40년을 핵발전소와 함께 살아온 울진에서 탈핵운동을 하는 것은 왕따가 된다는 것"을 의미한다고 말했다.

저쪽이 워낙 거대해지고 비대해져서 작은 돌멩이 하나로는 막을 방법이 없는 거예요. 포기는 아닌데, 막막하거나 방법이 잘 안 보이는 거죠. 핵발전을 추진하려는 중앙정부와도 싸워야 하지만, 한목소리를 내는 지방정치와 또 싸워야 하죠. 이것만이 아니에요. 핵발전에서 돈을 받는 단체나 조직과도 싸워야 하고, 그들을 대상으로 장사하는 사람이나 그 가족, 핵발전소에서 일하는 사람들까지 싸워야 하니…. 울진에서 탈핵운동한다는 것은 이러한 '인간관계나 사회관계를 그냥 다 끊고 포기해야 한다'라는 것을 의미하는 거죠.

이규봉 씨는 이 지역이 핵발전소에 경제·사회·심리적으로 의존 및 종속되어 가는 과정에서 전문적인 시민·환경단체가 없다는 것 외에 한 가지를 더 지적했다. 중앙에서 지역으로 연결되어 수직적으로 종속된 정치이다.

울진은 지역적으로 국민의힘이 상당수를 차지해요, 선거 결과도 그렇고요. 특히 현재 '원전 최강국'을 목표로 하는 대통령에서 시작해 도지사-국회의원-군수-도의원-군의원 등 대부분 정치인이 다 국민의힘 쪽이죠. 대통령이 9호기와 10호기 건설을 강하게 밀어붙이니까, 지역의 모든 정치인이 '조기 착공'을 위해 목소리를 내는 거예요. 이건 공천 문제와 엮여있어요. 여기서 정치하기 위해서는 국민의힘에서 공천받는 게 중요하죠. 그래서 선거에 나가고 정치하려는 사람은 당연히 탈원전을 강하게 비판하는 거라고 봅니다.

그는 한수원에 경제·사회·심리적으로 종속된 이곳에서는 탈핵운동을 하는 본인도 힘들지만, 이곳에서 먹고 살아야 하는 울진 군민도 힘들 거라고 말했다.

사실 반핵운동하는 저희도 힘들지만, 울진 군민도 힘들어요. 이러한 구조 속에서 살아가는데 누가 쉽게 핵발전에 반대하고 쓴소리를 하겠어요. 경제에서부터 의존하고, 사회적으로 촘촘히 연결되어 있어서 저항을 못 하게 되고, 심리적으로는 무관심 혹은 자포자기해서 결국 핵발전을 찬성하는 쪽으로 가게 되는 거고요. 정치인들은 그걸 활용해서 당선하고, 재선하고, 공천받고 이렇게 가는 거예요. 초기에는 반핵운동에서 대중을 흡수할 가능성이라도 있었는데, 지금은 정치·사회·경제·심리적으로 완전히 의존·종속된 상황이기 때문에, 그걸 깨는 게 너무 어려워요. 그래서 '지역에서 돌파구를 찾을 수 있겠지' '지역이 먼저 움직여야지'라고 생각하는 것은 환상에 가깝죠.

'핵발전소 말고 대안은 있냐'는 질문에 대한 답과 고민

싸우고 반대하는 것만으로도 힘든 상황이지만, 이규봉 씨에게 한 가지 더 어려운 질문을 던졌다. 핵발전소 없는 삶을, 핵발전소가 아닌 다른 미래를 상상하는 것마저 불가능해 보이는 지역주민에게 어떻게 탈핵을 설득할 수 있을까?

여기는 일자리가 정말 없어요. 그래서 핵발전에 대한 의존은 심해지고, 정치인들은 공약으로 원전 추가 유치를 내거는 거죠. 제가 고민했던 대안은 '핵발전에 의존하는 경제'가 아니라 '생태자원을 활용한 관광'으로 자립경제를 이루는 거예요. 직전 군수도 '원전 대안 경제'를 준비해야 한다고 주장하기도 했고요. 울진은 바다, 산, 숲까지 다 있어요. 순천도 예전에는 아무것도 없었는데, 순천만 공원 이후로 관광객이 많이 가잖아요. 여수, 남해로 관광객이 가는 것처럼. 사실 전국에 220여 개의 시군구가 있는데 핵발전이 없는 대다수 지역은 지역발전을 위해 투자하면서 자립경제를 만들어 가잖아요. 여기는 오랫동안 '핵발전 의존 경제'가 심해진 게 너무 큰 문제죠.

그는 핵발전에서 탈피하기 위한 구체적인 대안까지 고민했지만 한가지 딜레마가 있다고 말했다.

울진에도 민간환경감시기구가 있어요. 우리가 싸워서 핵발전을 감시하기 위해 얻어낸 거죠. 예전에 내가 2년간 활동했어요. 다른 곳도 온배수 문제나 농수산물 피폭 문제가 좀 있을 텐데, 여기도 그래요. 핵발전소 1기당 8도나 데워진 물이 초당 60톤이 나오니, 죽변 앞바다도 1도가 더 높았어요. 일부 해조류에서는 인공방사능이 조금 검출되고 있고요. 물론 한수원에서는 미량이고 허용 범위 안이라고 설명합니다. 문제는 지역에서 생태관광을 추진해야 하는데 이를 대대적으로 홍보하기가 힘들어요. 핵발전을 가동하면 사고가 나지 않더라도, 방사능 문제가 생겨요. 이걸 대대적으로 말하면, 울진 지역 농수산물도 그렇고 생태관광의 가장 큰 걸림돌로 작용하잖아요. 농수산물이나 지역 피폭 이슈가 사실은 탈핵운동에서 활용할 수 있는 강력한 근거이자 카드인데, 반대로 이 사실을 공개하는 순간 지역경제나 제가 생각하는 대안인 생태관광에 타격이 될 수도 있는 주홍글씨 같은 거예요. 참 어려워요.

안과 밖, 모두에서 함께 탈핵을 외쳐야 하는 이유

이규봉 씨는 "핵발전소는 전 국민이 함께 고민해야 하는 문제"라고 강조했다. 이어 울진에는 환경단체나 시민사회단체가 없어서, 안에서 싸우는 것만이 아니라 외부의 연대와 관심이 절실하다고 말했다.

사실 큰 규모의 환경단체나 시민사회단체들이 전국적으로 연대를 강화할 필요가 있다고 생각하는데, 또 거기선 '지역이 움직여야 뭘 하지 않겠나'라고 생각하더라고요. 근데 핵발전은 지역만의 문제도 아니잖아요. 울진은 안에서 움직일 역량도 거의 없기도 하고.

그는 전국의 시민사회단체에서는 문제가 발생할 때만 일회성으로 지역을 방문하고 끝내는 것이 아니라, 지역주민과 결합해 함께 핵발전소 문제를 공론화시킬 필요가 있다고 말했다. 알을 깨고 나올 때 안에서 부리로 세게 치는 것만큼이나 중요한 것은 외부에서 그 단단한 알에 조그마한 균열이라도 함께 내는 것처럼.

서울이나 수도권에서 쓰는 전기가 핵발전소에서 만들어지는데, 그 문제를 지역에만 전가하고 영원히 관리해야 할 핵폐기물까지 지역에서 책임지라고 하는 것은 바람직하지 않잖아요. 그래서 '지역문제'로만 보지 말고, 대한민국 수도권에서 전기를 쓰는 사람들이 이 문제를 진지하게 고민해야 한다고 생각해요. 욕망의 시대의 끝이 어디로 갈지 모르겠지만, 지속해서 한 지역을 희생시키는 정책을 확대하려는 정부에 대해 '아니오'라고 얘기할 수 있어야 하죠. 이 문제를 어떻게 풀 것인가, 굉장히 답답해요. 지역에서 거의 유일하게 활동하는 단체가 핵안사인데 최근에 제대로 활동하지 못하고 있어요. 그렇다고 해체할 수도 없어요. 명맥이라도 유지해야 언젠가는 외부에서 함께 싸워줄 사람들이 나타날 때 안에서 우리의 목소리를 낼 수 있으니까요.

나를 지키기 위한 또 다른 운동

끝으로 이규봉 씨는 지난 30년 동안 해 온 탈핵운동이 지지부진하고 힘들다고 할지라도 절대로 포기하지 않을 것이라고 다짐했다.

9·10호기는 꼭 막고 싶다고도 덧붙였다. 무엇보다 5년 전부터 시작한 농사일과 함께 그는 '나를 잃지 않기 위한 삶'을 살아가고 있다고 말했다. 나를 잃지 않고 존재 자체를 지킨다는 것은 무슨 의미일까?

내 고향에서 이익을 얻으려고 그동안의 활동을 이용하는 것이 아니라 땀 흘려 일하고 한결같이 변하지 않으며 살아가는 나의 삶, 나의 존재 자체를 지키는 것이 더 중요한 운동이 아닐까 싶어요. 사람들도 알아요, 그들 눈에는 제가 눈엣가시이자 독종처럼 보일 수도 있겠지만, 적어도 '저 사람은 운동으로 사리사욕을 추구하는 사람은 아니다'라고 인정해주는 거지요. 내가 지금까지 해 온 모든 활동이 돈을 벌려고 한 게 아니니까. 이제는 시민운동가답게 마무리도 잘해야 하지 않겠나 싶어요. 지금은 핵발전을 확대하려는 의지가 강력한 상황이다 보니 이 힘든 순간에 자신을 잘 지키는 게 중요하다고 생각해요. 그래서 나는, 나를 잃지 않고, 또 쉽게 포기도 하지 않는 또 다른 운동을 하는 셈이에요.

이규봉 씨는 앞으로도 오랫동안 탈핵운동을 하기 위해, 포기하지 않고 이 힘든 시간을 견디기 위해 자신을 잘 지키고 싶다고 말했다. 지역의 많은 것들이 핵발전에 의존하는 것을 넘어 종속되어 있지만, 여전히 포기하지 않는 누군가가 있다. '이규봉들'이 포기하지 않도록 보다 많은 이들의 관심과 응원이 필요하다.

당신은, 핵발전소 유치하는 주민들을 이해할 수 있나요?

타인의 고통을 기록하는 사진작가 **장영식**

밀양 할매가 던진 질문과 핵발전소를 유치하는 슬픈 '유민'을 기록하면서
다시 현장 중심의 탈핵운동을 말한다.

85호 크레인

교육철학을 공부한 장영식 씨는 1987년부터 1989년까지 짧은 교직 생활을 경험한 뒤, 1992년에 본격적으로 사진에 입문했다. 꽃, 정물이나 아름다운 풍경을 기록하다, 309일 동안 '85호 크레인'에서 농성을 벌였던 김진숙의 한진중공업 정리해고 철회 투쟁을 알게 되면서 그의 사진 세계 및 인생에 큰 변화가 생겼다. 이후 장영식 씨는 전국의 투쟁 현장을 방문하여 그곳에서 벌어지는 문제를 이해하고 고통받는 사람과 현장을 기록하고 있는데, 특히 핵발전소가 있는 지역에서 살아가고, 고통받으며 또 싸우는 다양한 사람들에 주목한다. 현장에서 자신이 파악한 문제의 본질을 사진과 글로 요약하여 〈가톨릭뉴스 지금여기〉 '장영식의 포토에세이'에 2014년 이후로 약 10년째 전하고 있다.

2014년 밀양, 그곳에서 처음으로 장영식 씨를 만났다. 내가 밀양을 방문했던 이유는 밀양 주민의 송전탑 투쟁과 한 노인의 분신 때문이었다. 송전탑이 들어설 부지에 주민들은 농성장을 만들었고, 시민 연대자들과 카메라를 든 사진작가가 함께 있었다. 큰 키에 모자를 쓰고 별말 없이 무뚝뚝해 보였지만, 카메라를 손에 놓지 않고 이곳저곳 다니며 현장과 사람을 기록한 이가 장영식이었다. 현장을 목격하고, 사람을 기록함으로써 많은 이들에게 문제를 알리는 그를 약 10년 뒤 '탈핵 잇다'를 통해 다시 만나 이야기를 나누었다.

첫 번째 인터뷰는 2023년 7월 22일, 두 번째 인터뷰는 2023년 8월 5일 모두 부산에서 진행했다.

그가 교직 생활을 그만두고 사진작가가 된 이유는 '사진에 대한 이상한 애틋함' 혹은 '미련' 때문이었다. 장영식 씨는 사진에 관심을 두고 본격적으로 입문하는 다른 작가들처럼 처음에는 정물이나 풍경을 찍다가 현장을 기록하기 시작했다. 그의 사진과 삶이 완전히 바뀐 것은 2011년, 85호 크레인을 알게 되면서부터다.

현장을 찍기 시작한 것은 2011년 부산 영도조선소 내 위치한 85호 크레인이에요. 제가 아들하고 우연히 현장 미사에 갔는데, 저 높은 크레인에 사람이 있다는 거야. 처음 간 날이 김진숙 씨(민주노총 부산본부 지도위원) 생일이었는지 학생들이 손자보를 만들고 생일 케이크를 전달하려고 정문까지 갔는데, 떡대 같은 용역 직원들이 그걸 막았어요. '제가 부산에 살면서도, 여기에서 일어나는 일에 대해 너무 관심이 없었다'라는 반성과 성찰을 많이 했어요. 이후 85호 크레인을 꾸준히 촬영했고, 내려올 때까지 했으니까. 저 사람을 살려야겠다는 생각으로 거의 매일 갔어요.

장영식 작가는 김진숙 지도위원이 85호 크레인에 오른 지 200일이 되어 가던 여름 이후, 약 100일이 넘도록 매일 현장을 기록하기 시작했다. 김 지도의원은 309일간 크레인에서 지냈다. 구체적으로 그의 사진과 인생이 어떻게, 왜 바뀌게 된 걸까?

지금까지의 사진들은 그냥 유희에 불과하다고 생각할 정도로 사진에 대한 철학이 바뀌었어요. 사진은 사회적 담론을 만들고, 사회적 약자를 담아내야 한다고 생각했죠. 진숙 씨의 투쟁을 기록하면서 앞으로 내가 무엇을 찍어야 할지, 어떤 현장을 기록해야 할지 많이 고민했어요.

2013년 5월의 밀양

장영식 씨의 사진과 인생에 영향을 준 것은 '85호 크레인' 외에도 하나가 더 있는데, 그것은 바로 '밀양'이다. 밀양 송전탑 갈등은 대한민국 중앙집중형 에너지 체제의 문제를 보여주는 대표적 사회 갈등 중 하나이며 '전기는 할매의 눈물을 타고 흐른다'와 '우리 모두가 밀양이다'라는 상징적인 구호를 남기기도 하였다.

2012년부터 밀양 이야기가 나오기 시작했고, 부산에서 단체로 밀양에 갈 기회가 생겨 처음으로 가 봤죠. 밀양에 집중하게 된 건 2013년 5월부터였어요. 지금도 선명하게 기억하는데, 2013년 5월 22일에 제가 울산에서 온 연대자랑 새벽에 카톡을 주고받으면서 현장에 갔어요.

2013년 5월 22일 장영식 씨가 농성장에 처음 갔을 때, 그곳을 지키던 주민이 그를 보고 가슴을 치면서 "아이고, 이제 우리 살았다,

우리 살았어"라고 말하는데, 그 말이 이해되지 않았다. 무엇보다 그 상황이 어이가 없었다. 그도 아무런 힘없는 사진작가일 뿐인데 왜 할매들이 이렇게 말씀하시는지. 그러나 장영식 씨가 현장에서 무슨 일이 벌어지고 있는지, 왜 주민들이 사진작가의 방문에 그리 좋아했는지 이해하기까지 긴 시간이 필요하지 않았다.

광주를 겪고 광주를 기억하는 대한민국에서, 그것도 5월의 산골짜기에서 할매들을 고립시킨다는 걸 솔직히 상상도 할 수 없었죠. 30도가 넘는 아주 뜨거운 날씨였는데, 할매 일고여덟 분이 물도 못 마시고, 소변도 못 보고 있다고 들었어요. 경찰이랑 한전 직원이 못 들어간다고 막더라고요. 기가 막히는 거죠. 그걸 뚫고 현장에 가보니, 한전 직원은 할매들을 고립시키고, 경찰들은 그 광경을 보고도 점심이나 먹고 물 마시면서 그늘에서 쉬고 있더라고요. 거기서 내가 너무 화가 나서 한전 직원과 경찰에게 '너희들이 인간이냐'고 울부짖었죠.

한전과 경찰 20~30여 명은 밀양 주민들을 고착시키기 시작했고, 할매들은 옷을 벗고 똥물을 던지며 저항하다 결국엔 끌려 나왔다. 장영식 씨는 눈으로 보고도 믿을 수 없는 2013년 5월의 밀양을 찍었고, 그 사진들을 〈부산일보〉 페이스북과 트위터를 통해 알렸다. 사진을 본 시민들은 밀양에서 벌어지는 비민주적인 모습에 분노했고 더 많은 사람이 밀양에 관심을 갖게 되었다. 이어 그는 '사람이

한울이다'라는 제목의 밀양 송전탑 투쟁 사진전을 2013년 6월 27일부터 28일까지 국회 의원회관에서 열었다.

농성장에서 밥을 먹거나 술을 마시는 것은 철저하게 거리를 둔 채 제 작업에만 몰두하기 때문에, 뭔가 인간적으로 할매들과 친해지기까지 오래 걸렸어요. 그런 경계가 풀리면서, 느슨해진 것도 있지만, 장점도 있더라고요. 지금도 교장 선생님 부부, 덕촌 할머니, 동래 할머니, 영원한 투사였던 한옥순 할매, 그분들의 목소리가 지금까지도 쟁쟁하니까, 제가 허투루 살 수 없는 거죠. 아마 밀양은 많은 사람에게 굉장히 울림이 있었던 것 같아요.

김진숙 씨의 크레인 농성을 오랜 기간 기록하면서 장영식 씨는 사회에 의미 있는 메시지를 전달하기 위해 무엇을 찍을지 고민했다. 이후 밀양을 만나면서 그는 그동안 관심을 두지 못했던 '핵발전소'에 의존하는 우리의 삶과 전기를 만드는 과정에서 희생당하고 고통받는 사람들에 한 걸음 다가가게 된다.

장영식 씨는 "밀양 때문에 우리가 탈핵을 더 성찰하게 되었고, 근본적으로 우리가 어떻게 살아야 할지 고민하게 되는 계기가 되었다"라고 강조했다. 그래서일까. 국내·외 다양한 현장을 기록했지만, 그는 밀양이 가장 기억에 남는 곳이라고 강조했다.

밀양을 통해 알게 된 국가와 한전, 경찰이 지역의 촌로들을 대하는

가혹한 방식, 힘든 현장에서도 연대와 우애를 나누었던 사람들. 그는 무엇보다 이 문제의 본질을 꿰뚫어 보는 주민들의 직관과 통찰력에 많이 놀랐다.

제가 밀양 이후에 고리 핵발전소가 보이는 골매마을을 기록하기 시작했거든요. 핵발전소는 전혀 몰랐는데, 이 마을을 가게 된 건 밀양 한옥순 할매가 어느 날 저에게 던진 질문 때문이었어요. 하루는 할매가 "송전탑 뒤에 뭐가 있는지 아노?"라고 하셨어요. 그때만 해도 핵발전소 잘 몰랐거든요. 그냥 밀양이 아파서 이곳에 왔고 최선을 다해 기록했는데, 좀 충격을 받았어요. 음, 뭐가 있지? 할매가 하는 말이 '이 송전탑 너머에 핵발전소가 있다'라는 거야. 그리고 '765kV 송전탑은 핵발전소의 자식'이라는 거예요. 나는 그때 굉장히 충격을 받았어요. 어떻게 할매가 저런 이야기를 할 수 있지. '송전탑이 핵발전의 자식'이라는 말을. 그래서 내가 약속을 했어요. 밀양 싸움이 끝나면 핵발전소를 꼭 가겠다고. 그래서 2014년 6월 행정대집행이 끝나고 가을인가 겨울에 처음 갔는데, 가다 보니 조그마한 마을이었는데, 거기선 고리 핵발전소 돔이 너무 잘 보이는 거예요. 내가 알아서 거기에 간 게 아니고, 우연히 도착한 곳이 알고 보니 골매마을이었어요.

골매마을에 처음 들어갈 때의 음산했던 기억은 영광 핵발전소를 처음 갔을 때의 느낌을 떠오르게 했다. 그렇게 골매마을을 기록하기 시작했고, 한옥순 할매의 질문을 따라가다 보니, 밀양 송전탑에서

고리 핵발전소로 장영식 씨의 관점도 이어지고 확대가 된 셈이다.

핵발전소 반대하기 때문에 유치 신청, 슬픈 역설

1969년 대한민국 최초의 핵발전소 건설을 위한 전국 10개 후보지 중 고리가 최종 결정되었을 때만 해도 주민들은 전기 공장 하나가 마을에 들어와 개발될 것으로 생각했다. 그러나 핵발전소는 그들 삶의 터전을 빼앗고, 주민들은 고향을 떠나야만 했다. 1969년 고리 핵발전소 건설부지 선정 이후 고리마을에서 살던 162가구 중 대부분은 온정마을과 골매마을로 집단이주하였고 나머지는 뿔뿔이 흩어졌다.

1969년 11월 늦가을에 골매마을로 떠밀려 온 주민들을 위해 정부는 아무것도 준비하지 않았고 논과 밭만이 그들을 기다리고 있었다. 사실상 강제 이주나 다름없었다. 집도 없이 군용 천막에서 살게 된 그들은 먹고살 것이 없으니 바다로 뛰어 들어가 수산물을 채취해야 했다. 잠수복이 있는 것도 아니라서 입던 옷 그대로 바다에 들어간 사람들은 그렇게 혹독한 겨울을 보냈다. 뒤늦게 받은 보상금으로 집을 하나둘 짓기 시작하였다. 자기 삶의 터전과 고향마저 잃은 사람들, 그들의 곤궁과 힘듦은 여기서 끝나지 않았다.

바다를 생계로 삼는 사람들에게 가장 중요한 것은 어업권입니다. 애초 이 곳에 살던 주민은 집단이주한 사람들의 어업권을 인정하지 않았습니다. 오랜 분쟁 끝에 최소한의 어업권을 가지게 된 주민들은 바다와 약간의 땅을 경작하면서 살아왔습니다. 어느 정도 안정을 유지하며 살기 시작했는데, 신고리 핵발전소를 짓는다고 해서 이들은 다시 쫓겨나게 됩니다. 골매 마을로 이주한 할머니는 매일 고리를 바라보면서 "고리에 가고 싶다, 고리에 가고 싶다"라고 하셨습니다. 돌아가시기 전 마지막 말씀도 "고리에 가고 싶다"였다고 합니다. 핵발전소 때문에 고향을 잃은 사람들의 한을 그 누가 이해할 수 있을까요?

7월 22일 방문했던 골매마을은 고리 핵발전소에서 너무 가까웠다. 논, 밭, 바다, 집, 골목 등 마을 어디에서도 핵발전소 돔이 보일 정도였다. 고리 핵발전소에 이어 신고리 1·2·3·4호기 핵발전소까지 확대되어 새롭게 지정된 부지에 골매마을이 다시 포함되었다.

주민들은 집단이주 후에도 신고리 핵발전소 1·2호기와 3·4호기 공사를 지켜보았는데, 숱한 발파작업으로 인한 소음과 분진에 시달렸다. 한수원은 원자력안전위원회에서 신고리 핵발전소 5·6호기 건설 공사를 승인받기 전인 2015년부터 주민들이 반대하는데도 수중 취·배수구조물 축조 공사를 불법적으로 강행하기 위해 주민들에게 경작 중인 작물을 수확하라며 이주를 촉구하기까지 했다.

장영식은 두 번이나 잔인하게 삶의 터전을 빼앗긴 그들을 '슬픈 유민'이라 불렀다.

어느 순간 우리는 '고향'이라는 개념, 감각이 거의 없잖아요. 한 70대 이상 넘어가야, 고향이나 마을에 대한 감각이 있겠죠. 저도 60대지만, 사실 고향에 대한 개념이 거의 없어요. 고령의 주민들은 고향을 떠난다는 것에 대한 상처가 큰 거죠. 한 번도 아니고 두 번을 핵발전소로 인해 뿌리 뽑힌 거니까. 그만큼 1세대들에게 고향의 의미는 남다른 거죠. 아주 오랫동안 노력해서 겨우 정착한 마을에서 살 만하니까 또 쫓겨난 말도 안 되는 폭력의 역사를 겪어오신 거죠.

'공공성'과 '개발'의 이름으로 전력을 생산하는 핵발전소를 짓기 위해 누군가의 삶과 평생의 터전이 사라진다는 것은 쉽게 이해하기 힘들지만, 이러한 국가폭력은 박정희 정권 말기인 1978년에 만들어진 '전원개발촉진법'에 의해 쉽게 정당화되곤 했다. 전력 생산과 공급의 중요성을 내세워 송전탑과 핵발전소를 세웠지만, 그것에 영향을 받는 사람들의 삶과 권리는 누구도 책임지지 않은 채 그저 개개인에게 전가되었다.

정부는 뒤늦게 발전소 주변지역 지원에 관한 법률을 만들었지만, 갈등이나 문제의 핵심을 해결하기보다는 '보상'과 '지원금'으로 갈등을 무마하려 했고, 돈을 어떻게 사용하는가의 문제 등으로 갈등은 불행히도 주민들 사이로 다시 옮아가기 일쑤였다.

이처럼 전기의 공공성을 강조하며 폭력적이고 비민주적인 방식으로 사람이 살던 곳에 핵발전소가 세워지고 가동되는 동안, 최인접 마을에서 살던 주민들은 피해와 부작용에 알아서 대응하거나 적응하며 살아야 했다. 집단이주를 한 곳은 그들의 생계를 위해 아무 것도 준비되지 않아, 거친 논과 밭을 새롭게 경작해야 했고, 그곳에 살던 원주민들로부터 어업권은커녕 마을 구성원으로도 인정받지 못했던 삶처럼 말이다.

즉 핵발전소와 함께 30~40년을 살아간 주민들이 체득하고 경험했던 것은 그 누구도 자신들을 보호해 주지 않는다는 것, 그래서 그들은 피해와 영향에 대응하는 방식으로 개인화에 적응해 나갈 수밖에 없었다. 이러한 역설적이고도 무책임한 역사 때문이었을까, 우리가 쉽게 이해할 수 없는 주민들의 선택 하나가 있었다. '핵발전소를 반대하기 때문에 유치한 사람들', 장영식 씨는 이를 '슬픈 역설'이라고 말했다.

주민들은 왜?

신고리 핵발전소 5·6호기 공론화 과정에서 필자 역시 일부 주민들이 내건 요구에 어안이 벙벙했었다. 한수원 노동조합만큼이나 더 강렬하게 '신고리 5·6호기 공사 중단'을 반대했던 사람들. 그들은 누구이며, 왜 신고리 5·6호기 건설을 지지했던 것일까?

2017년 당시 장영식 씨의 시선도 그들에게 오랫동안 머물렀다. 그는 2017년 10월 12일 '왜 우리가 핵발전소를 찬성해야만 했을까요?'라는 제목의 포토에세이를 작성했다. 장영식 씨는 "울산시 울주군 서생면 주민 중 일부는 신고리 핵발전소 5·6호기 건설에 적극적으로 찬성하고 있습니다. 신고리 핵발전소 건설이 고시될 때부터 가장 강렬하게 반대했던 주민들이 왜 찬성하고 있을까요?"라고 묻는다.

그토록 반대했던 신고리 핵발전소 3·4호기가 이 지역 어디에서도 훤히 보이기 때문입니다. 집 마당에서도 동네 골목길에서도 바다 위 삶의 현장 어디에서도 핵발전소의 모습이 보이지 않는 곳이 없기 때문입니다. 대부분의 주민은 핵발전소가 안전하다는 것을 믿지 않고 있습니다. 핵발전소가 위험하다는 것을 누구보다도 잘 알고 있기 때문입니다. 1년 전 지진이 일어났을 때 그 두려웠던 밤을 또렷이 기억하고 있기 때문입니다. 신고리 핵발전소 3호기 건설 때 온갖 소음과 폭발음 등을 기억하고 있기 때문입니다. 언론에서 온갖 짝퉁 부품을 보도하던 것을 기억하고 있기 때문입니다. 주민들 간에는 신고리 핵발전소 3호기의 문제점과 그 위험성에 대해 귓속말로 주고받던 일들을 기억하고 있기 때문입니다.

장영식 씨는 "그들은 누구보다 핵발전소를 반대했고 오랜 기간 싸웠으나, 결국 국가가 밀어붙이는 핵발전소를 막아내지 못했다. 때로는 함께 싸웠던 활동가들에게 상처를 받았고, 이웃 주민들에겐 날이 선 말들을 해야 했다"라고 말하며, "신고리 핵발전소가 없어지는 것이 아닌 이상, 새 핵발전소를 자신들의 마을에 유치해야 이곳을 떠날 수 있는 주민들"의 모순된 삶의 모습을, 참담한 현실을 기록했고 이해하고자 했다.

핵발전소가 싫어서 핵발전소를 선택해야 했던 사람들에게 누가, '찬핵론자' '핵마피아'라고 돌을 던지며 '돈 때문에 핵발전소를 유치'한 것이라고 비판할 수 있을까.

현장 너머 삶의 복잡함

꼭 돈 때문이 아니에요. 근데 그걸 현장에 와보지도 않은 전문가들은 핵발전소를 찬성하는 그들을 '돈에 환장한 사람들'로 분석하더라고요. 활동가조차도 그렇고요. 근데 저는 오히려 되묻고 싶어요. 그 사람들을 비난하고 손가락질할 때 '우리가 편하게 쓰는 전기 때문에 희생당한 지역과 고통받아 온 사람들에게, 우리는 얼마만큼 성찰했고 고백했는가'를. 우리의 안락한 삶과 그들의 희생과 피해를 연결해서 생각해야 하고, 성찰해야 한다고 생각해요. 그것에서 새로운 탈핵 운동을 시작해야 한다고 생각해요. 논리와 지식만 가득한 글과 말이 아니라, 주민들의 삶과 인생을 이해하는 것이 더 중요하다고 생각해요.

장영식 씨가 '슬픈 역설'이라 부르던, 한편으론 잘 이해되지 않는 주민들의 선택을 필자 역시 찬성과 반대라는 이분법적인 구도 안에서만 생각하고 바라보았으며 그들을 비판하고 나무랐었다. 현장에 와 본 적이 없으니 핵발전소를 유치하는 주민들은 '그저 돈을 밝히는 사람들'이었고, '핵발전소라는 위험과 편익을 기꺼이 교환'하려는 무지한 사람들이라고 생각했었다.

그러나 나와 같은 누군가에게 현장인 그곳이 다른 누군가에게는 어떻게든 부대끼며 살아가야 하는, 억척같이 살아내야 하는 일상과 삶의 공간이었던 것을 제대로 이해하지 못했다. 좋고 나쁨, 찬핵과 탈핵의 윤리와 도덕적 잣대로는 설명할 수도, 구분할 수도 없는 현장 너머 삶의 복잡함이 그들의 빼앗긴 삶과 역사에 알알이 박혀 있었다.

장영식 씨의 질문은 아직도 내 귓가에 맴돈다. 우리는 얼마나 반성하고 그들 유민의 역사를 이해하려 했는가? 구조를 바꿀 수 없는 이들이 한정된 자원 안에서 어쩔 수 없는 현실에 타협해야만 했던 순간을 우리는 아무런 이해 없이 너무 쉽게 단정하고, 분석했던 것은 아닐까?

현장을 버리면, 현장이 중심이 되지 않으면 그 운동이 제대로 알려질 수 없어요. 사실 부산도 마찬가지거든요. 무슨 탈핵 집회를 해도 정작 마을주민이 이제는 안 온단 말이에요. 어떤 방법으로든지 그 사람들을 설득하고 함께해야 했는데…. 물론 말처럼 쉽지는 않지요. 마을주민들은 함께 싸우던 활동가들이 현장을 떠날 때 그들에게 굉장히 상처를 받았다고 해요. 같이 싸웠는데 갑자기 활동가들이 떠나니까. 주민들은 그걸 겪으면서 이젠 활동가를 외부 사람 취급하는 거죠. 못 믿겠다는 거고. 그러면서 그들도 싸움이 아니라 최대한 '유용성'을 얻어낸다는 생각을 먼저 하는 거죠. 싸우기도 해봤고 반핵도 외쳐봤지만, 함께 싸웠던 활동가들은 떠나고 자기들만 남은 상황에서. 주민들에겐 삶과 운동이 분리되는 게 아니잖아요. 활동가나 연구자는 잠깐 와서 목소리 외치고 주먹 몇 번 하늘로 뻗다가 집에 가면 그만이지만. 여기에 사는 주민은 그게 아니니까. 내가 가도 주민들은 인상을 팍 써요. 계속해서 노력하고 찍은 사진을 드리기도 해요. 근데 커피 한잔 하면서 얘기 좀 하자고 하면 안 하지. 주민들은 우리를 못 믿게 된 거죠. 참 안타깝고 미안하죠.

현재의 시선으로만 주민을 평가하면 핵발전소를 지지하고 찬성하는 사람으로밖에 보이지 않는다. 그러나 30~40년의 역사를 통해서 보면 그들은 누구보다 치열하게 싸우고 반대했던 사람들이다. 그러다 함께 싸우던 활동가들에게 상처도 받고, 정부와 한수원에 대항해 싸우다 지치기도 하며 결국엔 모든 걸 다 빨아들이는 거대한 힘에 싸울 기력이나 의지도 빼앗겨 원전 지원금을 바라거나 핵발전소를 추가 유치해서 탈출을 택하는 사람들이 우리가 알지 못한 그들의 역사인 것이다.

장영식 씨는 한 걸음 나아가 핵발전소로부터 혜택을 받는 지역주민은 소수로 지역의 토호 세력이나 건설업자이고 대부분 주민은 아무런 혜택이나 이익도 보지 못한 채 살아가고 있다고 강조했다.

고리 갔을 때 커피를 마셨는데 해녀회관을 수리해서 마을 카페로 만들었어요. 근데 그것도 그 지역의 토호 세력이나 건설업자들이 사업을 따내서 돈을 버는 거죠. 발전소에서 지원금이 나와도 이들 소수 주머니에 들어가는 것이고. 그래서 나는 기자회견이든 뭐든 현장에서 해야 한다고 계속 말하죠. 왜 누구도 듣지도 않는 시청 앞에서 하냐는 거지. 똑같은 기자회견, 아무 변화 없는 기자회견, 기자 몇 명 오지도 않고, 보도도 안 되는 기자회견을 왜 현장이 아닌 시청에서 하냐는 거지. 현장에서 기자회견 하면 싸움이 나겠지. 그걸 이해하는 것에서 진짜 운동과 활동이 시작되는 거라고 생각해요. 왜 저 주민들이 탈핵을 외치는 우리를 싫어하나, 그것도 들어보고. 우리가 이 사람들을 어떻게 설득하고 이해할 수 있을지도 고민해 보고. 서울에서 오는 활동가도 부산 중심지에서만 집회하거든요. 그럼 현장을 몰라. 핵발전소가 있는 마을에 어떤 문제가 있는지, 왜 지역주민은 우리를 싫어하고 반대할까를 힘들더라도 겪어봐야 하는데, 그걸 안 하니까 활동가의 활동조차 현장과 괴리가 생기는 거지. 그런 거에 대한 나의 분노와 안타까움이 있는 거예요.

장영식 씨는 새로운 탈핵운동이란 참회와 고백에서 시작해야 한다고 힘주어 말했다. 이것은 현장, 누군가가 살아가는 삶과 역사에 대한 이해와 존중과도 연결된다.

"탈핵 활동가들은 부산에서 강원도까지 7번 국도 걸어 봐야"

사실 문재인 정권에서 탈원전 정책을 실행한 것이 대단하기도 했지만, 그 방식을 생각하면 너무 거칠고 단순하게 가지 않았나 생각해요. 핵발전소를 지지하고 찬성하는 집단을 하나같이 '핵마피아'로 낙인찍고 모두 없애버려야 하는 집단으로만 접근하니, 우리도 왜 탈핵을 하는지, 우리의 삶과 핵발전소가 어떻게 연결되는지, 그 과정에서 누가 어떤 피해를 받아왔는지를 고민할 시간이나 여유가 없었죠. 그저 낙인찍고, 피아를 구분해서 핵발전소를 없애자고 말하는 방식이 한편으론 통쾌할지는 모르겠지만, 본질을 해결하는 방식이 아니잖아요.

그는 고리 핵발전소를 건설했던 1세대 전문가들을 분노로만(핵마피아로 바라보고) 접근한 것을 안타까워했다.

그분들은 '진짜 애국심'으로 지었다고 하세요. 모든 부품을 외국에서 들여와야 하니까 나사 하나하나 아끼면서 발전소를 지었을 때 얼마나 큰 보람을 느꼈겠어요. 전기 때문에 산업화를 이루었고 지금의 대한민국을 만들었다는 것에 대해 자부심이 있는데, 어느 날 갑자기 다 '나쁜 놈들'이라고 하니까 얼마나 기가 막히겠어요. '여러분들의 헌신과 수고 때문에 지금의 한국이 있을 수 있었다. 고맙다. 그러나 이제는 세상이 바뀌었고 전환을 요구하는 세상이 되었다. 이 전환을 우리는 거부할 수 없다고 생각한다'라고 말하면서 탈원전에 접근할 수도 있었을 텐데. 그분들의 자존심은 살려주면서 전환을 준비했어야 했는데, 존중과 연민, 이해와 사랑은 없고 분노만 있으면 안 되잖아요.

장영식 씨는 말처럼 쉽지는 않겠지만 앞으로의 탈핵 운동은 "찬핵 아니면 반핵의 구도로 서로 비판하고, 반대하며 싸우는 모습만이 아니라 지금과는 다른 모습을 상상할 수 있는 힘"을 만들어야 한다고 말했다. 핵발전소가 아닌 대안을 제시하고 설득하는 등 과거와는 싸우는 방식도 달라져야 한다고 강조했다.

저는 탈핵 활동가들은 정말 부산에서 강원도까지 걸어야 한다고 생각해요. 자기 나름으로 기록도 하고, 고민도 하고, 정말 그게 필요하다고 생각해요. 왜냐하면, 송전탑-핵발전소-화력발전소가 7번 국도를 따라 이어져 있고, 우리나라 중앙집중형 에너지시스템의 모순이 고스란히 있거든요. 현장에 직접 가봐야 문제가, 그 속의 구체적인 사람의 얼굴이 보이는 거죠. 그래서 모든 게 연결되어 있다는 걸 말로만 하는 게 아니라 머리로만 그걸 떠올리는 게 아니라, 가슴으로 그릴 수 있어야 진정한 이해와 공감이 생기고, 문제에 다가가는 새로운 능력이 생긴다고 봐요. 설득의 과정 없이 주입만 하는 것은 한계가 있죠. 나와 다른 사람들을 어떻게 이해하고 설득할 것인가? 지금 우리에겐 이것이 더 필요한 거죠.

현장을 기록하는 이가 감당해야 하는 어려움

장영식 씨는 밀양을 기록한 뒤 《밀양아리랑》(2014)이라는 사진집을 출간했다. 그는 "차마 눈으로 볼 수 없고 믿을 수 없는 광경이었다. 나는 사진가로서의 냉정한 이성을 잃고 울면서 항의하면서 셔터를 끊었다. 나로서는 경험하지 못했던 참혹한 현장이었다"라며 사진작가로서 현장과의 거리감을 두는 것에 실패했음을 털어놓았다. 분노 속에 하루하루 기록했다는 것이다.

현장에서 누군가의 고통을 기록하고 목격하는 것은 절대 쉽지 않다. 70대 노인들이 경찰과 한전 직원들에게 고착 당하는 모습에 장영식 씨는 분노했고, 카메라 셔터를 누르는 대신 할매들과 함께 싸웠다. 2012년 1월, 보라마을 주민 이치우(74) 씨가 자신의 논에 용역들이 장비를 들여놓고 공사를 시작하려 하자 몸에 휘발유를 끼얹고 불을 붙였으며, 결국 숨을 거뒀다. 이곳을 2012년 8월에 방문했던 장영식 씨는 길에 있던 '이상한 자국'을 오랫동안 응시했고, 그 자국을 쓰다듬었다. 그는 "이 비극적인 슬픈 자국을 촬영하여 기록으로 남겨 두었다"라고 말했다.

어떻게 보면 부정의한 현장을 가장 먼저 목격하는 증언자인 거잖아요, 저는. 그렇다 보니 그분들이 절규하고 고통받고 몸부림치는 모습을 가장 가까운 거리에서 보고 기록하는 거죠, 저의 일이라는 것이. 그들의 절망과 분노를 네모 프레임에 담을 때도 힘들지만 찍은 사진을 제 작업실에서 현상해서 볼 때 그 순간이 참 두려울 때가 있어요. 타인의 고통을 나는 어떻게 마주해야 하나, 어떤 순간을 찍을 것인가, 내가 찍은 이 고통스러운 사진을 세상에 어떻게 내놓을 것인가, 이런 고민이 저에게 주어지는 거죠. 너무나 고통스러운 순간들이죠.

누군가의 고통을 목격하고 기록하는 일, 기록한 사진을 다시 한번 확인하고 세상에 공개하는 과정에서 장영식 씨는 때로는 트라우마를 겪기도 했다. 더욱 '선정적이고 자극적인' 사진을 요구할 때 그는 또 다른 차원의 어려움을 느꼈다.

현장의 어떤 사람들은 사진작가인 나에게 '선정적인 사진'을 요구했어요. 나는 그런 사진 찍는 것을 안 좋아했는데 제가 찍은 사진을 보내 주면 "선생님, 이런 작품 사진 말고요"라면서 주민들의 고통과 절규가 직접적으로 담긴 사진을 요구했다. 그러면 나는 "어, 어…" 이러면서 밤새 당혹스러운 거죠. 무슨 말인지는 알겠지만, 굉장히 당황, 당혹스러웠어요. 만약 누군가가 분신을 했다, 나는 그럼 그 사진을 찍을 것인가, 말 것인가를 먼저 고민하겠죠. 그리고 설사 찍었다 하더라도 어느 시점에 공개할지 모르겠지만 바로 다음 날 공개하지는 않을 것 같아요. 근데 어떤 사람들은 그걸 바로 달라고 하니까, 나에게는 그게 너무 폭력적으로 느껴지는 거지요. 할매들이, 주민들이 고통받는 사진을 달라고 하니까, 그래서 때로는 저분들이 '상처를 상처로 갚으려 하는구나'라는 생각이 들기도 했어요. 물론 그분들은 정말 절박하니까 자극적인 사진을 저에게 요구할 수도 있지만 그런 사진은 사실 휴대폰으로 얼마든지 찍을 수 있을 텐데. 제겐 그런 트라우마들이 많죠.

"카메라가 무겁다"

그럼에도 불구하고 장영식 씨는 2014년 이후 약 10년 동안 전국의 현장을 방문하여 고통과 아픔을 목격하고 기록하는 것을 멈추지 않았다. 인터넷 언론 '가톨릭뉴스 지금여기'의 포토에세이는 그가 새롭게 시도한 글쓰기 방식의 사진과 글로 현장의 문제를 날카롭게 정리하였다. 밀양 송전탑에서 고리 핵발전소에 의해 사라진 골매마을로 확대된 관심과 발걸음이 포토에세이를 통하여 7번 국도로 이어졌다.

7번 국도는 정말 충격적이었어요. 핵발전소랑 송전탑만 생각하고 있었는데 강원도 삼척에는 또 어마어마하게 큰 화력발전소가 있는 거죠. 강원도 생각하면 청정지역으로만 생각하잖아요. 근데 거기에 화력발전소가 집중되어 있는 거예요. 아름다운 맹방해변이 파헤쳐지고 그 위에 석탄을 운반하기 위한 선착장이 건설되는데 탈핵과 탈석탄을 선언한 정부에서 이런 현실이 벌어지는 게 믿어지지 않았죠. 7번 국도는 아름다운 해변으로만 알려졌지만, 우리나라의 폭력적인 에너지 체제를 보여주고 있죠. 송전탑, 핵발전소 그리고 화력발전소까지.

불과 2~3년 전만 해도 전국을 다 다니며 현장을 기록했던 장영식 씨는 최근에는 카메라가 좀 무겁게 느껴진다고 말했다. 그는 "갑자기 탈진되어서, 텅 빈 정신이 되는 거예요. 갑자기 모든 것이 텅 빈 상태가 오는 거예요. 이 상태를 어떻게 내가 극복할 것인지 고민 중이에요. 사실 카메라의 절대적인 무게는 그대로지만 왜인지 모르겠지만 좀 무겁게 느껴지더라고요"라고 말했다.

이제는 전국을 다 가진 못할 것 같고 대신 내가 가고 싶은 곳만 가겠다, 그렇게 준비하는 거죠. 빨리 핵발전과 생태적인 문제에 관심을 갖는 사진작가가 나오면 좋겠는데 한국 사회에서 다큐멘터리 사진작가는 대부분 노동 문제에만 집중하니까. 그게 나쁘다는 것이 아니라 핵발전이나 환경·생태 문제에도 관심을 두는 작가가 나타나야 하는데 좀 아쉬운 거죠. 거기에 대한 중압감이 좀 커요. 여전히 친한 활동가들은 저를 감사하게도 '자기들의 든든한 지원자'라고 부르지만, 모르겠어요. 가끔 제가 중압감도 느끼고, 이제는 좀 무겁다는 생각이 요즘 들어 부쩍 들어요.

매달 두 편 이상의 포토에세이를 쓰기 위해 현장을 방문하여 그들을 이해하고 기록한다는 것은 에너지와 함께 현장에 대한 이해 및 공부가 필요하다는 것을 의미한다.

어느 순간엔 제가 절필해야겠다는 생각도 했어요. 스스로 현장에 대한 이해나 공부가 충분히 되지 않은 채 글을 쓰는 것 같은 느낌이 들더라고요. 좀 창피스럽기도 하고 무엇보다 주기적으로 글만 쓰는 게 아니라 글과 사진을 같이 준비하는 마감 시간이 너무 빨리 오는 거죠. 예전보다 그 속도가 빠르게 오는 것 같아요. 그래서 거기서 오는 트라우마도 있었고. 밤에 혼자서 작업을 하다, 갑자기 아무것도 할 수 없는 상황도 있었으니까요.

장영식이 세상을 기록하는 법

사진을 모르는 나는 그에게 아주 기본적인 것을 물어보았다. 현장에서 그는 과연 몇백, 몇천 장의 사진을 찍을까? 그렇게 찍은 수많은 사진 중 어떤 사진을 무슨 기준으로 고를까? 나의 질문에 카메라가 무겁다고 말하던 장영식 씨의 목소리에 다시 힘이 느껴졌다.

현장에서 후회 없이 셔터를 누르라고 말해요. 아끼지 말고 가져간 메모리 카드를 가득 담을 수 있을 만큼 찍으라고 말하죠. '자기가 가져간 메모리는 다 써라. 치열하게 고민해서 찍고, 와서 고민해서 고르고.' 물론 저는 125GB를 가져가지만, 그걸 다 찍는 건 굉장히 힘들거든요. 그냥 최선을 다해서 찍어보는 거죠. 근데 어떤 사람은 '오늘 나는 찍을 게 없더라'라고 말하면서 10장 정도만 찍었대요. 이유가 있겠지만 나는 그게 잘 이해는 안 되죠. 저는 현장에 가면 처음에는 전체 배경도 보고 더 깊이 들어갔다가 빠져나왔다가 다시 들어가고, 그런 거리감이 필요해요. 집중할 때는 뭐 정신 없지. 사진을 찍는데 어떤 곳에서는 정말 정신없는 곳이 있어요. 완전히 클라이맥스처럼. 그 어떤 것도 양보할 수 없는. 그때는 누가 뭐라고 해도 내가 찍거든. 완전히 몰입한 거지. 그럴 때가 있어요. 경찰이 막든, 누가 막든 전 들어가죠. 근데 전 연사로 안 찍고, 단사로 찍으니까. 어떤 사람은 연사로 찍는데 저는 그걸 또 이해 못 하지. 옳고 그름을 말하는 것은 아니지만 현장을 어떻게 찍고 남길 것이냐, 연사로 찍냐, 한 컷 한 컷 단사로 찍느냐도 굉장히 중요한 고민거리죠, 저에게는.

장영식 씨는 항상 현장 가기 전날 사진기를 꼼꼼히 점검한다. 배터리와 메모리 카드를 점검하고 멀리 가는 날엔 A/S 센터에 가서 사진기랑 렌즈까지 한 번 더 확인하고 현장에 간다. 그런 그에게 사진기는 무엇을 의미할까?

사진기를 그냥 보는 게 아니라 나의 벗으로 생각해요. 운명적인 만남으로 보기 때문에 그 벗에게 내가 소홀할 수 없는 거죠. 내가 찍고 싶은 순간을 사진으로 담아 주는 게 얼마나 고마워. 내 마음과 내 관점과 교감하는 그대로 사진에 드러날 땐 정말 고맙죠. 어떨 때는 사진기를 보고 '고맙다, 수고했다' 그러거든요. 나한테는 단순한 기계나 도구가 아닌 거죠. 이런 마음이나 교감 없이는 결과물이 안 나온다고 생각하기 때문에 우리는 끊임없이 소통하는 거죠. 내가 미리 '오늘 이런 사진을 찍겠다'라고 계획하고 가면 그런 사진이 안 나와요. 오늘은 무엇을 찍어야겠다가 아니라 현장에서 최선을 다하겠다는 생각으로 가죠.

그렇다면 그는 '벗'인 카메라가 찍은 수많은 사진 중 무엇을, 어떤 기준으로 선택할까? 혹은 무엇은 왜 선택되지 않을까?

교감이죠. 특별히 어떤 게 좋다기보다는 내가 찍었을 때의 느낌이 표현되었는가를 충족해주면 그게 좋은 사진이고. 그게 아니면 내 것이 아니라고 생각해요. 그래도 세 번은 봐요. 감정이 안 오면, 그냥 이건 좋은 사진일 뿐이지 느낌이 있는 사진은 아니라고 생각하죠.

마지막으로 현장을 방문하여 기록하는 것이 그의 종교와 관련이

있는지 물어보았다. 장영식 사진작가의 가톨릭 영세명은 라파엘로
이다. 그는 "그런 것도 많죠. 자꾸 이끌림이 있는 거죠"라고 명쾌하
게 대답했다.

부르심에 대한 응답

'아담, 너 어디에 있느냐?'라는 것과 마찬가지로 저에게 들리는 '부르심'에
이끌려 현장으로 가게 되었는지 모르겠어요. 열에 일고여덟은 갈 때마다
어떤 일들이 발생했어요. 슬픈 이야기지만. 그런 일이 많았어요.

부르심에 대한 응답. 사진기를 들고 현장을 방문하여 누군가의 삶
과 역사를 기록하는 것은 그에게 또 다른 방식의 소통과 이해였다.

사진기를 들고 산길을 걷고, 골목길을 걷는 것이 그냥 걷는 것이 아니에
요. 하나의 소통이거든요. 자연과 세상과 인간을 더 이해하기 위해 현장을
찾는 것 같아요. 네모 프레임만 보고 가면 정작 사람과 그들의 삶이 안 보
여요. 마을 역사를 느끼려는 노력도 하지 않고 그저 네모 프레임만 쫓는 거
죠. 사진의 70%는 발이 찍는다고 생각해. 현장에 가면 조그마한 골목길
을 걷고, 공기를 느끼고, 바람의 소중함을 느끼죠. 그리고 항상 질문하죠.
"너 어디에 있느냐?" 하느님이 아담에게 이런 질문을 했는데. 그래서 항상

고민하죠. 난 어디에 있지, 난 무엇을 기록해야 할지에 대해. 그래서 나의 사진은 '부르심에 대한 응답'이라고 생각해요. 인위적으로 찍어야겠다고 생각하면 잘 안되고 내 마음이 이끌려 갔을 때 내가 작업했던 내용은 그 부르심에 대한 응답이라고 생각하죠. 그 부르심과 응답의 관계를 잘 생각해 봐야죠.

장영식 사진작가를 만난 이후 나의 안락한 삶을 위해 핵발전소, 송전탑, 화력발전소로 고통받아야 했던 수많은 '유민'들을 떠올렸고, 그들의 굴곡진 그러나 제대로 알려지지 않은 역사를 이해하려 했다. 더 많은 장영식들이 현장과 사람을 기록하고 현상 너머의 본질을 이해할 수 있는 날이 오기를 바란다. 그때 비로소 장영식 씨는 무거웠던 짐을 내려놓고, 조금은 홀가분한 마음으로 그가 아끼는 벗과 함께 현장을 누빌 수 있지 않을까.

눈에 보이지 않는
위험과 싸우는 사람들

기장해수담수반대대책협의회 대표 **김용호**

눈에 보이지도 냄새도 나지 않는 위험과 싸우는 김용호 씨.
마실 물을 선택하는 것은 시민의 행복추구권에 해당하기에
그는 10년간 공부하며 싸워왔다.

불행하게도, 우연히 알게 된 해수담수화 시설

기장 해수담수화. 이 글을 읽을 독자 여러분도 그렇겠지만, 나에게도 여전히 낯설고 어려운 용어가 가득한 이슈이다. 동시에 기시감이 느껴지기도 했다. 생각해보니 나도 2016년 3월 기장 해수담수 주민투표를 돕기 위해 기장에 있었다.

고리 핵발전소와 겨우 11km 떨어진 취수장에서 바닷물을 담수로 바꿔 지역에 공급하겠다는 계획에 주민들은 비판하고 싸우다 주민투표를 진행했다. 안전하게 물을 마실 권리가 주민에게 있는지, 아니면 국가가 선택하고 진행할 사무이기만 한 건지를 묻기 위해서였다.

7년 만에 다시 방문했던 기장은 변한 듯 변하지 않았지만, 여전히 싸우는 사람들이 있었다. 2023년 9월 20일 오전에 김용호 기장해수담수반대대책협의회 대표가 운영하는 태권도장에서 그를 만나 3시간가량 인터뷰를 진행했다.

기장해수담수화에 대한 자료나 기사, 논문이 많지 않아 먼저 지난 십여 년의 싸움에 관해 듣고 물었다. 왜, 어떻게 이 사업을 알게 되었고, 싸우게 되었을까. 2023년 한 해 동안 '탈핵 잇다'를 통해 만났던 다른 사람들의 삶과 싸움처럼, 결국 '포기하지 않고 지역에 남아 그는 무엇을 지키고, 여전히 무엇과 싸우고 있는가?'를 고민하였다.

그는, 그들은 무엇과 싸워왔을까? 보이지 않는 위험과 싸워야 했고, 그들의 안전을 담보할 수 없는 전문가 혹은 누군가의 목숨이나 안전을 경시해 온 과학·기술 만능주의와 싸워왔다. 또한 안전한 물을 마시고 선택할 주민의 행복추구권을 고려하지 않은 채 일방적으로 추진해 온 비민주적이고 행정 편의적인 사업 관행과도 싸워야 했다. 그러나 그 싸움의 시작은 우연히 찾아왔다.

2014년 11월 21일, 김용호 씨는 저녁을 먹다 우연히 뉴스를 통해 해수담수화 시설이 곧 완공된다는 것과 이후 이 시설을 통해 지역에 물을 공급한다는 것을 알게 되었다. 한 번도 들어본 적 없어 함께 밥을 먹던 사람들에게도 물어보았으나 누구도 알지 못했다. 만약 영화나 드라마에서 이런 장면을 본다면 우리는 '판에 박힌 진부한 이야기'라고 비웃을지 모른다. 그러나 밀양 송전탑이 그랬고, 핵발전소 최인접지역 주민이 그랬듯이 대개 누군가의 힘겹고 외로운 싸움은 이렇게 시작되곤 하였다. 건강과 안전을 위협할 수도 있을 법한 사업을 주민 동의를 구하지 않고 어떠한 정보도 제공하지 않은 채 추진했다. 결과를 그저 '통보'하는 국가와 정부에 대한 비판과 반대, 그렇게 그의 싸움도 시작되었다.

그전까지 어떤 형태로든 물을 공급하는 방식이 바뀐다는 것을 들어본 적이 없었어요. 정말 우연히 알게 됐죠. 기장 해수담수화시설이 2014년도에 완공되면 지역에 물을 공급한다는 뉴스를 봤어요. 같이 밥을 먹던 학부모에게 저게 뭔지 아느냐고 물어보니, 모른대요. 나도 모르는데, 그렇다면 누가 저 사업을 허락해서 지금까지 아무도 모르게 진행한 건가. 2011년 후쿠시마 사고 이후 위험하다고 생각했고, 적어도 2~3년 뒤에는 그 오염수가 우리나라에 올 거로 생각했거든요. 심지어 그 오염수를 언젠간 우리가 마시게 되지 않을까 생각했었는데, 이런 말도 안 되는 사업까지. 고리원전에서 11km밖에 떨어지지 않은 바닷물을 담수로 바꿔 먹으라고 한다는 게 어이가 없었죠. 화도 나고 궁금한 것도 많아서 월요일에 부산시 상수도사업본부에 전화를 했어요.

궁금해서 부산시 상수도사업본부에 전화

2008년 국토해양부가 선정한 '기장 해수담수화 사업'이란 국비 823억 원, 시비 425억 원과 민자 706억 원 등 총 1,954억 원을 투입하여 부산시 기장군 기장읍 대변리에 하루 4만 5천 톤 규모의 수돗물을 생산하는 담수화 시설을 설치하는 것으로, 부산광역시, 국토교통과학기술진흥원, 광주과학기술원, 두산중공업이 참여하였다. 이 사업은 노무현 정부에서 10대 중점사업(미래 신성장 산업 육성) 중 하나로 선정되었고, 이명박 정부에서 최종사업으로 확정되었다. 당시 여수와 부산이 경합하였으나, 여수가 포기하고 부산시 상수도사업본부(아래 상수도본부)가 적극적으로 추진하여 부산이 단독으로 선정되었다.

해수담수화란 바닷물에서 염분을 포함한 유해 물질을 제거하여 생활용수나 공업용수 등을 생산하는 과정을 뜻한다. 2010년도부터 4년에 걸쳐 공사하여 2014년에 완공된 이 사업의 목적은 낙동강 수질 악화와 수질오염 등을 대비한 대체 상수원을 확보하고, 원거리 공급체계를 개선하며, 무엇보다 미래 물 산업 메카 도시를 육성한다는 점이었다(강언주, 2016; 민은주, 2018 참고). 이처럼 사업의 목적이나 과정을 보면 별문제 없어 보이지만, 2008년에 계획되고 2010년에 본격적으로 공사를 시작하여 2014년 완공되기까지 이 사업이 무엇인지 알고 있던 주민은 거의 없었다.

2014년 11월 21일 저녁 뉴스를 통해 비로소 이 사업을 알게 된 김용호 씨는 월요일에 상수도본부 관계자와 어떤 이야기를 나누었을까?

월요일 오전에 상수도본부에 전화해서 '주민들은 물 들어오는 걸 모르고 있던데, 후쿠시마 오염수도 그렇고 핵발전소도 여기 가까이에 있는데, 굳이 위험하게 해수를 담수로 바꿔 우리에게 왜 공급하려고 하냐'라고 물어봤죠. 관계자는 언제부터 공사 시작했고와 같은 기본적인 이야기를 하더라고요. 그래서 저는 '사업을 시작할 때도 우리한테 일언반구 얘기한 적 없고, 물을 공급하려는 순간에도 주민 대다수는 이것에 대해 잘 모른다. 근데 왜 당신들이 이렇게 강요하듯이 시작하려고 하냐?'라고 물었어요. 그랬더니 저보고 수요일에 어디 있냐고 물으면서, 저를 찾아오겠다고 하더라고요. 이 사업에 대해 설명하고 싶다면서.

전화를 걸었던 김용호 씨도 불안한 마음이 없지 않았다. 그들을 만나 무슨 말을 할 것인가? 이 사업의 전문가에 비하면 본인은 태권도장을 운영하는 관장으로 해수담수화가 무엇인지, 구체적으로 어떤 문제가 있는지 몰랐기 때문이다. 그에게 주어진 이틀이란 시간 동안 논문, 보고서를 찾아 읽었고 해당 내용이 있는 블로그를 찾아봤다. 어떤 식으로 물을 공급하겠다는 것인지 알아야만 전문가에게 질문도 하고 그들의 설명을 이해할 수 있을 것 같았다.

해수담수화라는 게 정수기 시설과 굉장히 비슷해서 역삼투압방식으로 필터링해서 물을 걸러낸다고 하는데, 문제는 역삼투압방식으로 방사성물질을 걸러내는 정도가 논문마다 다르더라고요. 어떤 논문에서는 90%, 98%를 걸러낼 수 있다고 하는데, 100%가 아니니까 걱정이 됐죠. 또 핵종에 따라서도 다르고요. 어떤 핵종은 80% 미만을 걸러낸다고 하고, 90% 이상도 있지만, 결국 위험 물질을 100% 걸러낸다는 논문은 못 찾았어요. 처음에는 '삼중수소'도 몰랐는데, 공부하다 보니 삼중수소란 더 위험한 물질도 알게 됐죠.

그렇게 김용호 씨는 자신의 전문 분야도 아닌 '해수담수화' '역삼투압방식'이 어느 정도의 방사성물질을 걸러내고, 안전을 담보할 수 있는 기술인지 등을 공부하면서 전문가와의 만남을 준비했다. 수요일에 상수도본부 담당자와 방사능 관련 연구원 둘이 체육관을 방문했고, 그들을 만나기 위해 김용호 씨를 비롯한 서른 명이 넘는 지역주민이 모였다.

싸울수록 분명해지는 위험과 불안들

김용호 씨는 먼저 그들에게 왜 우리에게 알리지 않았는지, 공사가 마무리될 즈음에야 뉴스를 통해 우리가 알게 되었는지 물었고, 상수도본부 담당자는 "설명회를 두 차례 했었다"라고 말했다. 그러나 그들이 했다는 설명회를 김용호 씨가 알아보니 공사 중에 생긴 흙탕물을 주변 해녀들이 항의해서 그 문제에 대해서만 설명한 정도였다. 김용호 씨는 "해수담수화 사업과 물 공급에 대한 공청회나 설명회는 한 번도 안 했고, 해녀분들이 항의하지 않았다면, 그런 설명회조차 안 하고 넘어가지 않았을까요?"라고 반문했다.

두 번째로 김용호 씨는 '역삼투압방식'에 대해 질문했다. "내가 많은 논문을 읽어봤는데, 이 방식으로는 완벽하게 방사성물질을 걸러내는 것이 어렵다고 하더라. 99%까지 걸러낸다는 논문은 있지만, 그렇다면 1%의 핵종은 어떻게 되는 거냐"라고 물으니, 그들은 "그렇게 걱정 안 해도 됩니다"라고 말했다. 김용호 씨는 "저선량이라도 내부 피폭이 되면 위험하다고 하더라. 극소량이라 할지라도 외부 피폭보다 내부 피폭이 더 위험할 수도 있다는데, 그러한 위험할 수도 있는 물을 마시라는 거 아니냐"라고 날이 선 질문을 던졌다. 전문가들이 '안전하다'라고 말하는 근거가 과학이라기보다는 신화 혹은 허구에 가까워 보였기 때문이다.

이어 그는 블로그를 통해 알게 된 더 구체적인 질문을 하였는데, 특히 그 글을 작성했던 블로거와 연락해서 알게 된 '스트론튬-90'이라는 물질을 물어보았다. 스트론튬(Strontium)은 원자번호 38번, 원소기호는 Sr로 자연에 존재하는 스트론튬은 크게 위험하지 않고, 뼈 성장을 촉진하며 골밀도를 증가시켜 스트론튬 화합물이 식품 보조제와 골다공증 치료제로 사용되기도 한다. 산업용 화학물질로도 다양하게 활용되기도 하는데, 문제가 되는 것은 방사성 동위원소인 우라늄과 플루토늄의 핵분열에서 생성되는 스트론튬-90이다. 스트론튬-90은 가장 치명적이고 위험한 방사성핵종의 하나로 인체에 들어가면 칼슘과 함께 뼈에 모여 장기간에 걸쳐 장기를 상하게 한다. 스트론튬-90은 반감기가 28년 정도고 바다로 방출될 때 해양 생물체에 쌓이게 된다. 그 수산물을 음식으로 섭취하게 되면 피폭될 수 있다. 체내에서 몸 밖으로 배출되지 않기 때문에 몸 안에 쌓여 골수암과 백혈병과 같은 병에 걸릴 수 있고, 유전적 돌연변이 등 동식물에 악영향을 미치게 된다.

연구원도 세슘, 라돈에 대해서는 설명했는데 방사성핵종 전부에 대해서는 잘 모른대요. 그럼 핵종이 핵발전소 부근 바다에 있냐고 물으니, 그것도 모른대요. 저는 '스트론튬-90이 특히 몸에 들어가면 뼈를 부식시켜서 위험한 방사능 핵종'이라고 들었다. 그 물질에 대해 어떻게 검사하고 만약 있다면 어떻게 걸러낼 수 있는지 말해보라'라고 물으니, 그것도 설명을 못하더라고요.

김용호 씨는 무엇하나 속 시원하게 설명하지 못하는 그들에게 다시 물었다. "스트론튬-90이라는 방사성물질이 있는지 검사하는 것 자체가 3개월에서 6개월이 걸린다고 합니다. 게다가 이 검사는 우리나라에서 두 군데에서만 할 수 있고, 그 물질이 있는지 없는지 조사할 수 있는 전문가도 10명 미만밖에 없다는 데 이게 맞느냐"라고 물어보니, 처음에는 모른다고 하다가 '(내가 알고 있는 것과) 비슷하다'라고 말했다. 그래서 김용호 씨는 다시 "역삼투압방식으로는 스트론튬-90을 89%만 걸러내고, 나머지는 걸러낼 수 없다는 논문이 많은데. 그렇다면 10%에 대해서는 우리가 그냥 먹어야 하는 거 아니냐"라고 물었다.

그때 분위기가, 부모들이 '미친 거 아니냐, 이게 말이 되느냐'라면서 술렁이기 시작했어요. 이틀 공부한 저보다 전문가라는 저들이 아무런 준비가 되어 있지 않았던 거죠. 처음에는 '전문가도 아닌 우리가 뭘 알겠어'라고 생각하면서 체육관에 오지 않았나 싶어요. 저는 나름 이틀 동안 밤새가면서 준비했는데, 그 질문이 그분들이 잘 모르는 부분을 잘 찔렀던 것 같아요. 전 이분들이 제가 물어본 질문에 대답을 다 할 줄 알았어요. 근데 그게 아니니까, 체육관이 술렁였던 거죠. 학부모들도 '이거 좀 문제가 있다, 이상하다'라고 느꼈고, 저도 오히려 전문가들이 아무 답을 못하니까, 더 걱정되었던 거죠.

보통 전문가들은 자신의 '전문성' '과학자다움'을 근거로 일반 시민 혹은 주민의 우려와 걱정을 그저 '기우'라고 여기거나 '괴담'으로 치부하곤 한다. 그러나 누가 전문가인가? 무엇을 전문성이라고 설명할 수 있는가? 혹시 모를 위험을 대비해 이틀간 준비했던 김용호 씨가 던진 질문에 '전문가들'은 아무것도 대답하지 못했고, 오히려 불신만 키웠다. 주민들의 질문은 여기서 끝나지 않았다.

체육관에 온 다른 한 분도 질문을 던졌는데, '소석회'라는 물질이 있어요. 이 물질은 나쁜 걸 정화하는 기능을 하는데, 그 물질을 역삼투압방식의 마지막 단계인 정화되기 직전에 넣는다고 하더라고요. 그래서 그분이 '그걸 마지막에 넣는 이유가 뭐냐'고 물으니, 전문가들이 '미네랄을 첨가하기 위해 넣는다'라고 했어요. 역삼투압방식에선 모든 물질을 다 거르니, 미네랄이나 몸에 좋은 성분도 걸러내서 마지막 단계에 '소석회'를 넣어 다시 미네랄을 첨가한다는 거예요. 근데 보통 소석회는 처음 정수할 때 넣지, 마지막에는 절대 안 넣는다고 해요. 부유물을 띄우고 걸러내기 위해 넣는 거지, 마지막에 넣는 건 해수담수화 시설에서 처음 시도하는 거라서, 그걸 우리가 마셔도 되는 건가 의문도 들었어요.

결국 전문가들은 아무것도 제대로 대답하지 못했고, 오히려 '위험, 불안 그리고 전문성에 대한 불신'만 증폭시켰다. 김용호 씨는 전문가들과의 첫 만남이 어쩌면, "우리가 10년이 넘도록 싸우게 만든 그들의 첫 번째 실수이자 가장 큰 패착이었을지 모른다"라고 말했다.

가장으로서, 교육자로서 – 옳음을 위한 반대

주민에게 정보를 제공하지 않거나 동의를 구하지 않은 채 사업을 시작하더라도, 정부와 대기업을 상대로 싸움을 시작하기란 쉬운 것이 아니다. 김용호 씨가 싸우게 된 이유 중 하나는 당시 여섯 살 아이 때문이었다.

금정구에 살다가 기장군으로 이사 와서 체육관을 운영했어요. 근데 제 아이는 부모인 나를 따라 이곳에 와서 위험한 물을 마시게 되는 거잖아요. 만약 제가 해운대에 살고 그곳에서 일했다면 아무 걱정 없이 건강하게 살았겠죠. 제 아이가 가장 걱정되고 이 사업이 말이 되지 않는다고 생각했어요. 제 가족, 제 아이의 건강을 위해 열심히 공부했어요.

아이와 가족의 건강을 지키기 위해 공부할수록, 김용호 씨는 눈에 보이지 않는 위험을 하나둘씩 알아갔다. 처음에는 '스트론튬-90'을, 그리고 역삼투압으로는 걸러낼 수 없는 또 다른 방사성핵종인 '삼중수소'라는 물질 또한 알게 되었다.

삼중수소는 2~3대에 걸쳐 장기적으로 영향을 끼친다고 하니 걱정되는 거죠. 물론 누군가는 '막연한 불안함'이라고 말하면서 호들갑 떠는 것 아니냐고 말하겠지만, '눈에 보이지 않을 뿐이지' 우리가 매일 먹고 마셔야 할 물로 인해 내 아이의 유전자가 변형되거나 손상될 경우, 그런 변화와 위험은 한순간에 드러나는 것이 아니잖아요. 서서히 나타날 경우를 대비해서 '조심'하고 경계하는 것이 필요하지 않으냐는 거죠.

김용호 씨의 걱정과 불안은 자신의 가족과 아이에게만 머물지 않았다. 그는 안전한 곳으로 이사할 수도 있었다. 그러나 가족의 건강을 위해 기장을 떠나기보다 남아서 싸우는 것을 택했다.

저야 다시 안전한 곳으로 이사 가면 그만인데, 체육관 아이들이 눈에 밟혔던 거죠. 내 자식 같은, 또래의 아이들이잖아요. 그 아이들을 두고 내 몸이 떠난들 나는 괜찮을까, 교육자로서 양심에 대해 고민했죠. '이 싸움이 될지

안 될지 잘 모르겠다. 이 싸움을 관장님이 이길 수 있을지도 장담할 수 없다. 왜냐하면, 너무 큰 공기업, 대기업과 싸워야 하니까. 그래도 끝까지 한번 해볼게. 그런데 싸우다 싸우다 싸우다 도저히 안 되면 여기서 떠나는 게 제일 좋은 거 아니겠나'라고 말했는데, 아이들이 학부모에게도 얘기했나 봐요. 그래서 그분들이 제 말을 진정성 있게 생각한 것 같고요.

우리는 마루타가 아니다

2006년 12월, 건설교통부는 미래 가치를 창출할 국가 10대 전략 산업의 하나로 해수담수화를 선정하고 광주과학기술원에 해수담수화 플랜트 사업을 발족시켰다. 부산시, 광주과학기술원, 국토교통부 그리고 두산중공업 등이 참여한 사업단은 기존 열을 이용한 증발식이 아니라 에너지 효율이 높은 역삼투압방식의 해수담수화 신기술을 개발하고 테스트베드(실증단지)를 만들어 세계 물 시장을 선점할 것이라는 목표를 세웠다. 중동의 기업이나 국가들이 검토했고, 원활한 수출을 위한 테스트베드로서 이 사업이 시작되었다.

2014년 11월 시설이 완공될 즈음 부산시는 기장 해수담수화 시설의 담수를 해운대 송정동과 '기장군 일부 지역'에 수돗물로 공급하겠다고 발표했다. 기장군은 철마면, 기장읍, 정관읍, 일광읍, 장안읍 등 4읍 1면으로 이루어졌으며 2023년 10월 기준으로 총 17만

9,084명의 주민이 살고 있다. 그러나 김용호 씨는 기장군에서 수 돗물이 공급되는 곳은 전체가 아니라 세 개 읍으로 정해졌고, 이해 할 수 없는 이유로 '철마면과 정관읍은 제외'되었다고 말했다. 철 마면은 따로 물을 공급하는 곳이 있지만 정관읍은 정치적인 이유 로 빠진 것 같다고 말했다. 현재 정관읍은 8만 1,933명으로 전체 기장군 인구의 절반 정도가 살며 젊은 층이 사는 신도시로 '건드리 면 안 되는 지역'이 아니겠냐고 말했다. 즉 인구가 적고 주민의 연 령층이 높은 기장, 일광, 장안읍에만 위험한 물을 공급하겠다는 것 은 지역 안에서도 불평등한 처사라고 비판하였다.

우리는 마루타가 아니다, 우리를 실험에 쓰지 말라고 했어요. 해수 담수시 설은 국내에서는 섬에만 주로 설치해서 활용하고 있고, 육지는 여기 기장 이 유일했어요. 물론 이곳은 낙동강 물을 사용하기 때문에 멀고 관도 낡은 게 사실이에요. 이해는 하는데, 우리가 내는 수도 요금으로 취·배수관 관 리를 잘하면 되는 것 아닌가요? 게다가 기장군 안에서 공급하는 곳과 그렇 지 않은 곳으로 나누는 것도 너무 불평등하잖아요.

김용호 씨는 가장 큰 문제 중 하나는 2008년 처음 계획했을 당시, 기장에서 11km밖에 떨어지지 않은 고리 핵발전소를 전혀 고려하 지 않은 채 사업을 진행했다는 것이다. "고리 핵발전소는 1급 기밀 시설이라서, 얼마나 많은 액체·기체 방사성물질이 배출되는지, 어떤 핵종이 포함되는지에 대한 정보도 받지 못했어요"라고 말했다. 주민들이 '보이지 않는 위험'을 말하며 불안하다고 말할 때마다, 군과 상수도본부는 "보험을 들어줄 테니 걱정하지 말라"고 말하거나, "스트론튬-90에 의해 이상이 생기면 인과관계를 주민들이 입증해야 한다"라고 말함으로써 주민들을 안심시키기보다는 더욱 분노하게 했다.

물론 같이 싸우는 주민 안에서도 "우리는 전문가가 아니니, '그냥 위험한 물 먹지 말자' 정도로 단순하게 말을 하는 것이 어떻겠냐"는 말이 나오기 시작했다. 과학적이고 전문적인 사안을 주민들이 다루기 어렵다는 이유에서였다.

'위험한 물 먹기 싫다.' 뭐 이렇게만 주장하면 되지 않겠냐는 거였죠. 그것도 좋은 싸움의 방식이 될 수 있죠. 근데 내가 잘 모르는 상황에서 다른 사람을 어떻게 설득시킬 수 있을까를 고민했어요. 주민 대표로서 내가 잘 모르고 아무런 반박도 못하면 전문가는커녕 주민들로부터도 신뢰를 받지 못하잖아요. 그래서 공부해야 한다고 생각했죠. 특히 주민들과 만든 단체의 대표이기도 했으니, 제 전공이 아니었지만 죽기 살기로 공부했어요.

'공부하는 주민'과 '불안을 해소해주지 못하는 전문가' 사이의 대립과 갈등은 2015년 12월 다시 한번 수돗물을 강제로 공급하겠다는 통보 이후 더욱 극한으로 치달았다. 김용호 씨가 처음 기장 해수담수화 사업을 뉴스를 통해 알았던 것처럼, '해수담수화를 다음 주부터 통수(공급)하겠다'는 것도 뉴스를 통해 들었다. 어디에도 소통과 협의는 존재하지 않았다.

전날인가 전전날에 수도관을 청소했는데, 우리가 청소를 못 하게 하면서 싸웠어요. 수도관을 청소한다는 건 곧 물을 공급하겠다는 것처럼 느껴졌거든요. 근데 정말 금요일 오후(2015년 12월 4일)에 다음 주 월요일(12월 7일)부터 물을 공급하겠다는 뉴스가 떴어요. 뉴스를 확인하고 나서, 저는 급하게 부산시의회 예산결산특별위원회 위원장한테 전화했어요. 2015년 상수도 예산안을 통과시키지 않은 상황에서 상수도본부는 강행하겠다고 뉴스를 내보낸 거죠. 예결위 위원장은 모든 기장군 시의원을 오라고 해서 또 난리가 났어요. '우리 예산안이 결정이 안 난 상황인데, 우리를 무시하는 거 아니냐.'라는 거죠. 그래서 예산을 삭감시켰어요. 상수도본부가 아예 사업을 하지 못하도록 예산을 반토막 냈던 거죠.

주민 동의나 상의 없는 사업의 강행은 주민들을 더욱 분노하게 했고, 200여 명의 주민은 군청을 방문하여 군수에게 "왜 먹기 싫다는 걸 자꾸 먹으라고 하냐" "기습적인 통수 결정을 막아달라"고 전달했다. 그러나 군수는 "검토하겠다"라는 말만 되풀이하였다. 이에 주민들 사이에서 등교 거부를 통해 목소리를 알리자는 말이 나왔다. 통수하겠다고 말한 12월 7일 월요일, 1천여 명의 아이들은 학교에 가지 않았고, 300명이 넘는 기장 주민들은 버스를 동원하여 시청을 항의 방문했다.

당시 등교 거부는 큰 결심 없이는 할 수 없었어요. 뉴스를 통해 알게 된 것처럼, 저희의 질문이나 불안 무엇하나 해소하지 못한 그들은 다시 '통수'를 통보한 거잖아요. 저를 포함한 주민들이 정말 분노를 많이 했죠. 정말, 뭐라도 해야 한다는 말이 나왔고, '아이들을 지키기 위한 우리의 분노이자 결의'라는 의미로 등교 거부를 하게 되었어요. 동의 없이, 우리와 아이들에게 강제로 위험한 물을 먹이면 무엇이라도 할 각오가 되었다는 것을 보여준 거죠.

등교 거부와 시청을 항의·점거한 이후 부산시는 해수담수를 공급하겠다는 통수 결정을 잠정적으로 연기하였다. 주민들은 이에 만족하지 않고, 추운 겨울임에도 촛불집회와 피케팅을 통해 해수담수 공급이 얼마나 비민주적이고 위험한지를 알려 나갔다.

마실 물을 선택하는 건 주민들의 행복추구권

부산시가 깜짝 예고했던 강제적인 물 공급은 예산이 반토막이 나고 주민들이 반대하면서 결국 통수하겠다는 결정은 연기되었다.

그러나 주민들이 '해수담수 공급의 문제는 정부가 선택하는 것이 아니라 기장 주민이 직접 결정해야 한다'라는 목소리를 내기 시작하면서 주민투표를 고민하였다.

2015년 12월 18일, 기장군의회에서 만장일치로 주민투표 결의안을 채택했고, 주민들은 부산시에 주민투표대표자증명서 교부신청을 했다. 하지만 부산시는 수돗물을 공급하는 것은 국가 주도의 사업이자 권한이라 주장하며 주민투표를 사실상 거부하였다. 기장군수와 부산시장 누구에게서도 도움을 받지 못한 주민들은 '민간주도 주민투표'를 준비할 수밖에 없었다. 지자체나 선거관리위원회에서 관리하는 명부를 받지 못했기에 '기장해수담수 공급찬반 주민투표관리위원회'는 약 2만여 명의 인명부 서명을 직접 받았다.

주민투표를 준비하는 과정에서 상수도 사업본부와 이 사업을 지지하는 주민들의 방해에도 불구하고 2016년 3월 19일 주민투표를 했다. 총 유권자 5만 9,931명의 26.7%인 1만 6,014명이 투표에 참여했고 89.3%(1만 4,308명)의 주민이 공급을 반대하였다.

기장 해수담수화 문제는 방사능물질이 있는지 없는지, 그게 얼마나 위험한지만의 문제는 아니었어요. 공급되는 물이 얼마나 안전한지도 중요하죠. 그러나 저희에게는 주민들이 원하지 않는데 그걸 강제로 우리에게 공급하겠다는 시와 상수도본부의 비민주적인 태도와 방식이 더 큰 문제였죠. 그걸 주민투표를 통해 보여주었다고 생각해요. 이렇게 많은 주민이 우려하고 반대하고 있다, 강제적으로 공급하지 말라는 것을요.

주민투표 이후에도 부산시와 상수도본부는 주민의 요구와 목소리를 외면하였고, 오히려 해수담수를 홍보하기 위해 만든 '기장 해수담수화 수돗물 순수365'를 공급하기 시작했다. 부산시에서 개최되는 각종 회의와 행사, 축제에 2015년부터 2016년 4월까지 총 76만 728개의 생수를 배포하였다. 기장멸치축제를 비롯한 각종 축제와 체육대회, 마라톤대회, 무료급식소와 청소년 캠프까지 다양했고, 시음 행사까지 진행했다.

그러나 2017년 4월 부산고등법원은 "담수화 시설 건설사업을 통해 부산 기장군 일대에 수돗물을 공급하는 사업은 자치 사무에 해당하고 수돗물 공급에 관한 사항은 주민의 건강과 위생에 직결된 문제"라며 "담수화 수돗물 공급사업이 국가 사무로서 주민투표 대상에 해당하지 않는다는 이유로 주민투표 청구인 대표자 증명서 교부신청을 거부한 처분은 위법하다"고 판단했다.

이어 "설령 담수화시설 건설사업에 따라 담수화 수돗물을 공급하는 일이 국가와 지자체 공동사무에 해당한다고 하더라도 주민들이 스스로 마실 물을 선택할 자유는 헌법 제 10조에 규정된 행복추구권에 해당한다"라며 "지방자치법과 주민투표법은 주민에게 중대한 영향을 미치는 지자체의 주요 결정사항을 주민투표 대상으로 하면서도 예외적으로 국가의 권한과 사무에 속하는 사항을 주민투표에 부칠 수 없도록 규정하고 있지만, 이번 사건은 주민투표제도 취지와 기본권 보장, 절차권 보장 측면에서 볼 때 주민투표 대상이 맞다"라고 밝혔다. 즉 마실 물을 선택하는 것은 국가와 지자체가 결정할 수 있는 일이지만, 그것보다 중요한 것은 주민들의 '행복추구권', 즉 건강하고 안전한 물을 선택할 권리라는 점이었다.

표류하는 기장 해수담수화 사업의 목적과 이유

2016년 12월 19일, 당시 서병수 부산시장은 '수돗물 선택제'를 강조하며, "기장 해수담수화 수돗물 공급에 따른 주민 간 갈등을 해소하고 물 선택권을 보장하기 위해 주민의 의사에 따라 원하는 주민에게 해수담수화 수돗물을 공급하겠다"라고 발표했다. 이를 위해 사업비 93억 원을 들여 기장읍, 장안읍, 일광면에 해수담수화 수돗물 전용관로(9.7km)도 설치하였다. 그러나 2017년 11월 5일, '수돗물 선택제'를 발표한 지 1년이 되어서도 신청한 마을이나 상업 시설은 단 한 곳도 없었다. 이에 대해 김용호 씨는 "부산시가 안전에 대한 주민의 불안감을 해소하는 것이 아니라, 선택권을 강조하고 인센티브를 주면서 해수담수를 공급하려던 계획이 완전히 실패한 것이다"라고 강조했다. 기장해수담수화 사업의 목적은 계속해서 바뀌면서 표류하기 시작한다. 수돗물 선택제에 이어 식수 공급이 아닌 '공업용수'로 제공하겠다는 계획을 제시했는데, 군 내 장안 산단과 명례 산단 등 산업 단지와 고리 핵발전소 등 다량의 물이 필요한 곳을 대상으로 해수담수를 공업용수로 제공하겠다는 것이었다. 그러나 이것 역시 노동자들의 반발로 무산되었다.

공업용수로 쪽으로 가닥을 잡았는데, 어떤 전문가들은 그게 더 위험할 수도 있대요. 공업용수는 기계를 식히거나 정제할 때 사용할 텐데, 이때 나오는 증기가 공장이나 지역에 퍼져서 일종의 방사능비를 내리면 전 지역 자체가 초토화될 수도 있다는 거였죠. 그렇게 되면 광범위한 방사능 피폭이 될 수 있고, 농수산물도 충분히 위험할 수 있다는 얘기가 나왔어요. 산단 쪽에서 난리가 난 거예요. 노조에서 반발하고 비판하는 기자회견도 열었죠.

고리 핵발전소에도 냉각수 등 다량의 물이 필요하니 공급하겠다고 했으나, 공업용수로 쓰기에는 비싸서 성공하지 못했고, 부산이 아닌 울산 공단에 수요가 있다면 공급하겠다는 계획을 세웠으나 이마저도 지역노동자들의 반발이 심했다.
결국 '물 공급'을 위해 목적과 이유를 뒤늦게 바꾸려던 계획은 주민, 산업단지, 핵발전소 어디에서도 환영받지 못한 채 주민 동의 없이 밀어붙이다 실패한 '묻지마 유치 사업'의 대표적 사례가 되었다.

이중의 비가시화와 싸운 사람들

2014년 시작된 싸움도 10년이 지났다. '김용호들'은 위험한 물의 공급을 막아내는 데 성공하였다. 물론 최근 부산시는 태스크포스 (TF)팀을 꾸려 '기장 해수담수화 시설의 활용방안'을 다시 고민하고 있다. 주민들은 기장 해수담수시설을 재추진하면서 '식수 공급'을 포함한 부산시를 규탄하는 기자회견을 2023년 6월에 진행했다. '건강하고 안전한 물을 마시기 위한' 10여 년의 싸움이 끝난 듯 끝나지 않았지만 김용호 관장은 긴 시간의 싸움을 다음과 같이 평가하였다.

사실 전업 운동가가 아닌 일반 주민으로서 활동하고 싸우다 보니 힘든 점이 많았어요. 여기는 제가 가르치고 일해야 하는 곳인데, 제가 한 번씩 시간을 지키지 못한 경우도 많았거든요. 저녁 시간이 체육관은 가장 바쁜데, 그때 상수도본부나 군수와 대면이 있을 때 전 대표로서 무조건 나갔어야 했으니까요. 제 활동에 대해서는 이해하지만, 관장으로서 체육관을 등한시 한다는 말도 퍼지고, '이제 체육관을 다른 곳으로 옮긴다더라' '처음부터 다른 체육관 생각했다'라는 말에 힘이 빠지기도 했어요. 내가 마치 정치에 입문하기 위해 전략적으로 싸움을 시작했다고 말하는 사람까지 있었거든요. 그저 내 아이, 이 지역에서 살아가야 하는 아이들이나 주민들을 위해 질문하고, 싸우고 공부했던 것인데. 어떻게 보면 지난 10년간의 싸움은 참

허탈하고 힘들고, 또 개인적으로 무너져내린 부분도 많았던 것 같아요. 물론 후회하진 않지만 가끔 힘에 겨워서 회의에 빠질 때도 있어요. 국가를 상대로 싸우는 게 보통 힘든 일이 아니거든요.

힘들고, 개인적으로 오해도 받아 왔던 10여 년간의 싸움이지만, 머리가 아닌 몸으로 위험에 다가섰기에 길고 힘든 싸움을 이어나갈 수 있었다. 김용호 씨는 "깨끗하고 안전한 곳에서 살고 싶은 마음은 모두 똑같잖아요. 안전을 담보하지 못하는 시설을 반대하는 우리를 사회에서는 '님비(Nimby)'라거나 '이기적'이라고 손가락질하지만, 그게 맞는 건가요? 저는, 오히려 서울이나 수도권 등 위험하고 더러운 시설이 없는 곳에서 살아가면서, 우리를 비판하는 사람들이 오히려 '님비'고 깨끗한 곳에서 살고자 하는 이기적인 마음이 아닌가 싶어요"라고 말했다.

만약, 어떤 시약을 떨어뜨렸을 때 방사능이 있는지 없는지 나타나면, 그런 약품이 나온다면 제가 지금 싸우고 있는 것이 모순될 수 있겠죠. 제가 반대하고 질문한 것에 대해 전문가들이 속 시원히 해결하고 답할 수 있었습니까? 그랬다면 저도 잘 모르는 문제를 공부하고 어려운 논문을 읽진 않았을 겁니다. 방사능 자체가 무색, 무미, 무취잖아요. 겉으로는 알 방법이 없어서, 저희는 최소한 우리의 안전과 건강을 지키기 위해 싸워왔던 것이에요. 근데 이러한 위험을 감지할 기술도 없고, 그냥 '믿으라고만 하잖아요' 그게 과학인가요, 미신인가요. 처음에는 눈에 보이지 않았는데, 공부할수록 그 위험과 불안, 문제들이 하나둘씩 눈에 보이기 시작하더라고요.

올가 쿠친스카야는 《비가시성의 정치학(the politics of invisibility)》(2014)이라는 단행본을 통해 체르노빌 사고 이후 눈에 보이지 않는 위험과 함께 살아가며 싸우는 사람들을 기록했다. 그는 위험을 드러내고 사회에 목소리를 내려는 사람들은 방사성물질을 비롯한 '비가시적인 위험'과 싸워야 하지만, 자신들의 목소리와 싸움을 다시금 '눈에 보이지 않게 만드는' 과학자, 전문가, 정부 집단과 싸우는 등 이중의 비가시화(double inivisible)와 싸워왔다고 말했다.

'김용호들'의 싸움도 그랬다. 지난 10년, 눈에 보이지 않는 불안이나 위험과 싸워야 했던 사람들. 그들은 어쩌면, 그들의 불안과 질문을 과학의 이름으로 '괴담' '무지' 혹은 '기우'로 여기는 전문가와 싸워야 했고, 지역에서 벌어지는 일이라며 관심 두지 않는 사람들에게도 이 문제를 알려 나가야 했다. 그들의 싸움을 우리는 이중, 삼중의 비가시화된 위험들과 싸우며 '건강하고 안전한 물을 마실 권리'를 쟁취한 사람들이라고 불러야 마땅하지 않을까.

탈핵은 지역주민만의 숙제가 아냐

'탈핵 잇다'라는 이름의 프로젝트를 통해 작년 한 해 동안 황분희, 장마리, 이규봉, 장영식, 김용호 다섯 명을 만났다. 각자의 자리에서 탈핵운동하는 사람들을 잇고, 이제는 대중으로부터도 잊히거나 오래되고 낡은 환경운동의 하나로 인식되는 '탈핵'운동을 잇기 위해서였다. 그들의 탈핵운동이 궁금하면서도 그들을 그저 '탈핵운동'만 하는 전사나 영웅으로 보지 않으려 노력했다. 우리와 같이 그들이 누리는 일상과 고민이 궁금했고, 황분희 씨와 김용호 씨는 10년째 해온 운동과 싸움만이 아니라 쉽게 말하기 힘든 가족과 이웃에 대한 미안함을 드러냈다. 장마리, 이규봉, 장영식 씨를 통해서는 핵발전소를 지지하고 찬성하는 사람에 대한 이해와 공감이 탈핵운동 안에 더 필요하다는 것을 배웠다. 보통 우리는 핵발전소를 옹호하는 사람들을 '돈 때문'이라고 나무라지만, 핵발전에 대한 위험과 안전의 문제를 '이권'과 '돈'의 문제로 치환하는 권력과 그 안의 사람들을 비판해야 한다고 강조한다.

'탈핵 잇다' 작업을 하기 전에는 나 역시 핵발전을 둘러싼 찬성과 반대, 즉 찬핵과 탈핵이라는 이분법적인 구도로 사람들을 구분했다. 어떻게 지역에서 오랜 시간 외롭게 싸우고 버텨왔는지를 먼저 묻기보다, 왜 지역에는 싸우는 사람이 없을까를 탓했다. 어쩌면 나 역시도 '돈 때문에 저런다'라고 생각하던 보통의 연구자들과 비슷했다. 그러나 5명의 인터뷰이와 그들이 싸워왔던 현장에 발을 디디면서, '탈핵'이란 그저 '핵발전소를 멈추고 신규 핵발전소를 짓지 않는 것'만이 아니라, '재생에너지를 늘리고 핵발전의 비중을 낮추는 에너지 생산이나 믹스(mix)'의 관점으로만 접근하는 것의 한계를 깨달았다.

탈핵은 하나의 거시적인 요구와 실천이 아니라, 그 안에 포함되지 못한 지역과 주민의 목소리를 통해 더욱 확장되고 '복수'의 탈핵들로 나아가야 한다. 왜 싸우지 않냐고, 왜 핵발전을 지지하냐고 힐난하기보다, 전기 없이 살아갈 수 없는 우리의 안락한 삶이 그들과 연결되어 있다는 '공통 감각'을 이 책을 통해 키워나가길 바란다. 이 책이 당신을 귀찮고 불편하게 만들지언정, '탈핵'이라는 것이 그저 지역주민에게 주어진 어려운 숙제가 아니라 우리가 함께 고민해야 할 모두의 문제라는 것에 공감한다면 저자로서 더 바랄 것이 없겠다.

김우창

이태옥이
만난
동료 시민들

탈핵법률가모임 해바라기 대표 변호사 **김영희**

영광군농민회 회장 **노병남**

삼척핵발전소반대투쟁위원회 홍보실장 **이옥분**

핵없는세상광주전남행동 교육홍보 담당 **오하라 츠나키**

탈핵울산시민공동행동 대외협력실장 **용석록**

영희는
법으로 싸운다

탈핵법률가모임 해바라기 대표 변호사 김영희

지는 재판도 세상을 바꾼다는 믿음으로 어디든 달려가는 탈핵변호사 김영희 씨.
지진과 태풍 앞에 흔들리는 핵발전소 안전을 위해 까만 밤을 하얗게 새우기 일쑤다.
탈핵법률가모임 '해바라기'의 존재는 탈핵하는 사람들에게 큰 힘이 된다.

활동성단층 위 핵발전소

신고리 5·6호기 건설허가 취소소송(아래 신고리 5·6호기 취소소송) 할 때 주요 쟁점이 지진 문제였어요. 신고리 5·6호기 부지 인근에 원전 내진설계에 반영해야 할 활동성 단층들이 있는데 반영되지 않아서 위법하다고 주장했는데, 정작 소송이 끝나고 나서야 그 내용을 2023년 3월 초 〈한겨레〉에서 크게 보도했더라고요.

지난 2023년 3월 10일 시민방송 더탐사(현 뉴탐사) '원자력 X파일'에 출연한 '탈핵법률가모임 해바라기(아래 해바라기)' 대표 김영희 변호사가 월성, 고리 원전 인근에 존재하는 활성단층에 대한 자세한 설명을 이어간다. 탈핵 전문변호사가 지질학자보다 더 쉽고 자세히 지진에 관해 설명할 수 있게 된 배경에는 2016년부터 2021년까지 진행된 신고리 5·6호기 취소소송이 있다.

지난 3월 2일 〈한겨레〉는 '활성단층 위에 지어진 원전, 내진 보강이 필요하다' '고리·월성 16개 원전 설계 때 지진 우려 단층 고려 안 했다'라는 제하 기사에서 고리·월성원전 인근에 '설계 때 고려했어야 하는 설계고려단층이 5개가 있다'라고 보도했다.

이번에 밝혀진 활성단층은 울산 삼남읍 상천·방기·신화리 삼남분절(2.0~10.5㎞), 경주 암곡동 왕산분절(2.1~5.9㎞), 경주 외동읍 말방·활성리 말방분절(3.5~4.3㎞), 경주 천군동 천군분절(2.0~4.0

㎞), 울산 북구 창평동 차일분절(2.8~4.2㎞) 등 다섯 개다. 차일분절은 월성 핵발전소까지 불과 12㎞로 핵발전소와 가장 가까운 거리였다. 천군·왕산·말방분절은 월성 핵발전소 반경 13~21㎞, 삼남분절은 고리 핵발전소 반경 26㎞ 안에 위치한다. 다섯 개 모두 30㎞ 비상계획구역 안에 존재한다. 지진 발생 가능성이 커 짓지 말아야 할 곳에 핵발전소를 지었다는 이야기다.

〈한겨레〉 기사는 지난 1월 행안부가 국립재난안전연구원 누리집에 올린 '한반도 단층 구조선의 조사 및 평가기술 개발' 최종 보고서를 근거로 삼았다. 박근혜 정권 당시 지진 관측 이래 최대규모였던 2016년 규모 5.8 경주 지진 이후 행정안전부(아래 행안부)가 2017년 발주한 용역보고서에서는 한반도 동남권(경남북, 부산, 울산)에서만 14개 '활성단층 분절'이 확인됐다는 내용이 포함됐다. 이미 2022년 1월 보고서가 나왔지만, 핵발전소 확대 정책을 밀어붙여야 할 윤석열 정부는 달갑지 않은 보고서를 관련 기관 누리집에 올린 것으로 150억 원짜리 연구 결과가 잊히길 바랐을 것이다.

원자력 이용에 따른 안전관리에 필요한 대책 등을 마련하는 규제기관인 원안위는 50만 년 이내에 2회 이상 또는 3만 5천 년 이내에 1회 이상 움직인 단층을 '활동성 단층'으로 규정하고, 핵발전소 반경 32㎞ 안에 위치하면서 길이가 1.6㎞를 넘거나 반경 80㎞ 안에 있으면서 길이가 8㎞ 이상이면 '설계고려단층'으로 분류하고 있다. 그런데 이들 활동성 단층은 고리, 월성 16개 핵발전소 설계에 반영되지 않았다. 규정대로라면 원안위는 핵발전소 건설 허가를 내주지 말았어야 했다. 이번 연구자료가 아니어도 지질 연구자료를 조금만 살펴봤어도 170km에 이르는 거대한 양산단층과 40km의 울산단층이 존재하는 것을 알 수 있다.

김영희 씨는 두 기관 모두 위법을 저질렀으니 신고리 5·6호기 건설 허가에 따른 법적책임을 물어야 할 사안이라고 강조한다. '원자력 X파일' 진행자 이정윤(원자력안전과미래) 대표가 원안위가 제 역할을 하지 않는 것에 대해 방송 내내 분통을 터뜨리며 김영희 씨에게 묻는다. "신고리 5·6호기 취소소송 때 활성단층이 나올 거라고 예상했나요?"

그럼요. 이번 행안부 용역 결과가 아니라도 지질, 지진 관련 자료들에서 이미 확인했었어요. 재판부가 우리 이야기를 듣지 않은 것뿐이죠.

김영희 씨는 신고리 5·6호기 취소소송 당시 "활성단층과 지진, 인구밀도 제한 기준 위반이면 신고리 5·6호기만 문제가 아니라 모든 원전이 다 문제이지 않냐?"는 재판부의 질문에 "이번 소송에서 우리가 문제 삼는 것은 신규발전소인 신고리 5·6호기다"라고 답했다. 당시 1심과 2심 재판부가 사정판결(事情判決 : 처분이나 재결이 법에 어긋나지만, 그 취소가 공익에 심한 장애를 줄 경우, 원고의 청구를 기각하는 판결)을 내린 배경에는 '만일 신고리 5·6호기가 지진 위험과 인구밀도 제한 기준 위반으로 위법하다고 판결을 내리면 고리 핵발전소 10기 모두 문제가 될 수 있다'라는 우려가 컸던 것 같다. 정의와 상식을 잃은 판결임이 틀림없다.

땅이 운다

김영희 변호사를 만나러 2023년 2월 중순 일요일 오후 서울 서초구 교대 근처 그의 집을 찾았다. 사회연결망(SNS)에 매일 평균 두세 개씩 올리는 지진, 탈핵, 기후위기, 사법정의 기사들 틈에 끼어든 피아노 이야기며, 반려식물, 요리와 아들, 조카 이야기들까지 탐독한 덕인지 오랜 친구 집 같다. 2월 중순 맵싸한 겨울 추위가 뒤끝을 보여도 낮 기온은 웃옷을 벗길 태세다. 해가 떠 있는 내내 볕으로 가득한 거실 중앙에 놓인 피아노와 반려식물을 둘러보다 '법으로 탈핵하는' 김영희 변호사가 지진에 천착하는 이유를 물었다.

후쿠시마 핵사고가 지진으로부터 시작했잖아요. 우리나라도 지진 안전지대가 아니고, 역사적으로 큰 규모의 지진이 잦았는데 이를 반영한 내진설계가 되어 있지 않아요. 우리나라는 고작 지반가속도가 0.2g~0.3g이에요. 0.3g 내진설계로 규모 7.0 지진에 대비할 수 없어요. 규모 7.0 수준의 내진설계를 강화했다고 하면서 지반가속도 0.3g을 기준으로 했다는 것은

'눈 가리고 아웅'이에요. 일본의 2.34g에 비하면 너무 취약하죠.

지진 관련 언론 보도에 대해 해당 부서인 산업통상자원부(아래 산자부)는 2023년 3월 3일 공고를 통해 신고리 3~6호기 4기 및 신한울 1·2호기까지 총 6기에 규모 7.0(지반가속도 0.3g) 기준으로 내진설계를 강화했다고 반박했다. 행안부 조사에서 발견된 5개 활동성 단층에 대해 한수원은 지진 안전성을 자체 평가한 결과 안전성이 확인되었으며, 향후 원안위 적합성 심사를 거쳐 보완이 필요한 경우 보완대책을 마련하겠다고 밝혔다.

또한 그전에 준공, 가동 중인 핵발전소 22개 호기도 모두 6.5 이상으로 내진설계를 보완하였고, 특히 핵심 설비에 대해서는 7.0 수준으로 강화했다고 주장했다. 쟁점은 규모 7.0 지진에 대한 내진설계 기준으로 최대지반가속도 0.3g이면 충분한가이다. 단층, 토질 상태, 발전소 위치 등에 따라 핵발전소에 가해지는 최대지반가속도가 다르다. 최대지반가속도 0.3g은 후쿠시마 핵사고 이후 강화된 일본의 내진설계 기준에 비하면 턱없이 부족하다. 산자부 반박 공문은 아이러니하게도 활성단층 위에 줄줄이 지어진 22기 핵발전소의 내진설계가 한참 부족하다는 점을 자인한 꼴이다.

한반도에서 계기지진 관측은 1905년 인천에 있는 조선총독부 관측소에서 기계식 지진계 1대를 설치하면서 시작되었어요. 그 후 부산, 경성, 대구,

평양, 추풍령 측후소 등 6개 지점에서 지진관측을 했는데 한국전쟁 당시 기록이 모두 소실되었어요. 본격적인 지진관측은 1978년부터예요.

1978년은 홍성에서 규모 5.0 지진이 일어났던 해이다. 현대화된 지진장비를 이용해 지진발생 시각, 진앙, 규모 등을 분석하고 체계적으로 정리하게 된 것은 1978년 이후 46년에 불과하다. 기상청이 2012년 펴낸 《한반도 역사지진 기록》에서도 "우리나라 같은 판내부 지역에서는 수백~수천 년 간격으로 대규모 지진이 발행하는데, 이에 비해 현재 계기지진 목록은 30년 관측기록에 불과해 한반도 지진활동의 특성이나 향후 지진위험도를 평가하기에 턱없이 부족하다"라고 지적한다.

우리나라는 지진 관측 역사가 짧다 보니 역사지진 기록이 매우 중요해요. 역사지진 기록을 살펴보면 과거 우리나라에 큰 지진이 많이 있었어요. 서기 2년부터 1904년까지 기록된 한반도 지진이 2,161회나 되고요, 그중 진도 V(메르칼리 진도계급 중 하나) 이상 지진이 440회나 돼요. 특히 《삼국사기》에는 경주에서 규모 6.0~6.9 상당 지진이 10번 일어났다고 기록돼 있어요. 학자마다 조금씩 다르기는 하지만 우리나라에서 제일 규모가 컸던 지진은 조선 인조 때 1643년 울산 앞바다에서 일어난 규모 6.8에서 7.0 사이의 지진이에요. 고리 핵발전소와 가깝죠.

김영희 씨는 지진 주기가 있는데, 15~16세기 지진이 잦았던 우리나라에 다시 지진이 올 주기가 된 것 같다고 염려한다. 김영희 씨뿐 아니라 다수의 학자, 전문가 동일본 대지진이 한반도에 영향을 미쳐 한반도 지질 환경이 불안정해졌고, 이 때문에 지진이 증가할 수 있다고 전망한다. 전문가들은 최근 발생한 튀르키에 강진처럼 갑자기 대규모 지진이 올 수 있다고 우려한다. 역사지진과 각종 지질연구 결과를 반영하지 않고 발전소를 지은 결과 한반도는 수백 km 배관과 전기공급 및 신호기 역할을 하는 케이블이 그물망처럼 7,200km나 뻗어있는 핵발전소가 대형지진의 위험에 놓여 있는 셈이다.

경주는 역사지진이 잦아 위험한 지역이에요. 특히, 핵분열로 발생한 열에너지를 증기발생기로 전달하는 역할을 하는 냉각재를 '중수'로 사용하는 원자로인 월성 1·2·3·4호기가 지진에 더 취약해요. 폐로 된 월성 1호기도 '사용후핵연료'가 수조에 그대로 있어요. 월성 핵발전소의 경우 원자로가 '가압형 중수로'로 핵폐기물이 더 많이 나오고 원자로 자체가 지진에 취약한 구조예요. 가동 중인 월성 2·3·4호기 원자로에는 압력관 380개가 가로로 누워있어요. 세로로 서 있는 경수로 원자로보다 380개 압력관이 가로로 누워있는 월성 2·3·4호기에 지진이 오면 위아래로 흔들리면서 더 위험하죠.

핵분열이 일어날 때 열이 발생하는데, 이 열에너지를 증기발생기로 전달하는 역할을 하는 물질을 냉각재라고 한다. 사용하는 냉각재의 종류에 따라서 원자로를 경수로와 중수로로 구별한다. 김영희 변호사는 중수로 원자로의 내진 강화는 현실적으로 불가능하다고 한다. 380개 압력관 두께를 다 높여야 하는데 사실상 새로 설치해야 해서 경제성이 없다고 한다. 핵발전은 '싸고 경제적이다'라는 것이 지난 46년 동안 국민 귀에 못이 박이도록 되뇐 말인데 경제성에서 뒤집히면 핵발전 입지가 좁아진다. 2016년 6월 원불교환경연대 탈핵정보연구소와 정의당 초청으로 한국에 온 지진전문가이면서 탈핵 운동가인 히로세 다카시 씨는 경주 지진은 '하늘의 경고'라고 말한다.

경주 지진은 내륙형 직하지진이다. 일본은 1995년 고베, 후쿠시마 지진을 계기로 원전 내진 기준을 최대 2.34g으로 높였다. 최대지반가속도가 1g을 넘으면 지상의 물체는 허공에 떠버린다. 원전이 직하지진에 직격탄을 맞으면 내진설계와 상관없이 붕괴한다.

2016년 9월 12일 월성 핵발전소에서 겨우 27km 떨어진 지점에서 일어난 규모 5.1, 5.8 경주 지진은 먼바다가 아닌 내륙에서 일어났다. 이 지진으로 월성 원자로 6기 중 4기가 멈췄지만 4기 가동을 멈추는 데 4시간이나 걸렸다.
히로세 다카시 씨는 가장 무서운 '내륙형직하지진'임에도 불구하고 피해가 적은 것을 '천만다행'이었다고 말한다. 요행이 언제까지 우리 편이 되어 줄지 모를 일이다.

핵발전소는 원자력안전법령에 따라 새로운 호기를 건설할 때마다 건설허가 단계에서 부지를 조사해야 하고, 지진 지질조사를 해야 해요. 부지 선정 단계에서도 지진 위험 관련 부지조사 보고서를 제출해야 하죠. 소송 과정에서 지진 문제로 치열하게 다투었음에도 한수원과 원안위는 '신고리 5·6호기 소송단' 주장을 부인하고 묵살했어요. 지금이라도 한수원과 정부는 용역 결과를 내진설계에 반영해야 합니다. 경제적이나 기술적 문제 등으로 내진설계 반영이 어렵다면 고리, 월성 핵발전소는 모두 폐쇄해야 해요.

후쿠시마 핵사고 수습 비용이 2천조 원을 넘어설 것이라는 부정적인 예측도 나온다. 폐로 작업은 순조롭게 진행돼도 2041년에서 2051년 사이에 완료될 전망이다. 수습만 30~40년이 넘게 걸린다는 이야기다. 추정과 예상이 그렇다는 것이고 실제로는 수습에 돈이 더 많이 들어가고 기간도 장담할 수 없다. 우리나라에서 일어난 지진의 경고를 제대로 알아들은 이들은 발 뻗고 잘 수가 없다. 김영희 씨 또한 활성단층 위 핵발전소 걱정으로 까만 밤을 하얗게 지새우는 날들이 늘고 있다.

현실적으로 더 무서운 건 태풍이에요. 지진은 안 일어났으면 하는 요행이라도 바랄 수 있지만, 태풍은 매년 서너 차례 이상 겪고 있는 자연재해예요.

태풍 앞 핵발전소

발생 빈도가 높은 태풍이 지진보다 핵발전소 안전에 더 문제가 될 수 있다는 것은 치명적인 핵사고 가능성이 높다는 이야기다. 기후위기로 폭우가 잦고, 바람도 거세졌다. 태풍은 점점 더 강해질 기세다.

2020년 9월에 발생한 태풍 마이삭과 하이선 영향으로 우리나라 핵발전소 8기(고리 1·2·3·4, 신고리 1·2, 월성 2·3)가 발전소 외부전원이 상실되거나 터빈이 정지한 사례들이 있었어요. 전원을 제대로 컨트롤 못하면 중대 사고로 이어지잖아요. 지금 기후위기로 태풍이 잦아지고 더 강해져요. 갑자기 폭우도 많이 내리고요. 바람이 세지면서 파도가 높아지잖아요. 그게 문제예요.

고리 핵발전소에는 높이 10m 해안 방벽이 있지만, 방벽보다 훨씬 높은 파도가 올 가능성 또한 배제할 수 없다. 지난여름 힌남노 태풍으로 제주도에서 30m가 넘는 파도가 관측되기도 했다. 후쿠시마 사고 때처럼 파도가 방벽을 넘어 건물을 덮치면서 기계가 물에 잠기거나 젖어 정전으로 이어질 수 있다는 이야기다.

한순간에 15m 파도가 오면 핵발전소까지 덮쳐 침수될 수도 있고, 그렇지 않더라도 핵발전소에 전기를 공급해야 할 전원시설이 끊겨 전기공급이 안 되면 냉각수 공급에 문제가 생겨요. 냉각수로 원자로를 식힐 수 없으면 핵 연료가 녹아내리는 노심용융(爐心鎔融, Meltdown) 상태가 되요. 그게 바로 후쿠시마 사고예요.

지진도 위험하지만 태풍의 위협은 핵발전소 사고 가능성을 더욱 현실화한다. 기후위기 시대 핵발전소는 태풍과 호우, 산불 앞에 등 불처럼 위태롭기 그지없다. 태풍이나 호우로 이미 핵발전소가 25차례 가동을 중단했고, 바다 수온 상승으로 유입된 해양생물이 핵 발전소 배수구를 막은 탓에 가동을 멈춘 사례도 무려 8번이다. 지난해 삼척과 동해 큰 산불은 울진 핵발전소 안전을 위협해 모두 가 가슴을 졸여야 했다. 2022년 여름 유럽에 닥친 폭염과 가뭄은 핵 강국 프랑스의 핵발전소 절반을 멈춰 세웠다. 기후위기 시대 에 너지 대안은 핵발전이 아니다. 그러니 싸고 안전한 재생에너지로 하루라도 빨리 갈아타야 한다.

2011년 3월 11일 후쿠시마 핵사고 장면을 봤을 때는 저 장면이 무엇을 뜻하는지 잘 몰랐어요. 사고 자체로 핵발전소가 얼마나 위험한지 그때는 충분히 알지 못했어요. 저는 오히려 탈핵운동을 시작하면서 다카기 진자부로 선생이 쓴 《원자력 신화로부터의 해방》이라는 책을 읽은 게 결정적 계기였어요. 핵발전에 대해 통달하신 분이기 때문에 쉬운 언어로 가장 필요한 얘기를 잘 전달하신 것 같아요. 다카기 선생님이 암으로 투병하시면서도 늘 핵발전소 걱정을 하다가 2000년에 돌아가셨는데, 어느새 저도 다카기 선생님을 닮아가고 있는 것 같아요. 핵발전소 문제가 제 삶에 깊숙이 들어와 버렸거든요.

기후운동보다 고독한 탈핵운동

핵발전소에서 우라늄을 태우면 핵무기 원료인 플루토늄을 얻을 수 있다. 원자로 사용후핵연료에서 얻는 '플루토늄239' 추출 비용은 우라늄 농축 비용에 비해 싸다. 핵무기 원료인 플루토늄을 추출하는 원자로에 증기발생기와 터빈만 설치하면 '핵발전소'다. 핵무기와 핵발전은 떼려야 뗄 수 없는 쌍생아다. 지진에 취약한 월성 핵발전소가 사용후핵연료가 많이 나오는 중수로 원자로를 사용한 이유가 여기에 있다고 알려졌다.

핵발전소 문제를 알고 나니 돌아올 수 없는 강을 건넜다고 생각했어요. 알기 전과 후는 너무 달랐던 거죠. 핵발전소 문제는 제가 평생 안고 가야 하는 일이 되었어요. 탈핵운동은 거대한 핵마피아들과의 싸움이라 엄청 힘들어요. 이런 비교가 적절할지 모르겠지만, 기후운동은 탈핵운동보다 응원과 지지가 많아요. 둘 다 생존에 대한 문제인데 호응에는 차이가 크죠.

김영희 씨 SNS에는 기후 위기 관련 기사와 글들도 자주 올라온다. 지난해 세계 최초로 5세 미만 아기 60명이 원고가 되어 벌이는 기후소송도 시작했다. 국내 언론은 물론 BBC, 가디언, 독일 언론 등 세계 주요 언론에도 비중 있게 보도되었다. 폭우, 산불, 홍수 등 자연재해 피해자가 급증하고 '나' 또한 피해자가 될 수 있다는 위기감은 기후운동, 기후소송 등에 지지와 관심을 높인다. 사고가 나기 전까지 보이지도 않고, 냄새도, 맛도 느낄 수 없는 '방사능'과 싸워야 하는 탈핵 운동은 대중의 지지도 적고, 핵마피아의 공격에 대항하기도 쉽지 않다. 원자력 전문가 수준의 공부는 기본이고 사회 전반에 퍼져있는 "값싸고 안전하다"라는 '원전 신화'와도 싸워야 한다. 핵발전소 사고 한 번이면 한반도가 날아갈 판이니 사고 이후는 백약이 무효하다. 보이지 않는 거대한 적과의 싸움은 힘겹고 고독하다.

이기고도 진 '신고리 5·6호기 소송' 그리고 '공론화'

40여 년간 원자력 안전 신화와 경제개발 성공 신화에 취한 대한민국을 고작 몇 달 만에 바꿀 수 있다고 밀어붙인 문재인 정부의 '신고리 5·6호기 공론화'는 섣부른 결정이었어요. 탈핵운동 진영도 입장이 갈라지고 대다수가 공론화에 뛰어들었지만, 결과는 탈핵 진영의 패배였어요. 뼈 아픈 일이에요.

문재인 정부의 탈핵 정책 골자는 '신규 핵발전소는 짓지 않는다, 수명연장 하지 않는다. 안전하게 관리한다'였다. '신고리 5·6호기 백지화'는 주요 공약 중 하나였다. 2017년 6월 27일 문재인 대통령 주재 국무회의에서 신고리 5·6호기 공사를 3개월간 일시 중단하고 공사 여부를 공론조사에 맡기자고 결정한다. 7월 24일 '신고리 5·6호기 공론화위원회(아래 공론위)'가 공식 출범했다. 9월 16일 천안에서 개최된 첫 오리엔테이션에 시민참여단 478명이 참석해 '건설중단/건설재개' 양측 입장 청취 및 질의응답 등의 시간을 갖고, 2차 설문조사에 응했다.

이어 공론위는 약 한 달간 숙의 과정을 거친 뒤 10월 20일 시민참여단 471명이 투표에 참여해 건설 재개 59.5%, 건설중단 40.5%로 건설 재개에 손을 들어주었다. 무려 19% 차이의 완전한 패배였다. 이후 문재인 정부가 발표한 탈핵 로드맵은 2017년 기준 24기에서 2022년 28기, 2031년 18기, 2038년 14기 등 단계적으로 감축하는 것이었다. 문재인 정부 집권 기간 오히려 핵발전소가 증가하는 로드맵이었다. 정권이 바뀔 수 있다는 점은 고려하지 않은 듯한 내용이었다.

신고리 5·6호기 취소소송 중이던 해바라기와 김영희 씨는 신고리 5·6호기 공론화에 참여하지 않았다. 대선 공약을 숙의민주주의라는 프레임으로 쉽게 바꿔버리는 문재인 정부 정책 기조에 동의할 수 없었다. 탈핵운동 최대 연대체인 '탈핵공동행동'도 논란을 거듭하다가 참가단체들의 결정에 맡기기로 하고 헤쳐모였다. 대다수 탈핵 운동단체들이 '신고리 5·6호기 공론화' 과정에서 이기기 위해 노력했지만, '신고리 5·6호기 백지화' 공약은 '계속 건설'로 물거품이 되었다.

'신고리 5·6호기 공론화' 패배 이후 김영희 씨는 '신고리 5·6호기 소송'이 오히려 희망이 될 수 있을 거라고 믿었다. 소송에서 이기면 더 결정적인 승리가 될 수 있기 때문이었다.

'신고리 5·6호기 소송'에서 원안위와 한수원은 공론화 과정에서 건설중단 측이 내세운 논리가 패배한 점을 들먹였지만, 그것은 공론화 이야기일 뿐이고 '신고리 5·6호기 건설 허가'가 위법한지 여부를 확인한 것은 아니었다. 더군다나 김영희 씨는 공론화 과정에 아예 참여하지 않았으므로 '신고리 5·6호기 소송'에서 김영희 씨가 주장한 내용이 공론화 과정에서 시민참여단의 평가를 받은 것도 아니었다.

탈핵진영도 공론화 문제로 입장이 갈라지고 분열되면서 어려움을 겪었고 우리의 반성과 평가도 너무 늦어버렸다.

'공공선'에 서서

제가 연세대 86학번이에요. 80년대 후반 학교에서 데모는 일상이었어요.
그러다가 1987년 이한열 열사가 최루탄에 맞아 쓰러졌을 때 저도 학교에
있었어요. 이한열 열사가 세브란스병원으로 실려 갔을 때 병실 앞까지 찾
아갔었고 저도 그날 학교에서 밤을 새웠어요. 그 사건이 제 인생의 기로
가 된 것 같아요. 87년 이후 노동자투쟁이 들불처럼 일어났고 노·학연대
등 각 단위 간의 연대투쟁도 전국적으로 일어났어요. 하루는 상과대 앞 버
드나무 아래에서 빨간 머리띠를 두른 건강한 노동자들이 팔뚝을 휘두르며
힘 있게 투쟁하는 모습을 보며 과연 제가 저분들을 위해 투쟁하고 저분들
을 설득할 수 있을까 하는 현타가 오더라구요. 제가 그때는 여리여리하고
작았거든요.(웃음)

김영희 변호사는 운동 방식에 두 가지가 있다고 말한다. 자신이 노
동자가 되어서 함께 싸우는 방법과 전문가로 싸우는 방법이다. 김
영희 변호사는 전문가가 되어 공신력으로 싸워야겠다는 생각을 그
때 했다고 한다.

제가 무슨 이념 공부를 해서가 아니라 사회적 약자를 도와야 한다거나, 올
바름과 정의로운 삶에 대한 부채 의식이 있었던 것 같아요. 그렇다고 바로
고시 공부에 뛰어들지는 않았어요. 법대 여학생회장도 하긴 했지만, 운동

권은 아니었어요. 결혼도 하고, 아이도 낳고 하느라 1999년 사법시험에 합격하고 2000년 사법연수원에 들어갔어요.

변호사가 된 뒤 민주화를위한변호사모임, 참여연대에 가입하고 개혁에 힘을 보탰다. 참여연대 경제개혁센터 부소장, 그리고 이후 경제개혁연대 부소장을 맡아 경제민주화운동으로 재벌개혁, 소액주주운동을 주로 했다.

재벌개혁에는 두 방향이 있는데 밑으로부터의 개혁을 위해 노동운동을 지원하는 것과 재벌 자체를 개혁해 공정한 사회로 한 발짝 더 나아가게 하는 방법이 있어요. 저는 후자를 택했어요. 재벌개혁을 위한 가장 중요한 소송이 삼성 에버랜드 불법 승계 문제였어요. 삼성그룹 지배구조의 정점에 있던 회사가 당시 에버랜드였고, 삼성그룹 경영권의 승계를 위해 에버랜드 주주들에게 손해를 끼친 배임행위와 탈세 여부가 쟁점인 사건이었죠. 저혼자 진행한 이 소송에서 승소했어요. 제겐 자랑스러운 소송 중 하나죠.

에버랜드 사건에 대한 형사 판결에서는 배임죄에 해당되지 않는다는 판단이 내려졌으나, 김영희 변호사가 수행한 민사판결(주주대표소송)에서 업무상 배임에 해당한다는 판단을 받아 낸 것은 큰 성과였다. 김영희 씨는 삼성 특검에도 김용철 변호사의 변호인으로 참여해 싸웠지만, 삼성은 거대하고 힘이 셌다. 경제민주화의 앞줄에 나섰던 변호사가 탈핵변호사로 이름을 날리게 될 줄 이때는 상상이나 했을까?

지는 재판도 세상을 바꾼다

김영희 씨는 2016~2021까지 진행한 '신고리 5·6호기 취소소송'에서 건설 허가에 위법성이 있지만, 사업자의 손해가 크다는 이유로 허가를 취소하지 않는 '사정판결'을 받아냈다. 내용은 승소지만 결과는 패소인 이상한 판결이었다. 사정판결은 말 그대로 처분이 위법하지만, 공공의 이익을 위해 '사정'을 봐주어서 취소시키지 않는 판결이다.

2016년 9월 12일 소송을 시작해 1심 판결까지 886일 동안 14회 재판을 했어요. 국민 56명이 원고로 참여하는 국민소송이었어요. 한수원은 1심에서 1조 원 매몰 비용을 주장하더니 2심에서 5조 원으로 매몰 비용을 5배 올리더라고요. 한국전력 자료 기준으로 후쿠시마 사고 수습 비용이 2,492조 원이에요. 매몰 비용 1조 원에 비하면 2천 배가 넘잖아요. 그런데도 1심 재판부는 사업자인 한수원 손해가 크다고 사업자 '사정'을 봐준 거죠. 신고리 5·6호기 공론화 때도 건설 주장 측이 '경제성'을 내세웠는데 재판부도 '안전'보다 '경제성'을 중요하게 판단한 거예요. 경제성도 제대로 보지 못하고 사고대비 비용, 폐로와 사용후핵연료 등 사후관리비용이 쏙 빠졌음에도 불구하고 원전이 경제성이 있다고 판단하면서 사업자가 내민 눈앞의 손해만 본 거죠.

소송단은 원안위가 '방사선환경영향평가서'를 작성할 때 주민 의견 수렴 절차를 거치지 않은 점, 신고리 5·6호기가 들어설 경상분지에 대한 지진 단층 조사가 제대로 이뤄지지 않은 점, 원안위가 신고리 5·6호기 건설허가를 의결할 때 자격 없는 원안위 위원 2명을 참여시킨 점 등 14가지 이유를 들어 건설 취소를 주장했으나, 2021년 8월 대법원은 상고 자체를 기각하며 2심 사정판결을 유지했다.

신고리 5·6호기 건설 허가 처분에 위법성이 존재했다는 점을 재판부가 인정했으니 그래도 성과는 있었어요. 해바라기 첫 번째 소송이 '방사선환경영향평가에서 중대사고 평가를 하지 않은 것이 위헌'이라는 헌법소원인데, 2015년 원안위가 이를 받아들여 중대사고 평가를 하게 되었죠. 신고리 5·6호기 소송에서도 '방사선환경영향평가에서 중대사고 평가를 하지 않은 것이 위법하다'라는 1심 판단을 받았어요. 그리고 이후 고리2호기 수명연장 과정에서 제대로 하진 않았지만 '방사선환경영향평가'에 중대사고 평가를 일부라도 반영하게 되었어요. 신고리 5·6호기 건설 허가 결정 당시 자격 없는 원안위 위원 2명이 표결에 참여했던 점도 위법 사항으로 판결했어요. 재판 결과는 '패소'였지만, 시민들이 '핵발전소 건설과정'에 법적으로 문제를 제기했고 법원이 건설 허가의 위법성을 확인해 줬다는 점에서 한 단계 나아간 의미 있는 소송이었어요.

김영희 씨에게 소송은 투쟁 수단이다. 승소하면 좋겠지만 재판 과정에서 여러 진실이 드러나니, 소송하는 것만으로도 의미가 있다.

만약, 신고리 5·6호기 소송에서 제가 이겼으면 신고리 5·6호기는 지을 수 없었겠죠. '계란으로 바위 치기'라고 하지만 두드리다 보면 열릴 날이 옵니다. '지는 재판도 세상을 바꾼다'라고 믿어요.

'탈핵'이라면 어디든 가는 변호사

김영희 씨는 소송을 통해 핵발전소의 위법성을 공론의 장으로 끌고 나왔다. 국가보안과 영업비밀을 내세운 깜깜이 관행과 밀실 행정의 야합이 비일비재했던 핵산업계는 긴장하지 않을 수 없었다. 위에서 언급한 신고리 5·6호기 '방사선환경영향평가에서 중대사고 평가' 관련 헌법소원은 기각됐지만, 원하는 대로 관련 규정을 개정했으니 결과적으로 성공이었다.

또한 '신고리 5·6호기 부지승인 취소소송'을 6년 동안 진행하며 핵발전소 부지 허가 규정을 강화했다. 신고리 5·6호기 부지 승인에 위법 사유들이 있어서 취소해달라는 소송인데, 그 과정에서 산자부가 '핵발전소 부지 사전승인권'을 가진 것이 위헌이라는 헌법소원을 제기했다.

핵발전소 부지는 지진, 지질, 지하수 등에 대해 심사한다. 국민 안전과 건강권이 걸린 문제인데 핵발전 진흥 부서라 할 수 있는 산자부가 심사도 없이 허가해주는 것을 문제 삼았다. 그 결과 '해바라기'가 문제 제기한 대로 핵발전소 부지 사전승인권을 규제기관인 원안위에게 넘기는 것으로 '전원개발촉진법령'이 개정됐다.

김영희 변호사는 핵발전소 관련 소송에서 승소한 케이스로 '월성 1호기 수명연장 무효소송'을 꼽는다. 2012년 11월 설계수명 30년을 채워 가동 중단된 월성 1호기를 2015년 2월 원안위가 2022년 11월까지 수명연장 할 수 있도록 운영변경 허가를 내주면서 재가동한다. 경주, 울산지역 주민 2,167여 명의 국민소송단은 원안위를 상대로 '월성 1호기 수명연장 운영변경허가 처분이 무효'라는 소송을 냈다.

2017년 2월 서울행정법원은 1심에서 '원안위 처분이 위법하다'라며 '수명연장 처분을 취소하라'고 판결했다. 월성 1호기 안전성평가보고서 심사 때 월성 2~4호기에도 적용된 최신 기술기준을 적용하지 않았고, 한수원이 수명연장을 위해 원자로 등 설비를 교체한 것에 대해서도 원안위 심의·의결이 아닌 과장 전결로 처리했으며, 수명연장을 위한 '운영변경허가'에 필요한 서류를 제출하지 않았다는 등의 위법 사유가 인정됐다. 원안위가 항소하면서 2심 재판이 시작됐지만, 월성 1호기는 고장과 정지를 거듭하며 재가동이 어려운 상태였다. 2016년 설비고장으로 불시 정지를 2차례 겪었고, 2017년에는 계획예방정비 도중 원자로 건물 콘크리트 부벽에서 결함이 발견돼 발전이 정지됐다. 한수원은 2018년 6월 이사회에서 월성 1호기의 경제성, 주민수용성, 안전성을 이유로 조기 폐쇄를 결정했고, 2019년 12월 원안위가 '영구정지를 위한 운영변경허가'를 승인하면서 월성 1호기가 공식적으로 폐쇄됐다.

윤석열 정부가 월성 1호기 폐쇄를 정치적으로 이용하면서 쟁점을 만들었잖아요. 누가 봐도 폐쇄할 수밖에 없었던 월성 1호기가 이렇게까지 문제가 될지 생각도 못 했어요. 안전 문제는 진보와 보수를 가릴 게 없고 여야가 따로 없는데 윤석열 정부가 월성 1호기가 안전하고 경제성이 있다며 국민을 속이고 호도하면서 정쟁의 대상으로 몰아간 것이 속상해요.

그가 다시 소송하는 이유

부산시청에서 24km 남짓한 곳에 고리·신고리 핵발전소 10기가 운영·건설 중이다. 한수원은 지난 2022년 12월 말 신고리 3·4호기를 새울 1·2호기로, 막바지 공사 중인 신고리 5·6호기를 새울 3·4호기로 명칭을 변경했다. 신고리 제2사업소를 2017년 새울원자력본부로 변경하면서 명칭을 통일했다는 이유이지만, 아무래도 한 곳에 10기 핵발전소 단지가 있다는 것이 한수원과 정부로서도 부담스러웠던 모양이다. 김 변호사는 10기 핵발전소도 모자라 해운대에서 멀지 않은 곳에 '임시 사용후핵연료 건식 저장시설'을 짓겠다는 무모한 계획까지 진행 중이라고 탄식한다.

원자력진흥법이 있어요. 원자력진흥위원회(아래 진흥위) 위원장이 국무총리예요. 문재인 정부 말기인 2021년 12월 진흥위에서 '제2차 고준위방사성폐기물 관리 기본계획'(아래 고준위 계획)이라는 것을 수립해요. 법률은 아니고 실행력 있는 행정계획인데 핵심은 '핵발전소 부지마다 임시로 사용후핵연료 건식 저장시설을 건설하겠다'라는 계획이에요. 고준위 계획에 근거하여 당장 고리 핵발전소 부지에 임시 건식 저장시설을 짓겠다고 최근 한수원 이사회에서 의결했어요. 국내에서 가장 높은 건물 13개 중에서 8개가 해운대에 있어요. 피서철이면 100만 인파가 몰린다는 해운대에서 21km 떨어진 곳에 핵폐기장이 생기는 거예요. 탈핵운동 단체들이 당장이라도 '부산에 핵폐기장이 들어온다'라는 현수막을 걸었으면 좋겠어요.

윤석열 정부가 핵발전 부흥을 위해 고준위특별법을 밀어붙이는 상황에서 국민의힘 대표가 된 김기현 의원은 지난 2023년 1월 27일 〈부산일보〉와 진행한 기자간담회에서 '고준위특별법'에 대한 질문을 받자 "원전 부지 내 사용후핵연료 임시저장시설이 영구화될 수도 있는데 이를 절대 용납할 수 없다"라며 "당 대표가 되면 원전 부지 내 사용후핵연료 임시저장을 막을 것"이라고 밝힌 바 있다.

어느 당이든 핵발전소 소재 지역구 국회의원이 '부지 내 사용후핵연료 저장시설' 반대 의사를 분명히 밝힌 점은 의미가 큽니다. 핵 진흥을 앞세우는 당에서 핵발전소의 계속 운영을 가능하게 하는 부지 내 사용후핵연료 저장시설을 반대하는 것은 그만큼 지역 여론이 나쁘다는 것을 의미해요. 한편 탈핵 단체가 여론을 주도할 수 있다는 이야기이기도 해요.

탈핵 운동단체들은 '고준위특별법'이 제정되면 '임시'라는 단서를 달고 부산, 울산, 경주, 울진, 영광 등 핵발전소 시설이 있는 5개 지역에 '고준위 핵폐기장'이 들어서는 셈이라고 설명한다. 고준위 핵폐기물 처분장 건설은 1980년대부터 울진, 영덕, 태안 등 해안을 낀 수많은 지역에서 시도됐지만, 주민들의 격렬한 반대로 모두 무산됐다. 현실적으로 영구처분장 수용 지역 찾기가 불가능에 가깝다는 점에서 '임시'가 '영구' 처분장이 될 가능성이 크다. 김영희 변호사는 2021년 말 '제2차 고준위 방사성폐기물 관리 기본계획 무효확인소송(아래 고준위 무효소송)'을 제기했다.

아무것도 하지 않으면 아무 일도 일어나지 않잖아요. 소송을 하려면 90일

안에 소장을 내야 하는데, 저로서는 아무것도 하지 않으면 '고준위 계획' 합법화를 인정하는 꼴이 되니까 대응을 안 할 수 없었어요. 짧은 시간 동안 1천 명 넘게 원고를 모았어요. 경주 양남면에서 800여 명이 참여해 큰 힘이 되었죠. 울진 핵발전소로부터 방사선비상계획구역 30km 안에 속하는 지자체인 삼척시와 삼척 주민들도 100여 명 이상 원고로 참여했고, 영광 주민 100여 명도 소송단에 이름을 올렸어요.

소송단 모집할 때 내는 1만 원 참가비가 소송비용인데 원고로 참여해주는 것만으로도 고마워해야 할 상황이라 원고 중 200명이 낸 참가비 200여만 원이 소송비용으로 받은 전부다. 핵발전소 소송에서 정부나 한수원 측 변호사들은 엄청난 물적, 인적 지원과 거액의 보수를 받는 데 비해 김영희 변호사는 보수는커녕 교통비, 번역비 등 소송비용도 부족한 상황에서 고군분투해야 했다.

탈핵경주시민공동행동 등 단체와 시민 833명이 참여해 2020년 4월부터 2023년 1월까지 진행한 '월성1~4호기 사용후핵연료 저장시설 운영허가처분 무효확인소송'은 패소했고 '고준위 무효소송'도 끝났다. '고준위기본계획'의 중요성에도 불구하고 사용후핵연료 저장시설 부지적합성을 심사할 권한이 없는 산자부가 중간저장시설과 비슷한 수준의 시설 부지를 일방적으로 결정해버리는가 하면, 방사선환경영향평가서, 주민의견수렴 등 절차도 제대로 거치지 않은 '고준위 기본계획'은 법이 상식이라면 무효가 마땅하다.

김영희 변호사는 핵발전소 관련 판결에 '상식과 정의의 잣대가 공정해야 한다'라고 말한다. 김영희 씨가 '지면서도 이기는 소송'을 하는 이유다.

현장이 주는 '감동'

김영희 씨는 공익 소송 외에도 교육부와 환경부 자문변호사로 활동하며 관련 소송도 많이 했다. 최근에는 고형쓰레기를 연료로 하는 SRF(일반고형연료)소송도 진행했다.

알고 보니 이혼소송도 전문 분야다. 섬세하고 공감 능력이 뛰어난 장점 때문인지 이혼소송에서 승소한 의뢰인이 또 다른 의뢰인을 소개하는 경우가 많다. '생계형' 변론에서도 발군의 실력을 발휘하고 있으니 다행이다.

재벌개혁과 주주대표소송 전문가였던 김영희 씨가 후쿠시마 이후 탈핵소송 전문가로 고생길을 마다하지 않고 늘 핵발전소 피해 주민 편에 서는 이유는 현장이 주는 '감동' 때문이다. 핵발전소 유치 반대를 공약으로 내걸고 당선됐던 김양호 삼척시장 이전에 김대수 삼척시장은 삼척에 핵발전소를 유치하려고 했다. 해바라기 법률가들과 김영희 씨는 '김대수 전 시장 주민소환 운동' 때부터 삼척과 인연을 맺는다.

김양호 시장이 당선되고 삼척이 '원전 유치 찬반 주민투표'를 실시하면서 법률 자문을 위해 서른 번도 넘게 삼척을 다녔어요. 열차가 마땅치 않았던 시절이라 운전해서 삼척까지 다니면서 힘들었지만, 주민투표가 승리해서 보람이 컸어요.

2014년 10월 9일 전체 유권자 4만 2,488명 가운데 2만 8,867명이 투표해 67.9%의 투표율을 보인 삼척원전 주민찬반투표는 유치 반대 여론이 84.9%로 압도적으로 높았다. 삼척시 선거관리위원회가 '원전 유치 신청 철회는 국가 사무여서 주민투표 대상이 아니다'라는 정부의 유권해석에 따라 주민투표 업무 위탁을 거부해 민간기구 주도로 시행한 주민투표가 법적 효력은 없었지만, 삼척시민들의 민심을 거스를 수 없었다.

2012년 9월 삼척과 함께 '핵발전소 예정 구역'으로 지정 고시된 신규 핵발전소 후보지였던 영덕은 삼척 주민투표 운동에 힘입어 '영덕원자력발전소 유치찬반 주민투표관리위원회'를 결성하고 주민투표를 시행했다. 김영희 씨는 영덕 주민투표관리위원회 법률자문위원으로 삼척보다 더 먼 영덕을 부지런히 다녔다. 삼척과는 달리 영덕군수가 핵발전소에 찬성해 삼척에 비하면 열악한 상황이었지만 '반대 여론이 2배 이상 높다'라는 것에 희망을 걸었다. 2015년 11월 11일 투표일이 밝았다.

새벽 6시부터 투표를 시작했는데 그 이른 시간부터 영덕군민들이 투표하러 오시는 거예요. 핵발전소 유치에 찬성하는 사람은 투표하러 오는 경우가 적기 때문에 주민투표에 참여하는 것 자체가 유치에 반대하시는 분들인 거죠. 어르신들이 새벽부터 줄 서서 투표하는 광경은 정말 감동이었고, 눈물이 절로 나더라고요.

이틀 동안 주민투표소는 핵발전소에 반대하는 사람이 줄을 이었다. '영덕원자력발전소 유치찬반 주민투표 관리위원회(위원장 노진철 경북대 교수)'는 11월 13일 "주민투표 개표 결과 유치 찬성표가 7.7%(865명), 반대표가 91.7%(1만 274명)로 집계됐다"라고 발표했다. 전체 투표권자 3만 4,432명(9월 기준) 가운데 1만 1,201명(32.5%)이 투표에 참여했다.

울진이 바로 옆이잖아요. 핵발전소가 들어서면 지역경제가 살아날 것처럼 주장하지만 실제로는 핵발전소 지역이 낙후된다며 울진을 예로 드는 삼척·영덕주민을 많이 봤어요. 삼척·영덕주민들도 잘 싸웠지만 '핵발전소 반대' 민도도 높았다고 생각해요. '핵발전소는 지역 주민이면 누구나 반대한다'라는 확신이 들었죠.

김영희 변호사는 2019년 5월 삼척이 '원전예정구역 지정고시'가 철회될 때까지 법률적 지원을 아끼지 않았다.

2020년 6월에는 '월성원전 사용후핵연료 저장시설 추가건설 찬반 울산북구 주민투표'도 열심히 지원했다. 그는 2012년 2월 '해바라기' 결성 후 단 하루라도 탈핵 소송과 법률지원을 멈춘 적이 없다.

2017   신고리 5·6호기 공익감사
         원자력연구원 방사성폐기물 무단 폐기 관련 공익감사
         사용후핵연료 재처리기술인 '파이로프로세싱'에 대한 공익감사

2020   월성 1호기 수명연장 관련 공익감사
         월성 1호기 감사 관련 감사원장 공익감사

2022   월성원전 방사성물질 누설 공익감사
         사용후핵연료 관리정책 공론화(월성 맥스터) 관련 고발대리
         월성 1호기 폐쇄 결정 관련 최재형 감사원장 등 고발대리
         월성 사용후핵연료 저장조 방사성물질 누설 관련 한수원 등 고발대리

이 밖에도 월성 1호기 수명연장 무효소송도 6년, 신고리 5·6호기 소송도 6년 동안 진행했다. 김영희 씨가 건넨 메모지에 빼곡히 채워진 한 줄 한 줄 소송 기록은 몇 년 치 피땀 어린 노고와 희생의 증거다. 그저 고맙고, 감사할 뿐이다.

탈핵은 돼요, 문제는 기후위기죠

탈핵은 될 수밖에 없어요. 세계적인 흐름이고 무엇보다도 경제성에서 핵발전은 확실하게 뒤처져요. 정치적인 문제로 윤석열 정부가 핵진흥 정책을 펴며 뒷북에 열을 올리지만, 핵발전이 경제성이 부족하다는 것은 온갖 데이터가 증명하고 있어요. 반면 재생에너지는 기술혁신으로 발전단가가 놀랍도록 빠른 속도로 낮아지고 있어요. 머지않아 탈핵은 될 수밖에 없는데 문제는 그동안 사고가 나지 않아야 해요. 우리나라 핵발전소 안전관리가 걱정이에요.

기후위기는 더욱 가속화될 것이고 예상치 못한 태풍이나 폭우, 산불 등 자연재해로 인한 핵발전소 사고 위험은 더욱 커질 것이다. 향후 20~30년 안에 "우리 세대가 살아 있는 동안 큰 사고가 날 가능성이 적지 않다"라고 보는 김영희 씨는 그래서 더 열심히 탈핵에 매달린다.

그동안 핵발전소가 가장 많은 나라부터 사고가 났잖아요. 1979년 미국 쓰리마일, 1986년 (구)소련 체르노빌, 2011년 일본 후쿠시마 다음으로 핵발전소가 많은 나라는 프랑스, 중국, 한국이에요. 한국은 안전관리도 믿을 수 없고 인구 대비 밀집도가 세계 1위이니, 사고 가능성과 예상 피해 규모가 너무 커요. 핵발전소 사고 피해는 나라가 망하는 수준이에요. 절대 일어나서는 안 되는 일이지요.

김영희 씨는 기회가 되면 "핵발전소 노동자들을 위한 법률지원도 하고 싶다"라고 한다. 핵발전으로 돈 버는 사람들에 가려 그 안에서 피폭 노동을 해야 하는 노동자들의 건강권은 보이지 않는다.

핵발전 노동으로 피해를 본 분들이 분명히 있을 텐데 아직 저한테 찾아오신 분은 없어요. 산업재해로 인정받을 가능성이 큰데 아쉽죠. 핵발전소 주변 지역 주민 갑상선암(갑상샘암) 소송은 늘 빚진 마음으로 지원하고 있어요.

대중에게 사랑받는 탈핵운동을 위하여

인터뷰를 마친 며칠 뒤 김영희 씨 SNS가 난리 났다. 고창군 '수명 연장 관련 방사선환경영향평가' 연구용역 발표차 전북 고창으로 내려가던 길에 고속도로에서 차가 고장 나는 바람에 혼쭐났다는 사실을 알리자, 그의 SNS에는 안위를 묻고 가슴을 쓸어내리는 200여 개가 넘는 댓글이 줄줄이 달렸다.

인터뷰 당시 "영광 한빛 핵발전소 주변 지자체인 고창군이 맡긴 연구용역 결과 발표를 위해 2월 22일 고창에 간다"라는 이야기를 들었는데 차가 고장 나고 현장을 빠져나오는 과정에서 약간의 상처를 입은 모양이었다. 급히 메시지를 보내니, 고창군 발표도 잘 마치고 몸도 괜찮다는 문자가 온다. 비생계형 탈핵 소송에 매달리는 시간이 많다 보니, 늘 잠은 언제 자는지, 건강관리는 어떻게 하는지 궁금했다.

돈도 안 되고 일은 많고 이기지도 못하는 탈핵소송에 매달리다 보니 제가 후배 변호사들에게 인기가 없어요.(웃음) 저야 그렇다 치지만 다른 사람에게 이렇게 일하자고 권하지는 못하죠. 정말 영혼을 갈아 일하고 있는데 '이게 지속 가능성이 있을까?' 하는 의문과 회의가 들 때가 있어요. 우리 세대야 항상 그래왔지만, 후배들에게 똑같은 방식으로 일하게 할 수는 없잖아요. 그런데 탈핵운동하는 활동가들 처지도 너무 열악해서 오히려 그게 늘 마음이 아파요. 저에겐 고맙고 귀한 존재들이에요.

김영희 변호사는 "그 어떤 분야의 시민운동보다 탈핵운동이 시민들의 안전과 생존을 위한 일인데 이념화되거나 정치적 프레임에 갇혀 공감을 끌어내지 못하는 것 같다"라고 아쉬워한다. '탈핵운동'이 대중에게 사랑받아야 더 많은 '김영희'를 만날 수 있을 텐데 말이다. 인터뷰는 마쳤는데 고민의 출발점에 선 기분이다. 더 많은 '김영희'를 위한 고민 말이다.

싸놓은 똥은
치워야지 않것소?

영광군농민회 회장 **노병남**

핵사고 종합세트 영광 한빛 핵발전소와 30년 동안 싸운 베테랑 탈핵운동가 노병남 씨.
농사지으러 돌아온 고향 땅에서 먼저 배운 것이 탈핵농사다.
한빛 핵발전소 끄고 탈핵이라는 열매를 따기 위한 그의 분투는 오늘도 계속된다.

서울 한복판에 울려 퍼진 "고준위 건식저장시설 반대"

영광군민들은 오늘 한수원 이사회의 '고준위 건식저장시설' 논의 자체가 무효임을 분명히 선언했어요. 지역주민 의사는 한 번도 묻지 않고 서울 한복판 즈그덜 사무실에 숨어 쥐새끼처럼 방망이 뚜드리면서 백날 결정해 보씨요. 우리가 가만히 있나!

서울 중구 한복판이 낯익은 전남 영광 사투리로 쩌렁쩌렁하다. 30년 넘게 한빛 핵발전소와 공존하며 싸워온 농사꾼이자 베테랑 탈핵운동가 노병남 영광군농민회장 목소리다. 2023년 4월 4일 '탈핵 잇다' 인터뷰 요청을 위해 전화를 걸었더니 노병남 씨는 대뜸 내일모레 4월 6일 "서울로 데모하러 간다"라고 한다. 조은숙 원불교환경연대 사무처장에게 연락해 부랴부랴 일정을 잡고, 4월 6일 오후 1시 한수원 '방사선보건연구원'이 있는 중구 서소문로 센트럴타워로 달려갔다.

'한수원은 영광군민 동의 없는 한빛원전 내 건식저장시설 계획의 이사회 상정을 즉각 철회하라'라는 현수막을 펼치고 항의 집회를 시작했다. 부슬부슬 내리던 봄비가 멈춘다. 한빛원전민간환경감시기구(아래 민간감시기구) 위원들과 영광군의회 의원, 영광지역주민 15명이 참여한 가운데 열린 집회 사회를 맡은 노병남 씨는 '임시'라는 이름을 달고 '영구' 핵폐기장이 될 가능성이 높은 '고준위

핵폐기물 임시저장시설 건설'을 지역주민 의견 한마디 듣지 않고 한수원 이사회가 결정하는 것은 민주주의도, 정의도, 자유도 아닌 비열한 폭력일 뿐이라고 목소리를 높인다.

영광은 풍성했던 어장도 포기하고 핵발전소 지역이라는 오명을 뒤집어쓴 채 전기를 생산한 죄밖에 없어요.

마이크를 넘겨받은 영광 주민은 "1986년 한빛 1호기를 시작으로 2002년 한빛 5·6호기까지 건설되면서 영광군민들의 행복은 짓이겨졌다"라며 깊은 한숨을 내쉰다.

민어, 조기로 유명한 칠산 앞바다 어장은 풍성했고 가마미 해수욕장은 여름이면 피서 인파로 넘치는 아름다운 해변이었어요. 그런데 핵발전소가 들어서고는 어느 날부터 잠을 편히 못 자요. 2000년대 초반 짝퉁 부품 사건으로 심장을 오그라들게 하더니 어느 해에는 핵발전소 안에 망치가 들어있다고 하질 않나, 구멍이 100개도 넘게 발견됐다고 하질 않나? 생각만 해도 오싹한 사건 사고들이 줄줄이 터졌어요. 그런데 그것도 부족해서 사업자인 한수원이 고준위 핵폐기물까지 떠안으라는 결정을 한다는 것이 말이 됩니까?

이날 발언에 나선 영광 주민들은 "방사선환경영향평가는 강화됐는데 왜 '해양에 대한 환경영향평가' 항목 자체가 빠졌는지 이해할 수 없다"라고 분통을 터뜨리며, 영광군이나 의회에서 반드시 해양 환경영향평가를 추가할 수 있도록 노력해야 한다고 목소리를 높였다. 한빛 1~6호기에서 쏟아져 나오는 온배수로 이미 영광 앞바다는 어장의 기능을 상실한 지 오래다.

우리 마을엔 벌써 한수원이 관광버스를 돌리기 시작했어요

한빛 핵발전소 인근 마을에 사는 주경채 영광군민간감시기구위원은 한수원 '고준위핵폐기장 대응팀'이 활발히 움직이고 있다고 말한다. 한수원이 대절한 관광버스에 마을주민을 태워 관광지와 연결된 핵발전 시설을 견학시키며 고준위 건식저장 안전성을 선전하는 장으로 활용하고 있다는 것이다.

주경채 위원은 "30년 넘게 핵발전소 인근 마을에 살면서 한수원이 끊임없이 사람들을 갈가리 찢고 서로 싸우게 하는 모습을 진저리치게 봐왔다"라며, 존재 자체가 불의한 핵발전소와 추가시설을 반드시 막아내야 한다고 주장했다. 이어 마이크를 넘겨받은 노병남 씨가 황당한 표정을 지으며 말을 이어간다.

참내 오늘 어처구니없는 일을 다 당하네요. 제 뒤통수에서 누가 동영상을

노병남   싸놓은 똥은 치워야지 않것소?

찍고 있길래 영광군이나 의회 쪽 직원인 줄 알았어요. 하도 열심히 찍길래 가서 물어봤더니 한수원 직원이랍니다. 주경채 위원이 말한 한수원 홍보 팀이 이렇게 백주에 대놓고 활동을 해요.

노병남 회장은 당장 파일을 지우라고 요구했고 지우겠다는 말만 남 긴 한수원 직원은 어느새 사라졌다고 한다. 영광초등학교 앞 게시 대에는 '원자력 발전소가 안전하다'라는 한수원 홍보문구가 10년 내내 걸려 있고, 심지어 불갑사 주변 나무에도 이름표를 떡하니 붙 여 놨단다. 지역 주민 안전을 위해 사용하라는 세금이 사업자 한수 원 홍보비로 줄줄 새어 나가고 있는 증거는 영광 땅에 발을 딛는 순 간 쉽게 볼 수 있다.

비가 그치더니 일기예보대로 기온이 떨어지고 바람이 차다. 하루 전만 해도 평균 기온보다 높아 방심하고 '남도 기온'에 맞춘 영광사 람들 옷차림이 못내 걱정이다. 노병남 씨가 목소리 높여 "군민동의 없는 사용후핵연료 건식저장시설 반대한다" 구호를 외치며 추위를 털어낸다.

다시 한번 선언합니다. 오늘 한수원 이사회의 '고준위 건식저장시설' 건설 에 대한 결정은 무효이고 영광군민들은 끝까지 막아낼 것입니다.

항의서한을 한수원 측에 전달한 영광 주민들이 버스에 오르고 영광으로 출발했다. 한수원의 '뒤통수치기'가 예정돼 있음을 알기에 영광으로 내려가는 길, 현장 투쟁에 대한 논의가 무성했을 것이다. 예상대로 오후 뉴스엔 한수원 이사회가 '한빛·한울 핵발전소 내 핵폐기물 임시 건식저장시설 건설'을 의결했다는 보도가 흘러나온다.

한수원과 정부가 '고준위핵폐기물 영구처분장'을 짓기 위해 수십 년 동안 전국 곳곳을 후보지로 정했지만 2004년 '부안 핵폐기장반대투쟁'처럼 어마어마한 반대에 부딪혀 전국 어디에도 못 지었잖아요. 영구처분장에 대한 계획조차 없는 상황에서 핵발전소 부지 내에 임시저장고를 짓는다는 의미가 뭡니까? 바로 그 자리가 영구처분장이 될 가능성이 크다는 거죠. 영광을 10만 년, 100만 년 동안 핵 무덤 만들겠다는 거예요. 지난 40여 년간 전기 생산을 위해 희생을 치르며 핵발전소를 품고 사는 지역에 또다시 핵폐기물까지 떠안으라는 것이 말이 됩니까?

40년 희생의 대가가 고준위 핵폐기장이라고요?

분기탱천한 노병남 씨 목소리가 귓가를 울린다. '한빛원전 고준위 핵폐기물 영광군공동대책위원회(아래 공대위)'는 4월 26일 한빛 핵발전소 정문 앞에서 '고준위핵폐기물 임시저장시설 설치 반대 영광군민규탄대회(아래 규탄대회)'를 열었다.

4월 서울집회 이후 한 달 만인 2023년 5월 6일 영광군농민회 사무실에서 노병남 씨를 만나 4월 26일 열린 영광 집회에 관해 먼저 물었다. 바쁜 농사철임에도 불구하고 규탄대회에 영광 주민 600여 명이 모였다. 고준위핵폐기장 건식저장 시설에 대한 영광 주민의 반감이 크다는 이야기다. 영광은 2002~2003년까지 핵폐기장을 막아낸 경험이 있다. 물론 김종규 부안군수가 핵폐기장 유치 신청을 하는 바람에 핵폐기장 유치반대 투쟁이 부안으로 넘어간 이유도 한몫하긴 했었다.

아무래도 군의회가 주축이 된 공대위가 주관한 행사이다 보니 사람들이 예상보다 많이 모였어요. 게다가 2025년, 2026년이면 40년 설계수명이 만료돼 폐로가 예정됐던 한빛 1·2호기 수명연장 문제도 있고 발등에 떨어진 현안들이 심상치 않아요.

핵발전 부흥을 선언한 윤석열 정부는 2023년 1월 12일 핵발전소 적극 활용, 신재생에너지 합리적 보급, 석탄 감축 유도 등의 방향을 담은 '제10차 전력수급기본계획'을 공개했다. 이에 따라 전원별 비중(실효용량 기준)을 LNG 35.9%, 석탄 32.8%, 핵발전 21.5%, 신재생 6.1%에서 2036년 LNG 44.7%, 핵발전 21.9%, 석탄 18.5%, 신재생 10.0% 등으로 구성했다. 발전소별 수명 만료를 고려하면 핵발전 0.4% 증가는 높은 수치다. 특히 오는 2025년까지 신한울

1·2호기와 신고리 5·6호기, 2033년 신한울 3·4호기 준공을 앞두고 있으며, 수명 만료로 전력 수급계획에서 제외했던 한빛 1·2호기 등 핵발전소 11기가 다시 포함됐다.

2년 전 수립했던 제9차 전력수급 기본계획에는 2023년과 2024년 고리 2·3호기, 2025년과 2026년에는 고리 4호기와 월성 2호기에 한빛 1·2호기 등 2034년 한빛 3호기까지 핵발전소 11기가 수명 만료로 공급물량 제외설비에 포함됐었다. 영광군은 전문기관 용역을 통해 한빛 1·2·3호기 폐로 이후 대책을 강구하기 위한 TF팀을 만들기도 했었다.

4월 6일 한수원 항의 집회에서 주경채 위원도 말했지만, 한수원은 이미 대외협력처에 '수명연장과 사용후핵연료 임시저장시설 건립을 추진할 전담팀'을 만들어서 활발히 움직이고 있어요. 올 상반기 한빛 핵발전소 측도 규제기관인 원안위에 수명연장 신청서를 제출할 겁니다.

2023년 4월 7일 핵없는세상광주전남행동이 낸 '한수원은 영광 핵발전소 독단적 결정, 즉각 철회하라!'라는 제목의 긴급성명서에도 기존 핵발전소 내 건식저장시설 건설을 서둘러 결정하는 이유로 윤석열 정권이 추진하고 있는 노후 핵발전소 수명 연장을 지적하고 있다.

영광에 한빛 핵발전소가 들어선 지 38년째다. 1986년부터 2024

년 현재까지 총 6기 가동으로 발생한 고준위방사성폐기물은 모두 격납건물 옆 수조에 습식 저장돼 있다. 전국 28기(영구폐쇄 2기, 사용정지 1기 포함) 발전소가 고준위핵폐기물을 각자 관리하는 방식이다. 한빛 핵발전소 수조 포화율이 75%를 넘어 2030년이면 포화상태가 된다는 것이 사업자 한수원의 주장이다. 일각에서는 위험하게 수조에 관리하는 것보다 영구처분장을 마련할 때까지 임시 건식저장시설이라도 만들어서 관리하는 것이 더 안전하지 않냐고 주장하기도 한다. 노병남 씨 생각은 어떤지 물었다.

화장실 없는 집을 지어 놓고 임시화장실은 짓고 살다가 40년 된 낡은 집을 부술 때가 되니 추가로 임시화장실을 짓고 10년 더 살겠다는 짓거리예요. 싸 놓은 똥은 치워야 하지 않것소? 핵폐기물 처리 대책도 없이 오로지 핵발전을 중심으로 국민에게 전력을 수급한 후과를 왜 핵발전소 지역 주민이 또다시 떠안아야 합니까? 고준위핵폐기물 중 '우라늄234' 같은 핵물질은 반감기만 24만 년이 넘어요. 더군다나 '고준위 건식저장시설'은 언제까지 운영한다는 기간도 설정하지 않았어요. 말만 '임시'지 '영구처분장'이라는 이야기나 마찬가지예요. 고준위핵폐기물 처리 시설 문제는 일단 '탈핵'이 전제가 돼야 해요. 안 그러면 핵발전소 내에 계속 추가시설이 들어서고 지역은 더 위험에 빠지게 돼요.

노병남 회장은 '정부가 실효성 있는 탈핵정책을 먼저 결정해야 핵폐기물 처리에 대한 논의가 시작된다'라고 말한다. 정부와 한수원은 "고준위방사성폐기물 처리가 급하니 임시시설부터 짓자"고 하는 입장이니 전제가 다르다. 한수원이 막무가내로 지역 주민 의견 수렴과 국민적 동의도 없이 기존 핵발전소 내 건식저장시설 건설을 서둘러 결정하는 이유는 윤석열 정권이 추진하는 노후 핵발전소 수명연장과 맞물려 있다. '탈탈핵(탈원전 폐기)'을 공약으로 내건 윤석열 정권은 안전성 강화로 설계비용이 오르면서 신규 핵발전소 건설에 대한 설득력이 떨어지니 노후 핵발전소 수명연장으로 방향키를 돌렸다.

고준위 건식저장시설은 노후 핵발전소 수명연장을 위한 대안이에요. 핵발전을 멈추고 줄이는 것이 아니라 핵진흥을 하겠다는 것이 전제인데 지역 주민들이 동의가 되겠습니까? 추가 핵시설은 절대 안 돼요! 한수원도 추가 시설은 하지 않겠다고 누누이 약속했어요. 약속을 헌신짝 버리듯 하는 집단이긴 하지만요. 이제 투쟁은 시작됐어요.

누더기 핵발전소가 만든 전기

2022년 11월 30일 영광·고창 주민 100여 명이 서울 원안위 앞에서 한빛 4호기 재가동 반대 항의 집회를 열었다. 지난 4월 초 필자와 만난 노병남 회장은 그날을 회상하며 이렇게 말한다.

그날도 겁나게 춥드만요. 핵발전소는 18개월 돌리고 40~60일 동안 세워서 점검하는 '계획 예방 기간'을 둬요. 2017년 계획 예방 기간에 한빛 3호기에서 82개, 4호기에서 102개의 구멍이 발견됐어요. 그것도 방사성물질 누출을 막는 최일선에 있는 격납시설에 구멍이 숭숭 뚫린 거지요. 핵마피아들이 입만 열면 5중 방호벽으로 방사능물질 누출 가능성이 없다고 선전해 왔던 그 방호벽이 뚫린 거예요. 그런데 5년 7개월 동안 진상조사하고, 구멍 때우고, 녹슨 철판 오려내고 땜질해서 다시 돌리겠다는 겁니다. 게다가 상부 돔은 구멍이 없을 것이라는 전제로 가상 검사를 했어요. 전수 조사 안 하고 가상으로 괜찮을 거야. 뭐 이렇게 했다는 거예요. 한수원과 규제기관 원안위가 이런 위험천만한 짓거리를 해요.

한빛 3·4호기는 우리나라 최초로 국내 기업인 현대건설이 주도하여 건설하고, 1995년부터 상업 가동을 시작한 핵발전소다. 한국 순수기술로 건설해 드디어 핵발전 강국으로 발돋움했다고 핵마피아들이 침 튀기며, 선전해 대던 한빛 4호기 격납건물 콘크리트 벽체에서 부실시공이 확인된 것은 2017년 6월 26일의 일이다. 둥근 벽체를 감싼 내부철판(CLP)에 부식 흔적이 있어 일부를 걷어냈더니 원주 방향 전체에 약 20㎝ 깊이의 빈 구멍(공극)이 나 있었다. 한빛 3·4호기 격납고에 구멍이 184개나 숭숭 뚫려 있었다.

언론에서 대서특필하고 난리가 났지만, 공사할 때부터 부실 공사라고 소문이 났었어요. 영광 사람들 사이에서 저러다 반드시 사고 난다는 이야기가 나돌았어요.

한빛 3·4호기 부실 공사는 이를 실제로 목격한 제보자와 건설 당사자가 고발한 내용을 통해서도 알 수 있다. 2022년 8월 10일 발표한 탈핵시민행동 성명서에 따르면 당시 규격 이상 크기의 자갈이 많아 골재가 제대로 들어가지 않는 등 콘크리트 다짐 작업을 하는데 큰 어려움이 발생했다. 그뿐만 아니라, 건설 당시 불법 콘크리트 타설 작업이 이루어졌지만, 현장에는 관리 감독을 해야 하는 한국전력의 개입이 없었다. 그리고 격납건물 건설에 대한 관리·감독 부실, 품질 검사의 실패가 연이어 발생했으며, 격납건물 콘크리트 다짐 작업을 미숙련 노동자가 진행했다는 제보가 잇따랐다.

영광 주민들의 강력한 요청으로 '한빛원전안전성확보 민관합동조사단'이 꾸려져 2019년까지 특별점검을 벌인 결과 4호기 벽체에서 발견된 공극이 140개나 됐고 이 중 깊이가 157cm나 되는 것도 있었다. 한빛 3·4호기 상황은 '동굴'이라고 불릴 정도로 더욱 심각했다. 또한 192곳의 내부철판 부식, 23곳의 철근 노출이 확인돼 한빛 4호기는 재가동은커녕 조기 폐쇄해야 한다는 주장이 힘을 얻었다. 2019년 당시 가동 중인 핵발전소 24기에서 발견된 공극은 332개이고 공극의 90%는 한빛 3·4호기에서 집중적으로 발견되었다. 철근 노출은 한빛 3호기에서만 184곳으로 23%를 차지했다. 핵산업계 인사로 구성된 안전점검기관인 한국원자력안전기술원(KINS)조차도 시공업체가 애초 설계상 제거해야 하는 임시보강재를 그대로 둔 상태로 야간에 자주 콘크리트 타설 작업을 한 사실을 확인하고, "공기 단축을 최우선 목표로 하는 경영 문화가 공극 발생에 영향을 미친 것"이라고 결론 냈다.

한빛 4호기와 함께 격납건물에서 공극이 발생했던 한빛 3호기는 '한빛 4호기 격납건물 상부돔 내부철판(CLP)검사' '국회 차원의 부실 공사 진상조사 및 대책 마련' '부실 공사에 대한 군민 피해보상' 등 7가지 이행사항을 약속하고 2020년 11월 14일 가동중단 2년 반 만에 재가동됐었다.

20년간 망치 품은 한빛 4호기

그러나 약속은 거의 지켜지지 않았고 한수원은 한빛 4호기에서 발견된 공극을 모르타르로 메우고 노출된 철근을 시멘트로 덮는 등의 방식으로 보수하고 재가동을 추진했다.

'핵발전소 하루 세워 놓으면 10억 원이 손해'라는 적자 타령이 재가동 이유였다. 땜빵, 땜질, 누더기 한빛 4호기는 영광, 고창 주민은 물론 환경단체들의 반대를 무릅쓰고 2022년 12월 11일 원안위

승인을 얻어 재가동에 들어갔다.

구멍뿐이 아니에요. 2017년 8월에는 4호기 증기발생기 상부 세관 틈에서 가로 12mm, 세로 7mm 소형 망치가 발견되었어요. 증기발생기는 원자로, 격납건물 등과 함께 핵발전소 3대 안전 방호시설이에요. 증기발생기 내부는 고온고압에 물이 불규칙적으로 흐르고 8,400개의 세관으로 구성되어 있어서 이물질이 있거나 돌아다니면 세관을 건드려 냉각기를 멈추게 해서 원자로가 녹아내리는 대형사고로 이어질 수 있어요. 공기 단축하려고 얼마나 밀어붙였는지 그 당시 망치를 제거하지도 않고 허겁지겁 덮어버린 거지요. 망치의 존재 자체를 20년 동안이나 몰랐던 것이 더 큰 일이에요.

증기발생기는 원자로 설계수명과 같다. 1995~1996년 상업 가동을 시작한 한빛 3·4호기 증기발생기를 2019년 교체하겠다고 하더니, 한빛 4호기는 그보다 2년이나 앞당겨 2017년 교체를 서둘렀다.

환경단체에 제보가 들어가고 문제를 제기하니까 그제야 어쩔 수 없이 언론에 발표한 거죠. 한수원과 핵마피아들이 핵발전소를 관리하는 방법이에요. 최대한 은폐하고 축소하다가 들키면 '원자로는 이상이 없다. 방사성물질 누출은 없다'라고 발뺌하며 위험한 핵발전의 본질을 감춥니다.

노병남 회장은 이토록 위험하고 섬세한 발전소를 운영하는 집단이 양심도 없고 뻔뻔하기 이를 데 없다는 점이 핵발전소의 가장 큰 위험 요소라고 지적한다. '한빛원전안전성확보 민관합동조사단'에 참여한 원자력안전연구소 한병섭 소장은 2017년 8월 18일 언론 인터뷰에서 "증기발생기가 중요한 시설이고 순환되는 냉각수에 의해 금속 물체가 세관을 파손시킬 수 있다는 점에서 혈관에 돌고 있는 물체로 심장이 손상 입을 수 있는 매우 위험한 상태"라고 설명하기도 했다. 1mm의 세관 8,400개가 있는 증기발생기에 망치가 20년 동안이나 돌아다녔어도 사고가 없었다는 것은 그야말로 '하느님이 보우하사'이다.

증기발생기 교체에 3천억 원이 드는데 시공사인 두산중공업(현 두산에너빌리티)에 피해보상도 제대로 못 받았다면 사업자나 시공사 규제기관 모두 한통속이라고 봐야죠. 그런데 더 아이러니한 일은 교체하는 증기발생기의 제작을 두산에너빌리티에 다시 맡겼다는 거예요.

2019년 1월에는 한빛 3호기 격납건물 내부에서도 30cm 망치가 발견됐다. 한수원은 "망치가 고정되어 있던 것으로 추정하며 안전에 문제가 없다"라고 또다시 앵무새처럼 읊조렸다.

반핵운동은 신앙고백

1978년 고리 핵발전소를 시작으로 월성, 울진, 영광 등에 핵발전소
가 지역에 들어설 때만 해도, 5·6공 정권은 핵발전소를 '민족중흥의
불'로 홍보하며 지역경제 발전은 물론 산업화와 문명화 첨병으로
인식하도록 강요했다. 당시 핵발전소는 2조 원대의 대규모 국책사
업으로 지역을 부흥시킬 산업으로 여겨졌고, 영광군이 시로 승격될
수 있다는 희망을 품기도 했었다. 그러나 영광 1·2호기가 상업 운전
을 시작한 1986년 8월 25일보다 4개월 전인 4월 26일 체르노빌핵
발전소 사고가 일어나면서 반핵운동이 세계적 기류가 되었다.

1988~1989년 영광 핵발전소 노동자 김익성 씨 두 차례 무뇌아 출
산, 1990년 노동자 문행섭 씨 대두아 출산과 고창군 상하면 기형
가축 출산 보도가 이어졌다. 또한 1990년 영광 1호기 방호복 세탁
부에서 일했던 김철 씨가 방사성물질에 피폭된 얼마 뒤 백혈병으로
사망하고 핵발전소 관련 고장 사고까지 이어지면서 공포가 확산하
였다. 더욱이 1988년 국회 5공 비리특별위원회가 구성되고 청문회
가 열리면서 영광 3·4호기 건설 허가와 관련한 안전성과 비리 문제
로 영광 지역사회에서도 반대 움직임이 싹트기 시작했다.

1989년 3월 영광 핵발전소추방협의회(아래 핵추협)가 전국조직보
다 한 달 먼저 결성되면서 영광사람들은 본격적인 반핵운동에 뛰어
든다. 영광 3·4호기는 건설 당시부터 문제가 불거져 '핵연료 장전 저

지대회'를 비롯한 집회와 행진이 연속으로 열렸다. 1991~1994년 사이 항의 집회 참가자는 10만 명이 넘었고, 영광 핵발전소는 영광 군민과 전남도민에게 불안한 일상을 강요하고 끊임없이 말썽을 일으켰다. 1990년 가톨릭농민회, 기독교농민회, 영광군농민회는 영광지역 뜨거운 현안이었던 핵발전소반대 운동에 적극 참여한다.

반핵운동은 제겐 신앙고백이었어요. 기독교청년회 활동하면서 핵무기반대 평화운동을 자연스럽게 접하게 됐어요. 핵무기와 핵발전은 연결되어 있잖아요. 핵발전소에서 나온 플루토늄이 핵무기 원료가 되는 거고요. 종교인에게 생명·평화는 거스를 수 없는 소명 같은 거예요.

이십 대 후반 고향에 정착하기 위해 영광으로 돌아온 청년 노병남은 농사도 짓기 전에 핵추협 간사로 활동을 시작한다.

핵공학을 전공하고 당시 영광 핵발전소 설계에 참여했던 교회 선배가 기술 배우러 미국 출장을 다녀오더니 저한테 지역에서 농사지으면서 살려면 핵발전소 문제를 공부하라고 권했어요. 아마 미국 출장 가서 1979년 쓰리마일 핵사고에 대해서도 듣고 그린피스 같은 국제환경단체 활동 등에 대해서도 들었나 봐요. 영광 핵발전소 공사 속도나 기술자들의 숙련도, 우리나라 기술에 대한 신뢰성 문제 등이 걱정된다고 했어요. 본인은 공사 끝나면 떠나지만, 영광에 살려면 핵 문제를 제대로 아는 것이 좋겠다고 하더라고요.

1992년 부임한 영광성당 박재완 신부와 원불교 영산성지 김현 교
무를 중심으로 천주교, 원불교 등 종교계 반핵운동이 활발히 일어
났다.

지금은 핵발전을 벗어난다는 의미로 탈핵이라고 하지만 1990년대는 핵
발전을 반대한다는 의미로 반핵이라고 했어요. 반핵운동하려고 하니 일
단 공부부터 해야겠더라고요. 이하영, 주경채 씨 등 농민회원들과 김용국
가톨릭농민회원 등도 각자 핵발전소에 관한 공부를 무지하게 했어요. 핵
마피아하고 싸우려면 논리적으로 뒤지지 않아야 하니까 가르쳐 주는 사람
없이 다들 독학으로 공부했어요. 진짜 코피가 다 나더라니까요.

영광군 농민회 이하영, 주경채, 노병남 그리고 영광성당 김용국 씨
는 핵공학자 누구와 붙어도 지지 않는 실력을 갖췄다. 핵발전소에
대해 알면 알수록 발을 뺄 수 없는 것이 반핵·탈핵 운동이다. 사고
가 나면 재기 불가능할 만큼의 재앙이니 사고 나기 전 예방과 더는
짓지 못하게 하는 것이 목표다.
그러나 40년이 넘는 동안 핵산업은 막강한 자본력으로 정·관계 전
방위적인 카르텔을 형성해 난공불락, 무소불위의 권력이 되어갔다.
영광핵추협과 천주교, 원불교, 불교 등 종교계까지 3·4호기 반대

투쟁에 참여했지만 1994년 당시 사업자였던 한국전력이 영광 5·6호기 건설 계획을 발표하면서 영광 주민들은 영광 3·4·5·6호기 건설 저지라는 힘겨운 투쟁을 벌여야 했다. 이 과정에서 1995년 노병남 씨는 김용국·김현수 씨 등과 구속돼 1년 6개월 실형에 집행유예 2년을 선고받고 4개월 만에 석방되었다. 결국 1996년 10월 19일 영광 3·4호기 준공식과 5·6호기 기공식이 열리고 2002년 영광 5·6호기가 상업 운전을 시작한다.

그때 충격으로 어머니가 심장질환을 얻어 지금까지 고생하세요. 그래도 어쩌겠소. 알아 버렸으니 끝까지 해야제.

서울 사람들은 안 무섭소?

2019년 5월 10일 영광 한빛 1호기에서 열출력 급증사고가 난다. 핵발전은 핵분열 에너지로 물을 끓여 전기를 만드는데 핵분열을 적절히 제어 못 하면 후쿠시마 핵발전소처럼 폭발하고 만다. 제어봉은 '핵발전의 브레이크'에 해당하는데 핵연료를 분열시키는 중성자를 적절히 흡수하면서 출력을 조절하는 기능을 한다.

한빛 핵발전소 주 제어실에서 제어봉을 제어하는 실험을 하다 담당자가 인출 값 계산을 잘못해서 열출력이 급상승했어요. 원자로 상황에 따라 제어봉을 얼마나 노심에 넣고 빼느냐가 관건인데 그 계산을 잘못한 것도 문제이지만 제어봉 자체가 고착돼서 움직이지 않았어요. 운전미숙에 브레이크까지 고장 난 상황인데 당시 운전미숙으로만 몰아가면서 핵발전소 자체 결함을 덮기에 급급했죠. 제어봉 조작자가 무자격자라는 점도 한수원의 도덕적 해이를 보여주는 사건이에요.

1986년 (구)소련이었던 우크라이나에서 발생한 체르노빌 핵발전소 참사 역시 터빈 출력시험 중 제어봉을 조작해 무리하게 출력을 올리려다 짧은 시간에 원자로가 폭주하면서 발생했다. 게다가 사고 이후 12시간 이후에나 원자로를 정지시켜 규제기관인 원안위의 늑장 대처가 더 큰 문제라는 질책을 받았었다.

영광에서 핵사고가 일어나면 우리나라 특성상 서쪽에서 동쪽으로 편서풍이 불어 방사능 낙진이 전국에 다 퍼질 수밖에 없다. 전라도 광활한 곡창 지대가 방사능으로 오염되는 것은 물론이고, 수출로 먹고사는 대한민국 제품을 해외에서 더는 구매하지 않아 경제에도 빨간불이 켜질 것이다. 대한민국 미래가 암울해진다는 이야기다.

사건 직후 한수원은 한빛 1호기를 무기한 정지한다고 했다가 석 달 뒤 'CCTV를 많이 설치해 관리 감독을 제대로 하겠다'라며 재가동을 발표했다. 근본적인 원인의 해결보다 마치 감시를 제대로 하지 않아 사고가 난 것으로 몰아간 것이다. 핵발전소 중앙제어실은 기본적으로 자동화 시스템이다. 근무자들은 대부분 자동으로 운전되는 시스템의 온갖 계측기만 감시한다. CCTV 설치가 답이 아니라는 말이다. 노병남 씨가 이해할 수 없다는 표정으로 묻는다.

서울 사람들은 안 무섭소? 영광에서 핵발전소 사고 나면 영광사람들만 죽지 않아요.

핵사고 종합세트 한빛 핵발전소

노병남 회장은 "한빛 1·2호기 수명연장은 말도 안 되는 일"이라고 잘라 말한다.

2014년 원안위가 고리 4호기 원자로 용기 용접부를 검사하는 과정에서 용접부 17개 부분 중 2개 부분의 위치가 잘못 선정된 것을 확인했어요. 그래서 20기 핵발전소를 대상으로 확대 조사했더니 한빛 4호기에서도 같은 오류가 발견된 거예요. 용접 부위가 아닌 엉뚱한 곳을 20년 동안 검사해온 거예요. 가슴을 검사해야 하는데 20년 동안 머리만 검사했다면 사망 아닙니까?

한빛 1·2호기와 고리 3·4호기 원자로 용기는 모두 미국 CE 사에서 비슷한 시기에 제작되었지만, 용접 부위가 각각 다르다는 사실 자체를 한수원이 몰랐다는 것이다. 고리 3호기와 한빛 1호기 용접 부위를 기준으로 검사했으니, 고리 4호기와 한빛 2호기는 엉뚱한 곳을 검사해왔다는 것이다. "20년 동안 데이터가 잘못됐거나 없는데 어떤 근거로 수명연장을 하겠냐"라는 주장이다.

그리고 해양생태계 복원에 대한 계획이 있어야 해요. 영광처럼 수심이 얕고, 조수간만의 차이가 심한 해안지역에 세워진 핵발전소는 거의 없어요. 구글 자료를 돌려보면 한빛 핵발전소에서 원자로를 식히고 버리는 열폐수가 바다로 퍼지는 모습이 보여요. 이 열폐수를 바다 멀리 보낸다고 방조제를 설치했는데 의미 없어요. 방조제도 제거하고 폐로 이후 '해양생태계를 어떻게 복원할지'에 대한 방안을 내야 해요.

얼마 전 영광군수 만나고 나오는 산자부 직원을 만나서 "영광에 추가 핵시설은 있을 수 없다"라고 하니 산자부 직원들은 임시 건식저장고는 '사용후 핵연료봉'을 이동하는 것이라 추가시설이 아니다'라고 했단다.

임시저장고 새로 지을 것 아니요. 그게 추가시설이지, 뭐요? 정부나 한수원은 핵발전소 지역에 추가건설을 하지 않겠다고 누누이 약속했어요. 임시저장고도 엄연한 추가 핵시설이에요.

1~6호기까지 한빛 핵발전소는 핵사고 종합세트이다. 2024년 한국의 25기 핵발전소 또한 사정이 다르지 않다. 이토록 위험천만한 핵발전을 계속해야만 하는 걸까? 2010년을 지나면서 글로벌 에너지 시장에서 핵발전은 재생에너지보다 비싼 에너지가 되었다. 갈수록 안전 규제도 강화되어 비용은 올라갈 것이고 기후 위기로 인한 태풍, 홍수 등 자연재해 앞에 가장 취약한 에너지가 핵발전소이다.

한빛 5·6호기도 원자로 헤드관 부정 용접으로 1년 이상 서 있다가 5호기는 2020년 10월에 재가동했어요. 한수원은 6호기가 1년 늦게 운전을 시작했으니 균열 정도가 5호기보다 덜 하다는 핑계를 대더니 2021년 2월, 헤드관 균열 보수를 하지 않고 2025년에 아예 원자로 헤드를 교체하기로 했다고 발표했어요. 그렇게 되면 한빛 6호기 헤드 교체 때까지 정기적인 정비 기간을 제외하면 3년 이상 원자로 '헤드 관통관'을 균열된 상태로 돌리겠다는 거예요.

지난 2020년 4~6월 진행된 한빛 5호기 정기 검사 때 원자로 '헤드 관통관' 84개 용접을 진행하던 중 시공 과정에서 69번 관통관 용접에 부식에 강한 니켈 특수합금 제품인 'Alloy(알로이) 690' 재질이 아닌 스테인리스를 사용한 것이 적발돼 지역 원안위가 작업 중지와 전수 조사를 지시했었다. 조사 결과 부실 용접뿐만 아니라 무자격자가 용접을 진행했고 잘못된 용접 방법 등이 추가로 밝혀져, 2023

년 2월 원안위는 원자력안전법 26조 위반을 들어 한수원에 과징금 18억 원을 부과하기도 했다.

총체적 난국이에요. 2019년 한빛 5호기 가동 중 주 변압기에서 이상 신호가 발생해 가동이 정지됐고, 2020년 10월 26일에는 180일의 정기 점검을 마치고 가동한 지 20일 만에 새로 바꾼 증기발생기 고수위로 인해 원자로가 정지되는 사고가 발생하기도 했어요. 신호계측기와 냉각수 문제까지, 다 거론하기도 어렵네요.

1986년 상업 운전을 시작한 후 한빛 핵발전소에서 일어난 크고 작은 사고가 2023년 5월 기준 178건이다. 연평균 5건의 사건·사고가 발생한다는 이야기다. 핵발전소는 노후화되고, 밀집되어 있으면 사고 확률이 더 높아진다. 한국 사회 핵사고 위험도가 더 높아진다는 이야기다.

핵발전소에 고양이가 산다는 것은?

노병남 씨는 '한빛원전민간환경안전감시기구' 위원이다. 얼마 전 회의에 참석한 한빛원자력본부장에게 "핵발전소 안에 고양이가 돌아다녀요?"라며 다소 엉뚱해 보이는 질문을 했다. 본부장도 황당한

지 생전 처음 받는 질문이라며 눈만 껌벅였단다.

질문의 핵심은 고양이가 아니에요. 고양이가 핵발전소에 돌아다닌다는 것은 먹을 것이 있다는 것 아니겠어요? 고양이 먹이가 될만한 새나 쥐가 있을 것이고, 동물이나 곤충들이 핵발전소에 산다는 것은 전선이나 기계의 결함을 일으킬 수 있는 원인이 될 수 있는 거예요. 전선을 제작할 때 살충 성분들을 넣어서 피복하긴 하지만 기계가 오래되면 어떤 상황이 될지 모르잖아요. 그런데 이런 질문도 처음 받아보고, 생각조차 해 보지 않았다는 것이 더 큰 일이에요.

노병남 씨는 "음식이 발전소 내로 들어가는지?"도 질문했단다.

배달 도시락 같은 음식이 발전소 내에 들어간다는 것은 관리상태에 따라 벌레가 꼬일 수도 있다는 거잖아요. 작업자들의 간식도 문제가 될 수도 있고요. 또 화분 같은 식물들을 어떻게 관리하는지도 중요하다고 봐요. 축하화분이 들어갈 수도 있고 작업자들이 사무공간에서 식물을 키울 수도 있잖아요. 식물 재배 과정에서 곤충이나 벌레가 생기고 2차적으로 그걸 먹이로 삼은 또 다른 곤충이 날아다니다가 기계적 결함을 일으킬 수 있는 소지도 있어서 저는 그게 걱정이 되는데 답을 안 해주네요. 다음 회의 때 고양이와 음식, 식물 재배 문제는 본부장에게 다시 물어봐서 답을 들을 예정이에요.

종사자들의 안정적인 노동권은 핵발전소 안전의 핵심

핵발전소 안전의 핵심 중의 핵심은 종사자들의 고용 문제예요. 핵발전소 건설 당시 지역 사람들에게 양질의 일자리를 제공하겠다고 선전했어요. 그런데 지금의 일자리는 양질하고 거리가 멀죠. 원청·하청 문제가 핵발전소에도 그대로 적용돼요. 핵발전소 대부분의 일을 협력업체에 하청주고 있어요. 원청과 하청업체 노무비는 절반도 안 돼요. 태안화력발전소 고 김용균 씨도 원청에서 책정된 노무비가 520만 원이었어요. 그런데 김용균 씨가 받은 금액은 220만 원밖에 안 됐어요. 협력업체 하청노동자들은 위험을 감수하고 핵발전소에서 일하는데 임금 착취인 거죠. 고용이 불안하니 노동의 질도 떨어질 수밖에 없어요. 불합리한 임금체계와 고용 불안정은 핵발전소 위험을 가중시키는 주요 요인이에요. 아무리 기계화되었다 하더라도 핵심적인 일은 사람이 하잖아요.

한빛 핵발전소 앞에선 고용불안을 호소하는 비정규직들의 집회가 장기간 열리기도 했다. '핵발전소 폐쇄'를 주장하는 사람들과 핵발전소에서 '안정적으로 일할 권리'를 요구하는 노동자 간의 연대가 필요한 대목이다.

노병남 씨는 작업자들에 대한 소양 교육과 정기적인 정신건강 체크도 중요하다고 강조한다. 2018년 7월 15일 자 〈대경일보〉 '한수원 직원 도덕적 해이 심각'이라는 보도에 따르면, 2011년 1월부터

2016년 12월까지 혈중알코올농도 0.05% 이상으로 경찰에 적발된 21명을 대상으로 발전소 운전업무 종사 여부에 대한 감사원 감사 결과 3명이 짧게는 11분에서 8시간 이내에 발전소에 출근해 업무에 투입된 것으로 밝혀졌다.

경찰청 음주단속에 적발된 40명 가운데 정비원 3명이 음주 상태에서 발전소 정비업무에 종사한 것으로 드러났고, 세 사람 모두 한수원 음주 측정 등 통제를 거치지 않았다.

2018년 5월 직원 숙소 내에 주류를 버젓이 반입하다 적발되는 사례도 있었다. 적발 당사자는 이전에도 음주운전과 무단 주류 반입으로 적발돼 징계받은 전력이 있었다. 2012년 9월 고리 핵발전소 소속 소방대원 2명이 마약 투약 혐의로 구속되기도 했다.

정부는 핵발전소 종사자에 대한 마약 검사를 해야해요. 우리 사회에 마약이 만연하다고 하는데, 안전이 목숨보다 중요한 핵발전소 시설 종사자들의 정신건강은 나라의 명운을 걸 만큼 중요한 일이라고 생각해요. 마약 검사뿐 아니라 정기적인 정신건강 검사와 관리가 필요합니다.

제보자 보호하는 시스템 갖춰야

지금까지 밝혀진 핵발전소 사건·사고들은 거의 제보에 의한 것이었다. 제보와 제보자들을 관리하고 보호할 수 있는 시스템이 필요하다. 2022년 4월 11일, 광주·전남 탈핵단체 회원들이 영광군청 앞에서 기자회견을 열어 한빛 핵발전소의 수소제거기 안전성 검토를 촉구한 것도 2021년 7월 운영 허가가 난 신한울 1호기 가동을 앞두고 한두 차례 실험에서 화염과 화재가 발생한 사실이 원안위 내부 공익제보자에 의해 알려지면서 가능했다.

> 한빛 5·6호기 헤드 관통로 용접문제도 내부 공익제보자에 의한 거였어요. 보도가 나기 전에 한빛 원자력 본부장에게 회의 때 물어봤어요. 한빛 5호기 문제없냐고. 본부장이 아무 문제 없다고 하데요. 회의 마치고 그날 바로 보도가 났었죠.

제보를 거르는 작업도 필요하고 공익제보자 보호와 지원도 시스템화되어야 한다.

윤석열 정부의 핵진흥 정책에 기반한 고준위핵폐기물 임시건식 저장시설 건설과 한빛 노후 핵발전소 수명연장 문제로 영광을 비롯한 핵발전소 지역들이 들썩인다. 영광 탈핵운동 핵심 주체였던 천주교 영광성당도 최근 조직을 재정비하고 연대활동에 활동가들을 참여시키기로 했다.

지난 2012년 11월 26일 핵발전소 짝퉁 부품과 비리로 핵발전소 위험이 가중되자 매주 월요일 '생명·평화·탈핵 순례'를 12년째 이어온 원불교 영광교구도 조직을 추스르고 있다. 천년고찰 불갑사도 영광 탈핵연대 활동에 참여하고 있다. 농민회는 노병남 회장을 중심으로 지역 현안에 적극 참여하기로 결의한 바 있다.

영광공동행동은 한빛 핵발전소에 사고가 있을 때마다 원자력안전성검증단(2013~2015년)과 민관합동조사단 활동(2017~2019)에 참여하면서 탈핵운동의 전문성을 더해왔다.

탈핵으로 정치지형을 바꿔야 해요

30년 베테랑 탈핵운동가 노병남 씨에게 "40년 넘게 정치적으로나 경제적으로 얽혀 있는 지역 탈핵운동의 돌파구가 무엇인지"라고 물었다.

정치지형을 바꿔야 해요. 지역 유지와 기존 정치인들은 이미 핵발전소와 어떤 식으로든 얽혀 있어요. 탈핵 입장이 명확한 정치세력을 만들고 지원하며 지형을 바꿔 지지부진하게 끌려가지 않고 주도해야죠.

30년 전 청년이었던 이하영, 주경채, 노병남, 김용국, 이석하 씨 등도 이제 육십이고 오십 줄이다. 지방해체, 지역소멸로 젊은이들의 유입이 어렵다 보니 여전히 이들은 영광 탈핵운동의 핵심 동력이다. 그리고 여전히 열정적으로 활동하는 청년들이다.

우린 영광에서 평생 농사짓고 아이들 키우고 살아갈 사람들이에요. 물러설 곳도 뺏길 것도 없으니 무서운 것도 없어요. 핵발전소 없는 영광을 위해 열심히 싸울 테니 너무 걱정 마씨요.

노병남 _____ 싸놓은 똥은 치워야지 않것소?

'삼척평화'의
탈탈탈 분투기

삼척핵발전소반대투쟁위원회 홍보실장 **이옥분**

카메라 하나에 의지해 탈핵운동에 뛰어든 삼척평화 이옥분 씨.
후쿠시마 사고 이후 삼척 바다만 보면 후쿠시마 사람들 생각에 가슴이 아팠던 그는
탈핵, 탈송전탑을 거쳐 삼척 탈석탄운동까지 '탈탈탈' 현장을 기록하고 알린다.

탄소 중립 시대에 석탄발전소 추가 건설이라니

삼척블루파워 석탄화력발전소(아래 삼척블루파워) 시험 운전을 위한 석탄 육로 운송이 시작된 2023년 7월 18일 '삼척평화' 이옥분 씨는 자신의 SNS에 속울음을 삼키며 이렇게 썼다.

"삼척블루파워 석탄발전소 석탄 운송 시작한 오늘 우울하고 화가 치밉니다"

'2050 탄소 중립'이 기업 광고에까지 쓰이는 마당에 '신규 석탄발전소 건설과 석탄 육로 운송'이 가당키나 한 일일까? 그러나 삼척시 적노동에서는 114만㎡ 부지에 삼척화력 1·2호기(각 1,050㎿급, 총 2,100㎿) 석탄발전소가 완공되어 1호기는 지난 2024년 5월 상업발전을 시작했고, 2호기는 올해 연말 상업발전을 목표로 하고 있다.

유엔 IPCC(기후변화에관한정부간협의체)는 6차 평가보고서에서 지구 평균 기온 상승을 1.5℃ 이내로 지키기 위해 인류가 쓸 수 있는 탄소량은 5천억 톤밖에 남아 있지 않다고 경고하며, 2030년까지 온실가스 50% 감축을 주문하고 있다. "모든 사람이 살기 좋고 지속가능한 미래를 확보할 수 있는 시간의 창은 빠르게 닫히고 있다. 이번 10년 동안 내려진 결정과 취한 조치는 수천 년 동안 영향을 미칠 것이다"라는 것이 이번 6차 평가보고서 핵심이다.

삼척블루파워는 '빠르게 닫히는 창'을 재촉하고 있다. 곱고 부드러운 백사장이 10리에 걸쳐 있어 이름 붙은 '명사십리' 강원도 삼척 맹방해변 또한 사라지고 있다. 2021년 환경부 사후 환경조사 결과에 따르면, 2020년 9월 맹방해변 면적은 2005년 이래 최저 수준이었다. 기후변화 등으로 해안 침식이 진행되는 가운데 삼척블루파워 항만 건설이 더해지며 가속화됐다. 조사 결과, 2018년 삼척 화력 1·2호기 건설과 함께 시작된 석탄 운반용 대규모 항만하역 시설 공사가 원인으로 꼽혔다.

삼척블루파워는 애초 연료로 쓰이는 유연탄을 맹방 항만에 하역한 뒤 바로 석탄 운송 터널을 통해 발전소로 이송할 계획이었으나, 지난 2020년 공사로 인한 침식 저감 시설 미흡으로 항만 공사 중지 명령을 받았다. 이후 8개월 동안 공사가 중단되면서 항만 공사 일정에 차질을 빚자 2023년 7월 18일, 석탄 88.6만 톤을 육로로 운송하기 시작했다. 석탄을 실은 25톤 트럭이 하루 480회, 22시간 동안 동해시와 삼척시 시민들의 주거지를 가로지르며 1년여 동안 달린다. 이로 인해 트럭의 매연과 소음, 석탄 먼지 등이 근처 맹방 초등학교, 근덕중학교 등으로 넘어와 학생들 안전까지 위협한다.

1인당 탄소배출 4위에 빛나는 '기후 악당' 국가

2023년 6월 23일과 24일, 양일간 동해시에 거주하는 주민 500명을 대상으로 '석탄 육상운송 추진' 관련 여론조사를 진행한 결과 석탄 육상운송 추진에 반대한다는 답변이 84.7%, 석탄 육상운송으로 인한 동해 시민 건강 및 경제 영향에 피해가 있다는 답변이 90.7%에 달했다. 동해시, 삼척시 대다수 주민이 반대하는데도 삼척블루파워는 이윤을 위해 석탄 육로 운송을 택했다. BTS(방탄소년단) 노래 '버터'의 뮤직비디오 배경이기도 했던 맹방해변 풍광을 해치며 기세등등 올라간 석탄발전소 굴뚝에서 7월 21일 검은 연기가 피어올랐다. 삼척블루파워 시험 운전이 시작된 것이다.

석탄발전소 굴뚝은 삼척 시내에서 한눈에 보인다. 강원도에는 삼척 화력 1·2호기뿐 아니라 강릉 안인 화력 1·2호기가 2022~2023년 신규 건설되어 상업발전 중이다. 삼척 석탄화력발전소까지 완공되면 강원도에만 석탄화력발전소가 7기로 늘어난다. 산업통상자원부에 제출된 환경영향평가서에 따르면 이들 화력발전소 총 7기에서 나오는 온실가스 배출량은 2024년부터 2050년까지 5,018만 톤에 이를 것으로 추정된다. 이미 1인당 탄소배출 4위로 국제사회에서 '기후 악당'으로 불리는 대한민국 '악당 국가' 위상은 더욱 공고해지고 있다.

2013년 7월 발전사업을 허가받고 추진된 삼척 석탄화력발전소를 지역주민의 반대에도 불구하고 강행하는 삼척블루파워 측이 내세운 이유는 '지역경제 활성화'였다. ESG(환경·사회·지배구조)가 강조되고 석탄발전업에 대한 투자 회피 현상이 뚜렷해지는데, 여전히 석탄발전소가 '지역경제'를 '활성화'할 것이라는 쌍팔년도식 경제 인식은 어디에서 기인한 것일까? 실제로 삼척블루파워는 2,250억 원의 자금을 조달하기 위해 진행한 회사채 수요예측에서 총 80억 원 주문을 받는 데 그쳐 2,170억 원 미달이 발생했었다. 게다가 상업발전이 늦춰지면 이익이 줄어드니 어떻게든 공사 기간을 맞춰야 했고 그 무리수가 '석탄 육로 수송'이다. 비록 석탄 육로 수송을 눈앞에서 지켜봐야 했지만, 삼척석탄화력반대투쟁위원회(아래 석탄반투위) 주민들과 이옥분 씨는 분루를 삼키며 "끝까지 싸워 반드시 막아낼 겁니다"라고 다짐한다.

삼척시민들이 누구던가? 1980년대부터 핵발전소, 핵폐기장을 세 번이나 막아낸 탈핵 운동의 전설이 아닌가? 카메라 하나 달랑 들고, '삼척 핵발전소 반대 투쟁'을 기록하고 '삼척평화' 페이스북 계정을 통해 삼척시민의 투쟁을 알려온 이옥분 씨 다짐이 허투루 들리지 않는 이유다.

페이스북에 하나 더 만든 '삼척평화' 계정

열차 타고 동해역에서 내려 삼척 오는 버스 타고 삼척우체국 앞에서 내리면 돼요. 참! 왼편에 앉아서 정동진 바다를 보면서 오다 보면 묵호역 지나 다음이 동해역이에요.

전화기 너머 들려오는 이옥분 씨 목소리에 작고 예쁜 바다가 펼쳐진다. 바다를 품은 이옥분 씨 집은 늘 그리움의 대상이었다. 어느 해던가. 추위가 가시지 않은 이른 봄, 훌쩍 서울을 떠나 도착한 그의 집에서 한없이 바다를 바라보며 파도 소리를 들었다. '바다멍'이었다. 이옥분 씨가 해주는 밥이며, 안주에 막걸리를 홀짝거리며 온몸과 마음을 녹여냈던 기억은 수년이 지나도 어제 일처럼 떠오른다. 바닷가 이옥분 씨 집은 수없이 오갔을 탈핵하는 사람들의 쉼표이고 상징이다.

2011년 3월 후쿠시마 핵발전소 사고 이후 마을 바닷가에서 아이들이 놀고 있으면 후쿠시마 바다가 생각나서 미치겠더라고요.

이옥분 씨는 핵발전소 반대 운동에 참여하면서 삼척 상황을 어떻게 알려야 할까 고민하느라 잠이 오지 않았다. 핵발전소가 들어오면 일자리가 생긴다는 말이 거짓이란 것을 삼척 젊은이들에게 하루라도 빨리 알리고 싶었다. 불면의 밤을 뒤척이다 새벽 3시쯤 이제 막 시작한 SNS 페이스북이 떠오른 이옥분 씨는 당장 '삼척평화' 계정을 하나 더 만들었다.

핵발전소로 삼척의 평화가 깨지고 있으니 다시 평화가 찾아올 때까지 투쟁하겠다는 의지를 담았죠.

이옥분 ＿＿＿＿＿＿＿＿＿＿＿＿＿＿＿＿＿ '삼척평화'의 탈탈탈 분투기

2019년 삼척 핵발전소 백지화로 세 번째 승리를 일군 삼척핵발전소반대투쟁위원회(아래 핵반투위) 사람들은 또다시 피켓과 깃발을 챙겨 석탄발전소 반대 운동을 이어간다. 핵시설을 막아 낸 힘을 다시 그러모아 석탄화력발전소를 막기 위한 조직을 어렵사리 꾸려야 하는 상황에서 이옥분 씨는 2021년 초 큰 수술까지 받았다. 병원에 입원해서도 온통 신경은 '삼척 석탄화력발전소 반대' 운동에 가 있었다.

하루는 담당 의사를 산책길에서 우연히 만나 이때다 싶어 페이스북 '삼척 평화' 계정을 알려주며 탈핵과 탈석탄 운동을 하고 있다고 말했죠. 한 사람이라도 더 알았으면 하는 마음이었어요.

다음날 회진 온 담당 의사는 "이옥분 씨가 우리 사회를 위해 애쓰는 동안 나는 병원에서 일만 했으니 이옥분 씨가 잘 치료될 수 있도록 최선을 다해야겠다"라고 말했단다. 누구든, 어디에서든 탈핵과 탈석탄에 대해 이해시키는 친화력과 대중성은 이옥분 씨가 지닌 힘의 원천이다. 정동진 바다를 보고 동해역에 내려 21-1번 버스를 타고 삼척우체국 앞에서 5년 만에 이옥분 씨를 만났다. 병고를 치른 터라 걱정했는데 여전히 씩씩하고 살가웠다.
삼척은 1982년 전두환 정권에 의해 핵발전소 예정 구역으로 지정되었다. 1991년 핵발전소 예정지였던 근덕면에 핵발전소를 건설하겠다고 정부가 일방적으로 발표하자 아기와 병석에 누운 노인들만 빼고 수천 명이 거리로 나와 7년 동안 끈질긴 투쟁을 이어갔다.

원전 백지화 기념탑

결국 김대중 정부는 1998년 12월 30일 '삼척 핵발전소 예정 구역 고시 해제'를 발표했다. 삼척 반핵 운동사 첫 번째 승리로 기록되었다. 그 당시 조성한 근덕면 덕산리 8.29 기념공원에는 우람한 '원전 백지화 기념탑'이 삼척 반핵운동 역사를 증명하고 있다.

2005년 핵반투위는 핵폐기장 후보지로 삼척이 오르내리자 시의회를 압박하여 유치동의안을 부결시킨다. 두 번째 승리였다. '핵발전소 말고 대안 에너지가 있다'라며 그래프와 근거를 들어 설명해도 도통 들으려고 하지 않고 빨갱이로 몰아가는 사람들에게 핵발전은 보릿고개를 넘어서게 한 경제개발과 성장 신화의 심장과 같다. 40여 년간 '깨끗하고 청정한 값싼 에너지'라는 전방위적인 홍보가 국민을 가스라이팅 한 탓에 '핵발전소 없으면 당장이라도 호롱불을 켜야 한다'라고 믿는 사람들 목소리가 잦아들지 않는데 정치적으로 보수색 짙은 강원도 삼척은 어떻게 반핵운동 성지가 되었을까?

핵발전소가 좋지 않다는 것은 누구나 알고 있잖아요. 상식이니까 가능한

일 아니었을까요? 후쿠시마도 겪었고요.

명쾌하고도 쉬운 답을 찾기까지 우린 너무나 오랜 세월을 보내고 있다.

12개월 할부로 산 삼성 디지털카메라

삼척 핵발전소를 유치하겠다고 신청한 김대수 삼척시장에게 핵발전소 유치에 대한 찬반을 묻는 주민투표를 지속적으로 요구했으나, 계속 묵살 당한 핵반투위는 2012년 6월 삼척우체국 앞에서 기자회견을 열고 삼척시장 주민소환운동 돌입을 선포했다.

1, 2차 삼척 핵반대 투쟁을 저는 잘 몰랐어요. 어촌 마을에서 아이들 키우고 사느라 세상이 어찌 돌아가는지 몰랐죠. 그러다가 이명박 대통령 시절인 2010년 김대수 시장이 주민동의 없이 핵발전소 유치신청을 하면서 '큰일 났구나' 싶었죠. 다음 해 2011년 후쿠시마 핵발전소 사고가 났어요.

며칠간 잠을 이루지 못할 정도로 걱정에 싸인 이옥분 씨는 삼척 도계성당 주임신부인 박홍표 신부가 핵반투위 사무실에서 탈핵 미사를 한다는 소식을 듣고 미사에 참례한다. 두 번째 탈핵 미사에 참여한 것이 2024년 오늘 삼척평화 이옥분을 여전히 현장에 있게 했다.

삼척우체국 앞에서 삼척시장 주민소환운동 기자회견을 한다는 거예요. 기자회견을 가긴 가야겠는데 용기는 안 나더라고요.

집에만 있기가 어려워진 이옥분 씨는 멀찍이 떨어져 기자회견을 지켜보다가 주머니에서 딸이 사용하던 소형 똑딱이 카메라를 꺼내 셔터를 눌렀다. 삼척평화의 '반핵-탈핵운동' 기록과 홍보의 시작이었다.

그 당시 참 어렵게 살았어요. 남편이 친구들과 하던 공동어장 사업도 잘 안 되고 살림이 곤란했는데, 디지털카메라를 꼭 사야겠더라고요. 삼척 시내에서 가장 큰 마트에 가서 진열된 카메라를 보는데 캐논과 삼성 카메라가 있었어요. 직원이 캐논 렌즈가 좋다고 권하는데 저는 삼성 카메라를 선택했어요. 신규핵발전소 건설에 삼성중공업이 참여한다고 들었거든요. 오기가 났죠. 삼성 카메라로 반드시 핵마피아를 이겨내야겠다는 다짐이기도 했어요. 카메라 사용법과 인터넷을 알긴 뭘 알아요. 하나도 몰랐죠.

새 디지털카메라를 손에 쥔 이옥분 씨는 삼척우체국에서 실시한 인터넷 교육 일주일을 수강하고 온라인 홍보 실전에 들어갔다. 카메라를 든 덕에 핵발전소 유치 찬성 주민들과 경찰, 관공서 등의 표적이 되었다. 유치위 활동하는 '깡패'들이 욕하며 겁을 줬지만, 이옥분 씨는 "당신 아이와 우리 아이가 같은 학교 친구일 수도 있어요. 당신 아이가 핵발전소 막아낼 때 아빠는 뭐 했냐고 물으면 정정당당히 답할 수 있어요?"라며 눈을 똑바로 바라봤더니 슬그머니 내빼더란다.

우리 집이 삼척 시내에서 25km 정도 떨어져 있어요. 매주 수요일 탈핵 미사와 촛불집회까지 참석한 뒤 버스 타고 마을 앞에 내리면 웬 차가 슬쩍 돌아서 나가곤 했어요. 감시받는다고 생각했죠.

2012년 10월 31일 김대수 삼척시장 주민소환 투표는 투표율 25.9%로 3분의 1을 넘지 못해 실패했지만 2년 후 2014년 김양호 탈핵 시장을 선출하는 데 자양분이 되었다. 삼척 탈핵운동의 상징인 삼척우체국 앞에서는 매일 오후 4시부터 탈탈탈(탈핵·탈석탄·탈송전탑) 도보순례를 진행하고, 5시부터 우체국 앞에서 피케팅을 한다.
'탈핵 희망 국토 도보순례'가 탈석탄과 탈송전탑까지 담아내며 그릇을 키웠다. 배낭에 '탈탈탈' 깃발을 꽂고 삼척우체국에서 시청을 돌아 다시 원점으로 돌아오는 '탈탈탈' 순례단에게 우린 너무 무거운 짐을 지운 건 아닐까?
매주 수요일 골롬반 선교회와 가톨릭기후행동, 생태환경에 관심 있는 원주교구 신부님들이 주관하는 천주교 미사는 신자인 이옥분 씨와 성원기 교수에게 큰 힘이 된다. 이옥분 씨가 골롬반선교회에서 영세를 받았으니 예견된 인연인 듯하다. 2013년부터 2019년까지 여름·겨울 방학이면 '핵발전소 반대' 깃발을 배낭에 꽂고 전국 핵발전소 지역을 순례했던 성원기 교수는 재직 중이던 강원대학교를 퇴임하자마자 삼척석탄발전소 반대 투쟁위원회 공동대표를 맡아 '탈석탄 삼척'을 위해 고군분투 중이다. 성원기 교수의 선창에 따라 세 차례나 핵발전소를 막아내는 데 앞장선 전설의 김옥선 전 삼척여고 총동문회장과 삼척 주민들이 두 주먹 불끈 쥐고 외친다.

포스코는 삼척블루파워 석탄발전소 건설을 중단하라!
포스코는 석탄 육로 운송을 당장 중단하라!

탈핵 희망 국토 도보순례

안식년 동안 산티아고 등 성지를 순례하고 우연히 반핵 집회에 참석한 성원기 교수가 2013년 6월 '탈핵희망 국토 도보순례(아래 탈핵순례단)'를 시작한다. 성지 순례자에서 탈핵 순례자로 변신하는 데 1년이 채 걸리지 않았다.

성원기 교수가 부산 고리에서 시작해 삼척까지 탈핵 도보순례를 한다는 소리에 반갑고 설레서 가슴이 뛰는 거예요. 따라나설 수는 없으니 전화로 어디냐고 물었어요. 부산 고리에서 출발해서 걷고 있다고 해서 이 길은 성 교수 개인의 길이 아니니 가는 길목마다 사진과 영상을 찍어서 나에게 보내 달라고 했어요.

성 교수가 보낸 사진과 영상은 '삼척평화' 페이스북을 타고 전국으로 알려지기 시작했다. 며칠 후 경주 동국대 의과대학 김익중 교수가 삼척평화 페이스북에 올라온 사진을 보고 이옥분 씨에게 연락해왔다. 김익중 교수는 2011년 3월 후쿠시마 핵발전소 사고를 보고 충격받아 본격적인 탈핵 운동을 시작한 즈음이었다. 김익중 교수는 시민들의 모금으로 방사능 측정기를 사서 일본산 수산물에 대한 위험을 알리고 있었다.

어디로 가면 탈핵순례단에 합류할 수 있느냐고 물어서 장소와 연락처를 알려줬어요. 몇 날 며칠을 두 사람이 함께 걸으며 핵발전소 폐쇄 의지를 다진 것 같아요.

성 교수에게 전송받은 사진으로 탈핵순례단이 어디를 지났고, 누가 합류했고, 어디로 향하는지를 홍보하던 이옥분 씨는 5일 후 탈핵순례단에 참가한다.

함께 걸으니 탈핵순례단 활동사진과 영상은 풍성해졌고 일거수일
투족이 세상에 전달되었다. 삼척에 들어와서 근덕면까지 마지막 코
스를 걷는데 경찰이 따라붙길래 "제 덕에 힘 안 들이고 정보를 얻을
수 있었죠?"라고 물으니 "네, 덕분에 저희가 편하게 일할 수 있었
다"라며 웃었단다. 하루 네다섯 번의 포스팅을 올리고 나면 순례단
이 후미진 곳을 걸을 때도 경찰차가 나타나곤 했다. '탈핵희망 국토
도보순례'는 2013년 여름부터 2019년 8월까지 매년 여름과 겨울
한 달여 동안 진행되었고 탈핵을 가슴에 품은 사람들이 그 길에 함
께했다.

2017년 6월 문재인 정부의 탈핵 선언 2년 후인 2019년 6월 5일
산업통상자원부는 '삼척 핵발전소 예정구역 지정고시'를 철회했
다. 삼척 핵발전소 반대투쟁 세 번째 승리의 마침표였다.

'탈핵희망 국토도보순례'는 삼척 핵발전소가 백지화된 2019년 여
름 순례를 마치고 8월 24일 공식 마무리했다.

그 중심에 성원기 교수가 있었고 '삼척평화 카메라'가 세상과 소통
을 틔웠다. 누군가는 길을 내고, 누군가는 그 길을 넓혀내고, 하루
라도 그 길을 걷기 위해 모인 사람들의 배낭에는 '탈핵 희망 깃발'이
펄럭이며 번져나갔다. 저절로 이뤄지는 역사는 없다. 절실함이 만
들어 낸 값진 승리다.

탈핵 운동가들을 가장 힘들게 하는 것은 민-민 갈등이다. 한수원과
정부는 '핵발전소유치위원회(아래 유치위)'에는 지원을 아끼지 않

으며 민-민 갈등을 조장한다. 삼척은 지역 깡패들까지 엮이면서 핵발전소 반대하는 주민들을 압박했다.

"이 주민설명회는 무효입니다"

시장에서 장사하던 시민에게 탈핵미사, 촛불집회에 가지 말라며 협박하고, 치킨집 하는 사람에게도 찾아가서 장사 그만하고 싶냐고 행패를 부리는 정치 깡패들이 설치고 다녔어요. 삼척에서 가장 큰 문방구 하는 사람이 반대 투쟁에 함께하니 공무원들이 거래를 딱 끊으면서 압박하더라고요. 문방구 사장님은 처음엔 후원만 했는데 열 받아서 집회도 나오고 끝까지 함께했어요.

후쿠시마 사고 이후 '주민 수용성'이 강조되면서 주민설명회는 반드시 거쳐야 하는 주요 일정이었다. 그러나 주민설명회는 내용과 상관없이 개최 여부만으로 '주민 수용성' 가산점을 주는 요식행위였다. 핵반투위는 주민설명회를 반드시 무산시켜야만 했다.
2012년 4월 27일 근덕면복지회관에서 열릴 예정이던 주민설명회가 삼척 핵발전소반대투쟁위원회와 근덕면 원전백지화투쟁위원회 등 반대 단체 주민들의 봉쇄에 막혔다. 백여 명 주민이 서로의 몸을 끈으로 묶어 정문을 막아선 것이다. 찬·반 주민들의 밀고 밀리는 몸

싸움과 고성이 오가고 분위기가 험악해지면서 행사장에 들어가지 못한 당시 지식경제부(아래 지경부) 공무원과 한수원 관계자들은 이날 주민설명회 철회를 선언했다. 작은 승리 하나가 추가됐다. 그러나 5월 25일 한수원과 지경부는 삼척문화예술회관에서 기습적으로 주민설명회를 연다. 1차 '주민설명회 무산' 투쟁 때와 같이 반대 대책위 주민들이 몸에 끈을 묶어 정문을 막아섰다. 경찰도 깔렸고 유치 찬성 측은 젊은 여성들을 앞세워 반대편에서 피케팅을 했다.

반대 주민들이 정문을 막아섰는데 느낌이 이상하더라고요. 혼자서 카메라를 감추고 문화예술회관을 한 바퀴 돌아보는데 정문 옆 작은 문으로 찬성 측 주민들을 입장시키고 있었어요. 잠시 고민하다가 할머니 한 분 손을 잡고 들어갔어요. 할머니 말이 전날 7천 원짜리 식권을 나눠 줘서 뭔지도 모르고 밥 먹으러 왔다는 거예요. 핵반투위 사람들은 정문 앞에서 '으쌰으쌰' 하고 있는데 나는 행사장에 들어와 버린 거죠. 아침 8시 30분쯤 됐는데 이미 설명회가 시작됐어요.

한수원과 지경부는 예정 시각보다 빨리 시작해 속전속결로 주민설명회를 끝내버리려는 속셈이었다. 무대 위 한수원 발표자는 근덕면에 병원이 들어서고 청정에너지로 지역 경제가 발전한다는 청사진을 발표하면서 근덕면을 '원전 유토피아'로 그려내고 있었다. 기가 막혔지만 기둥 뒤에 몸을 감추고 카메라에 설명회장 풍경을 담았다. 주민설명회장을 채운 사람들은 핵발전소 예정지인 근덕면 주민들이 아닌 삼척 시내 사람들이 대부분이었다.

질문하라는데 한수원이 미리 나눠준 시나리오대로 질문하는 것 같았어요. 전기요금은 얼마나 감면해주냐? 지역경제 활성화 방안이 뭐냐? 등 제가 보기에는 짜고 치는 고스톱이었어요. 그렇게 몇 차례 질의응답이 오가더니 이제 질문 없으면 마치겠다고 하는 거예요.

이옥분 씨는 생각할 겨를도 없이 손을 번쩍 들었다.

아마 진행자는 나도 시나리오 중 한 사람이라고 생각했던 것 같아요. 이야기하라고 하더라고요.

마이크를 넘겨받은 이옥분 씨가 "이건 주민설명회가 아니다. 근덕면 주민들은 지금 바깥에서 반대하며 싸우고 있는데 이게 무슨 주민설명회냐. 이런 주민설명회는 무효다"라고 소리치자 여기저기에서 고성과 욕설이 터져 나왔다.

깍두기 머리를 한 찬성 측 대표가 대뜸 저년이 어떻게 들어왔어, 왜 못 막았어, 빨리 끌어내, 막 이러는 거예요. 여기저기서 마이크 빨리 뺏으라고 난리가 나고…. 결국 마이크를 뺏더니 사회자가 주민설명회가 끝났다고 선언해 버렸어요.

무대 아래쪽에 깍두기 머리를 한 사람들이 쫙 깔려있던 상황에서 극소심 형 이옥분 씨는 어떻게 용기를 내었을까?

'이 주민설명회는 무효입니다' 내가 이 말을 안 하면 안 될 것 같았어요. 끝나고 나오는데 그제야 두려움이 밀려오더라고요.

법륜 스님께 묻다

아이들이 중·고등학교 다니게 되면서 4년 정도 삼척 시내에 나와 살 때였다. 2012년 5월 정도 됐는데 한 차례 주민설명회를 무산시키고 언제 또 기습적으로 주민설명회를 할지 몰라 이옥분 씨는 늘 걱정이 많았다. 하루는 시장에 다녀오는데 우연히 벽보에 '법륜 스님의 희망찾기 즉문즉설' 광고가 붙어 있는 것을 보고 갑자기 가야겠다는 생각이 들었다고 한다.

찬핵·반핵을 불문하고 사람이 많이 모일 거 아니에요? 법륜 스님은 정의로운 분이라 왠지 핵발전소에 대해 올바른 이야기를 해줄 것 같았어요. 많은 사람에게 핵발전의 부당성을 알려야겠다는 생각에 이르자 가슴이 뛰더라고요.

시간을 보니 이미 행사는 진행 중이었다. 집에 가서 짐을 부리고 나니 마칠 시간이 되어가는 것 같아 잠시 망설였지만, 서둘러 콜택시를 불러 행사장인 강원대학교 삼척캠퍼스로 향했다. 강당에는 계단까지 사람들로 빼곡히 차 있었다. 이옥분 씨가 자리를 잡자마자 "이제 마지막 질문을 받겠다"라는 사회자의 멘트가 귀에 꽂혔다. 무조건 손을 번쩍 들었다. 그러나 아쉽게도 같이 손을 든 청년에게 마지막 질문 기회가 주어졌다. 대학생의 질문은 간단했고 법륜스님의 답변도 짧았다. 이제 마치겠구나 싶어 포기하고 짐을 챙겨 나오려는데 법륜 스님이 "저 뒤에 계신 아주머니 질문하실 게 뭡니까?"라며 이옥분 씨를 가리켰다.

그 순간 생각했어요. 많은 사람에게 핵발전소의 문제를 알리려면 반대냐? 찬성이냐? 라고 물어서는 안 된다.

마이크가 이옥분 씨에게로 향하는 찰나의 순간에 질문을 정리했다. "지금 삼척에는 핵발전소 건설을 두고 친구, 친척, 가까운 이웃들이 분열돼 있습니다. 이걸 어떻게 해야 합니까?"라고 물었더니 앞자리에 앉은 사람이 "그런 질문을 왜 여기에서 합니까?"라고 항의한다. 법륜 스님은 찬성, 반대로 나눠 분열된 현상을 이야기하기 전에 핵발전소가 무엇인지 아느냐고 묻는 거예요. 그러더니 차분히 핵발전의 문제점에 관해 이야기하기 시작했어요. 그리고 마지막에 왜 찬성과 반대로 분열되었는지 원인을 짚어줬어요. 누군가 손뼉을 치기 시작했어요.

한 사람이 시작한 박수는 행사장을 꽉 메웠고, 이옥분 씨는 감동과 전율을 느꼈다.

나와 같은 생각을 하는 사람들이 많다는 것을 느끼니 감사와 감동이 밀려오더라고요.

삼척 원전 유치 반대 – 84.9%의 승리

두 번의 핵시설을 막아낸 삼척시민들은 2012년 12월 19일 대통령 선거와 함께 치러진 삼척 시의회의원 보궐선거에서 '반핵 민주 시민후보'로 출마한 이광우 핵반투위 기획실장을 선택했다. 삼척시민들의 반핵에 대한 민도를 증명해 보인 셈이다.

2014년 지방선거를 앞두고 정치지망생들이 핵반투위를 찾아왔어요. 무소속 김양호 시장 후보는 물론이고 시·도 의원 후보들이 노란 조끼 입고 지지를 호소했어요.

2014년 지방선거에서 '원전 백지화'를 내세운 김양호 후보가 '원전 유치'를 신청한 전임 시장을 누르고 당선됐다. 당선 후 김양호 시장은 중앙정부가 삼척 원전 백지화를 받아들이지 않으면 주민투표를 추진하겠다는 뜻을 밝혔다. 원전 확대를 추진하던 박근혜 정권은 '주민투표 불가'로 맞섰다.

삼척시는 주민투표법과 무관하게 자체 주민투표를 하기로 하고, '삼척원전유치찬반 주민투표관리위원회'를 구성했다. 2014년 10월 9일 실시된 주민투표에서는 67.9% 투표율에 투표자 84.9%가 반대표를 던졌다. 주민투표 성립 요건을 훌쩍 뛰어넘은 시민들이 투표에 참여했고 압도적으로 핵발전소 유치를 반대했다.

삼척시와 시민들은 '핵발전소 유치 백지화'가 삼척시민들의 의사임을 분명하게 밝혔지만, 박근혜 정권은 주민투표관리위원회가 2016년에 주민투표자금 모금한 것을 두고 '기부금품모집법' 위반이라며 문제삼았고, 2018년 '직권남용 권리행사방해죄'로 김양호 삼척시장을 기소했다. 삼척시장이 직권을 남용해서 공무원과 이장, 통장에게 지시하여 주민투표 실무를 처리하도록 했다는 것이 기소의 요지였다. 그러나 1·2심 법원은 삼척시장에게 무죄를 선고했고, 대법원에서도 무죄가 확정됐다. 삼척에서 반핵운동이 세 번이나 승리할 수 있었던 동력은 무엇이었을까?

저는 깨어있는 한 사람의 힘이 얼마나 소중하고 중요한지 삼척 핵발전소

반대투쟁을 하면서 절감했어요.

고 장을병 교수 고향은 삼척시 원덕읍 호산리다. 당시 성균관대에서 정치학을 가르치던 장을병 교수는 명절을 맞아 고향에 다니러 왔다가 삼척시 근덕면에 신규핵발전소가 추진된다는 사실을 알게 된다. 서울로 올라온 장 교수는 곧바로 환경운동연합을 찾아 삼척 시민들에게 핵발전소 문제에 대해 교육해 줄 것을 제안했고, 환경 운동연합 활동가들이 근덕면 주민들에게 한 달여 동안 핵발전소에 대해 교육했다. 지금으로 말하면 '삼척 탈핵학교'쯤 되겠다. 장 교수 덕에 '근덕면 원전백지화투쟁위원회'가 비교적 빨리 구성되었고 폭발력 있는 투쟁을 전개할 수 있었다.

장을병 교수는 1980년 계엄령에 저항했다는 이유로 해직됐다가 1984년 복직한 뒤 성균관대 총장까지 지냈다. 이후 정계에 진출해 1996년 15대 삼척시 국회의원으로 당선됐다. 2000년 16대 총선 에서 낙선한 뒤 정계를 은퇴하고 환경운동연합 공동대표와 지식인 운동 등에 몸담았고 지난 2009년 숙환으로 작고했다. 투쟁 과정에 서 몇 차례 이야기를 들었지만, 이옥분 씨는 몇 해 전 호산리에 사 는 장 교수 제수씨를 만나 이 사실을 직접 확인했단다.

장 교수 고향 호산리 바로 옆이 울진 핵발전소예요. 이미 핵발전소 문제를 잘 알고 있었던 분이죠. 그러니 고향 땅에 핵발전소가 들어서는 것을 묵과

할 수 없었던 거예요. 저는 장을병 교수 흉상이라도 세워주고 싶어요.

세 번의 투쟁을 승리로 이끈 삼척시민 모두의 흉상이 이미 근덕면 '8.29 공원'에 있지 않은가? 세계 어디에도 없는 '원전 백지화 기념 탑' 말이다.

탈핵 할매, 미토 엄마

미토 엄마와는 자주 연락해요?

이옥분 씨는 일본 탈핵 운동가 미토 기요코(89) 씨를 일본 엄마라 고 부른다. 미토 씨는 미토 이와오 교수의 부인이다. 물리학을 전공 한 이와오 교수는 1970년 도쿄대 교수 시절부터 반핵운동을 하다 가 1986년 12월 일본 알프스 스루 기다케 등반에 나선 후 쌍둥이 아들 둘과 함께 의문의 주검으로 발견됐다. 의문 가득한 남편과 아 들 죽음 이후 미토 씨는 배낭을 메고 외국을 떠돌던 중 2002년 대 만에서 만난 '핵발전소 필요 없다-시모노세키 모임' 대표 사와무라 가즈요 씨에게 부안 핵폐기장 반대 투쟁 소식을 듣는다. 그 후 사와 무라 씨와 부안을 찾은 미토 씨는 에너지 넘치는 부안 반핵운동에 감동해 일본으로 돌아가 노후비상금 100만 엔을 몰래 기부했다.

부안에서는 이름 없는 일본인 기부자 미토 씨를 '1,000만 원의 할머니'로 불렀었다.

2015년 원불교환경연대 초대로 한일 탈핵 교류 '탈핵할매가 간다'를 위해 9월 1일 한국을 방문한 미토와 사와무라 씨 두 사람은 마침 80세 동갑이었다. 첫 방문지 삼척에서 삼척 핵반투위 사람들과 교류하고 근덕면 원전 백지화 기념탑을 방문한 뒤 이옥분 씨가 필자에게 한 가지 제안을 한다.

두 분 다 80세이니 가는 곳마다 팔순 잔치를 벌입시다. 그리고 전국 순회를 마친 9월 8일 마지막 밤 시청 앞 광장에 모여 자발적인 축하객들을 모아 팔순 잔치 피날레를 장식하는 거예요. 음식과 요리는 각자 준비하고 홍보는 SNS를 활용해요.

이옥분 씨 제안은 받아들여졌고 영덕에서도, 영광에서도, 부안에서도 방문지마다 팔순 잔치가 열렸다. '탈핵 할매가 간다'는 한국 핵발전소 지역에서 거대한 핵마피아와 고군분투하며 투쟁하는 현장 활동가들을 격려한다는 애초 취지를 뛰어넘어 국제연대와 교류가 넘쳐났다. 평생 탈핵 운동에 헌신한 팔순 현역 선배 운동가들의 삶에 한국 탈핵 활동가들은 존경과 감사를 전했고, 두 일본인 탈핵 할매들은 지혜와 격려를 나누었다. 출국을 하루 앞둔 9월 8일 저녁, SNS와 환경 활동가들 단체 소통방을 통해 소문을 들은 사람들이 각자 음식과 선물을 들고 모였다. 서울시청 앞에 도착한 미토와 사와무라 씨는 감동의 눈물을 흘렸다.

그날이 시아버지 제사였어요. 탈핵 할매 팔순 잔치를 제안한 책임감에 일단 올라왔죠. 팔순 잔치 마치고 미토 씨가 저를 끌어안으며 "You're my daughter(너는 내 딸)"라고 해서 "하이(네)"라고 대답했죠. 그때부터 미토 엄마가 되었어요.

'한·일 탈핵 모녀' 탄생 또한 '탈핵 할매가 간다'가 남긴 성과다.

삼척에 마음의 짐 놓고 떠난 후쿠시마 아이들

이런 싱싱하고 깨끗한 생선을 나 혼자 먹으려니 가슴이 아픕니다. 후쿠시마 아이들은 생선도 못 먹고 마음껏 뛰어놀 수도 없어요.

2015년 '탈핵 할매가 간다' 부안 방문 당시 부안 사람들과 함께 간 횟집에서 미토 씨가 내뱉은 혼잣말 같은 탄식이 필자 귀에 박혔다. 방학이 되면 방사능 오염이 상대적으로 덜한 서일본 쪽에서 '후쿠시마 아이들 보양 프로그램'을 진행한다는 미토 씨 설명에 당시 원불교환경연대 대표였던 강해윤 교무는 '후쿠시마 아이들 한국 보양

프로그램'을 약속한다.

2017년 일본에서는 한국 보양프로그램에 참여할 후쿠시마 아이들을 모집했고, 한국에서는 프로그램과 공동기획단을 조직했다. 후쿠시마 청소년들을 맞기 위해 서울 소재 대안학교 크리킨디센터가 기획단에 참여했다. '몸과 마음 보양'을 위해 맑은 바다와 하늘을 자랑하는 삼척 이옥분 씨에게 도움을 요청했다. 이옥분 씨는 당연히 '콜'을 외쳤고 7박 8일 일정 중 3박 4일을 삼척 바닷가 이옥분 씨네 마을에서 지내기로 했다. 미토 엄마는 '후쿠시마 청소년 보양프로그램' 사업단장을 맡았다.

중학생 3명, 고등학생 3명, 대학생 2명 그리고 어른 스태프 일행 4명이 2018년 8월 16일 김포공항에 도착했다. 삼척 바다를 배경으로 일본 방한단원 한 명, 한 명을 그려 넣은 '야, 놀자' 현수막에 미토 단장 눈이 휘둥그레진다. 이옥분 씨가 인맥을 총동원해 정성껏 만든 현수막에는 보양단에 참여한 아이들과 미토 단장의 모습이 들어있었다.

3박 4일 동안 외국인 12명, 그것도 후쿠시마 아이들을 맞이해야 하는 이옥분 씨는 삼척에서 지내는 며칠 동안이 무슨 보양이 될까 싶었지만, 최대한 삼척 바다 체험과 건강한 먹거리 준비에 정성을 다했다. 무엇보다 아이들이다 보니 또래 한국 학생들을 섭외하는 것이 제일 신경 쓰였다. 수소문을 끝에 최근 일본 배낭여행 다녀온 대학생이 흔쾌히 돕겠다고 나섰다. 일단 통역 문제는 해결했고 같이 놀아줄 청년들이 필요했다. 강원대 학생들을 소개받아 만났다.

"아무래도 음악이나 악기 같은 것이 있으면 친해지는 데 도움이 될 것 같은데 같이 부를 노래 같은 것 준비해 볼래요?"

"저희가 밴드 동아리 멤버들이에요."

"어머, 그래요?"

"그런데 악기는 동아리 지도교수님 허락 없으면 외부 반출이 안 돼요"

"지도교수님이 누군데요?"

"성원기 교수님이요"

음악의 '음'자도 모르는 성원기 교수가 밴드 동아리 지도교수라는 사실도 놀라웠고, 눈 앞에 펼쳐진 우연은 더욱 놀라웠다. 이옥분 씨가 전화해 자초지종을 설명하니 성 교수는 "내가 이렇게 쓰이려고 5년 동안 동아리 지도교수를 놓지 않았나 보다"라며 밴드 동아리와 악기 반출을 흔쾌히 허락했다.

우리 마을 경관 조명 설치 완료에 맞춰 8월 18일 '비밀키친&살롱 경관 조명 오프닝 이벤트' 행사가 마을 앞 바닷가에서 열렸어요. 마치 후쿠시마 아이들을 기다리기라도 한 듯이 말이에요. TV에 출연 중인 유명 셰프가 '비밀 요리'라는 이름으로 해산물 요리를 시연하고 마침 시식 행사까지 하더라고요. 한·일 젊은이들이 마을 바닷가에서 불꽃놀이 보면서 유명 셰프가 만들어 준 해산물에 저녁 만찬을 즐기는 모습이 어찌나 황홀하던지요.

또 한 번의 우연이 필연처럼 빛났던 광경이다.

대학생이었던 후쿠시마 청년은 삼척을 떠날 때 '자신의 삶을 짓눌렀던 돌덩어리를 삼척 바다에 내려놓고 가볍게 간다'라고 했어요. 천연동굴 환선굴도 가고, 삼척시장님 만찬도 즐기고, 삼척 핵반투위에서 제작한 기념식수와 기념비도 원전 백지화 기념탑 옆에 세우며 평생 잊지 못할 추억을 남겼어요.

아이들과 부모들이 참여하는 단체 소통방에 이옥분 씨는 아이들 사진을 올려 안심시켰고 일본 부모들은 "후쿠시마 사고 이후 이렇게 밝고 즐거워하는 아이들 모습을 본 적이 없다"라며 감사 인사를 남기기 바빴다.

7박 8일의 일정을 마치고 돌아오는 아이들을 마중 나간 부모들은 풀이 죽어 공항 밖으로 나오는 아이들 모습에 '재미없고 힘들었나?'라고 생각했단다. 엄마, 아빠를 만난 아이들은 "오기 싫었어요. 한국으로 다시 가고 싶어요. 삼척에서 살고 싶어요"라며 떼를 썼다고 한다.

다음 해 자매 중 동생은 전북 무주에 있는 대안학교로 유학 왔고, 언니도 한국을 몇 차례 다녀갔다. 그사이 이옥분 씨도 탈핵연대 등의 일로 일본에 갈 일이 생기면 아이들과 부모님을 만났다.

"한국 사람들은 우리에게 왜 이렇게 친절한 건가요?"

"인생에서 보물 같은 7일이었어요. 까맣던 나의 인생이 갑자기 하얗게 변했어요. 어디를 가든 희망으로 넘치는 하얀색 말이에요"
"후쿠시마를 마음껏 이야기할 수 있었고 우리에게 관심 갖는 사람들이 많아서 고마웠어요. 살아갈 힘을 얻었어요", 7일의 기적을 일군 '후쿠시마 보양 프로그램'에 참가했던 아이들이 남긴 후기다. 삼척 바다와 이옥분 씨 정성이 일군 기적이기도 하다.

다시 탈탈탈 현장으로

이옥분 씨는 예쁘고 손에 잡힐 듯 아기자기한 바닷가 마을에 산다. 파란 고래가 모래사장과 접한 벽면을 활기차게 채우고 바닷물에 밀려온 조개껍데기와 고동, 플라스틱 소품으로 구성된 모빌이 벽면 한쪽을 장식한다. 집 앞 모래사장에 버려진 아이들 장난감이며 앙증맞은 슬리퍼도 담벼락에 걸치면 훌륭한 소품이 된다. 이 집의 압권은 장독대에 장독 대신 자리한 파라솔이다. 식탁에는 잠시 쉬러 왔던 손님들이 두고 간 온갖 차가 올라오고, 마당까지 연결한 스피커에서 남미 음악이 흐르면 동화 속 어디쯤인 듯 착각이 인다. 바다와 모래사장을 정원으로 가진 세상 부러운 것 없는 이옥분 씨는 이 자리에서 얼마나 많은 역사가 쓰였는지 모른다고 회상한다.

2014년 8월 프란치스코 교황님이 한국에 오셨잖아요. 그때 바로 이 자리에서 성원기 교수님이랑 예수회 조현철 신부님이 막걸리 한잔하다가 탈핵도보순례단이 교황님을 맞이하자고 결의했어요.

2014년 8월 15일 대전에서 수만 명이 모이는 미사에 맞춰 7월 30일 부산 고리 핵발전소에서 출발해 프란치스코 교황의 성모승천대축일 미사가 열리는 대전 월드컵 경기장까지 '탈핵희망 도보순례'를 하기로 했다. 사전 작업으로 교황 방한을 준비하는 한국 주교단에 한국 핵발전소 문제를 알리고 메시지를 받을 수 있도록 준비했다. 프란치스코 교황이 속한 수도회가 예수회라 조현철 신부를 중심으로 서한을 작성하고 전달하기로 했다.

17일을 걸어 탈핵도보순례단이 대전 월드컵 경기장 앞까지 갔지만 결국 행사장에는 들어가지 못했다. 그러나 메시지는 전달되었고 교황님도 핵발전소에 대한 우려의 입장을 밝혔단다.

본인을 극소심 겁쟁이라고 설명하는 이옥분 씨가 탈핵과 탈석탄 현장에서 용기를 낸 것은 신앙의 힘이었다. 결혼 전 연극이나 공연 등을 쫓아다니다가 만난 바닷가 마을 출신 친구 덕에 삼척을 들락거리던 이옥분 씨는 어느 일요일 2층 자신의 방에서 내려다보다 사람들이 성경을 옆구리에 끼고 교회로 가는 것을 보고 의문과 호기심이 생겼다.

대체 저들이 가는 길에 무엇이 있길래 저리로 몰려가는지 궁금증을

이옥분   '삼척평화'의 탈탈탈 분투기

풀고 싶었다. 그러던 중 성당에 다니던 앞집 아저씨가 돌아가셨다. 가톨릭 장례 미사는 조용하고 성스럽게 느껴졌다.

마침 집에서 가까운 곳에 신축한 서울 광진구 자양2동 성당이 문을 열었고 '호기심 천국' 이옥분 씨는 궁금증을 풀기 위해 성당 문을 두드렸다. 아일랜드에서 시작한 골롬반선교회 소속 성당이어서 그런지 주임 신부님 또한 아일랜드인이었고, 궁금해서 알아보러 왔다는 이옥분 씨에게 '많이 알아보라'고 웃으며 맞아주었다. 첫 인연이 된 유데스 신부님은 마음 약한 이옥분 씨가 탈핵 운동에 뛰어든 것을 보고 기도로 힘을 주셨다.

유데스 신부님이 돌아가시기 전 통화를 했어요. '신부님이 안 계시면 이제 누가 나를 위해 기도 해주겠냐'라며 울먹였어요. 한참 말을 잇지 못하던 신부님이 죽어서도 기도해 주신다고 다정하게 말씀하시더라고요. 저는 그 기도의 힘을 믿어요.

이옥분 씨는 신앙인은 정의를 추구해야 한다고 생각한다. 탈핵운동도, 탈석탄운동도 부정의에 대한 신앙인으로서 당연히 해야 할 저항일 뿐이다. 석탄발전소가 가동되면 송전탑 건설이 불가피하다. 그러니 '탈석탄 운동'과 '탈송전탑 운동'은 한 세트다. 탈핵 운동 또한 마찬가지다. 이옥분 씨에게 '탈탈탈' 운동은 신앙 실천이다. 늘 이긴다고 기도하고 행동한다.

석탄발전소를 반드시 멈추게 할 거예요. 그게 정의잖아요.

철학자 아브라함 요수아 헤셸은 '존재하는 것은 나타내는 것이다'
라고 말했다. 존재 자체가 어떤 사람인지를 보여주는 거울 같다는
이야기다. 무해한 '존재' 이옥분 씨가 마을 바닷가에서 사람들과 어
울려 물장구치고 노는 모습을 오래도록 보고 싶다.

후쿠시마가 죽음의 땅?
그곳에도 사람이 살아요

핵없는세상광주전남행동 교육홍보 담당 오하라 츠나키

후쿠시마 사고 이후 영광 한빛 핵발전소 가까이 살고 있던 자신이
무엇을 해야 할지 알게 됐다는 오하라 츠나키 씨. 교환학생으로 한국에 발을 딛고,
한국에서 산 세월이 23년 차인 탈핵하는 일본인이다.
후쿠시마 이후 그곳 사람들의 이야기를 많이 알리고 싶다.

나도 모르게 '정말 죄송하다'라는 말이

"오늘 8월 24일 오전 12시 후쿠시마 오염수 방류 직전 후쿠시마현 후타바 바다 모습이라고 합니다. 이렇게나 날씨가 좋았군요. 정말 죄송합니다"

8월 끝자락 퍼붓는 비를 뚫고 오하라 츠나키 씨 집을 방문했다. 광주 구도심 아담한 주택 집에는 백일홍, 석류가 붉은 향을 피워내고 있었다. 보이차로 눅눅함을 달래고 2023년 8월 24일 후쿠시마 오염수 방류 당일 개인 SNS에 올린 사과의 글에 관해 물었다.

역사문제에 관심이 많은 일본 사람들이 한국에 오면 과거 식민 지배에 대해 일본 정부를 대신해서 사과하는 모습을 보이는데, 저는 동의하기 어려웠어요. 개인의 사과가 무슨 의미가 있을까요? 자기만족인 것 같아서 불편하더라고요. 그런데 후쿠시마 오염수가 바다에 버려지는 날은 너무 슬펐고 나도 모르게 '정말 죄송하다'라는 말이 나오더라고요. 어쨌든 저는 일본 사람이잖아요. 탈핵운동에 참여하는 일본인으로서 해양투기를 막지 못해 진심으로 죄송하다고 생각했어요. 그리고 오늘을 살아가는 인간으로서 바다에 사는 뭇 생명에게 정말 미안했어요.

지난 2023년 8월 24일 일본 정부와 도쿄전력은 후쿠시마 오염수 해양투기를 시작했다. 스리마일, 체르노빌에 이어 최악의 핵발전소 사고가 난 후쿠시마 제1핵발전소에서 발생한 고농도 방사성 오염수를 30년 동안 바다에 버리겠다는 것이 일본 정부와 도쿄전력의 계획이다. 일본 정부는 다핵종 제거설비(이하 ALPS)가 모든 핵종을 걸러 줄 것처럼 선전했지만 삼중수소와 탄소-14와 같은 방사성 물질은 걸러내지 못한다. 결국 삼중수소를 제외한 29핵종을 측정·평가해 바다로 내보낸다.

〈탈핵신문〉은 2023년 6월 12일 자 '오염수 해양투기에 중대한 결함 있다' 제하 보도에서 미국 민간연구조직 에너지환경연구소 소장 아르준 마크히자니(Arjun Makhijani) 박사는 "도쿄전력이 탱크에 보관된 오염수 실태에 대해 심각할 정도로 미흡한 정보밖에 가지고 있지 않다"라고 지적한다.

마크히자니 박사는 10개씩 나눈 오염수탱크 그룹마다 1회당 30L씩, 각 탱크가 가득 차기 전 마지막 일정량에서 1회만 채취하는 바람에 샘플은 전체 탱크 수량의 20%밖에 안 된다고 주장한다. 탱크 내 축적된 침전물 농도와 양이 샘플에 제대로 적용되지 못했다는 말이다.

이뿐만 아니다. 1차 해양투기계획에 따라 2023년 8월 24일부터 17일간 핵오염수 총 7,800톤이 바다에 버려졌다. 2차 해양투기를 앞두고 지난 9월 21일 도쿄전략은 핵오염수 측정·확인용 탱크 C군 방류 전 시료 분석 결과 2차 해양투기 분 보관 탱크 내 오염수에서 탄소-14, 세슘-137, 코발트-60, 아이오딘-129 등 4종의 방사능 핵종이 '미량 검출됐다'라고 밝혔다. 하지만 도쿄전력은 고시 농도 한도를 밑돌아 방류 기준치를 만족했다며 예정대로 핵오염수를 바다에 투기했다.

일본 정부가 2021년 4월 13일 후쿠시마 제1핵발전소에서 발생한 방사능 오염수 해양투기를 결정하면서 '오염수는 충분히 정화한 후 기준치 이하로 희석해서 바다로 보내기 때문에 안전하다'라는 궤변을 늘어놓았어요. 희석한들 방사성물질 총량이 같잖아요. 핵 오염수가 정말 안전하다면 여태까지 탱크에 저장해 놓을 필요도 없었어요. ALPS로 걸러서 애초부터 농업용수든 수영장을 채우는 물로 사용하든 일본 국내에서 요긴하게 사용하면 돼요. 해양투기 말고도 육상 장기 보관이나 콘크리트로 고체화하는 방법도 있지만, 국제사회와 일본 국민에게 온갖 거짓을 동원해 가장 쉽고, 값싼 선택을 한 거예요.

민간기업인 도쿄전력은 2023년 8월 24일부터 11월 20일까지 총 세 차례에 걸쳐 모두 약 2만 3,351톤의 후쿠시마 핵오염수를 바다에 투기했다. 〈한겨레〉 보도에 따르면 2024년 2월 28일부터 17일 동안 약 7,800톤을 바다에 버렸다. 총 4차에 걸쳐 바다에 투기된 핵오염수는 총 3만 1,200여 톤이다. 일본이 탱크에 보관하고 있는 핵오염수 총량 134만 톤의 2.3%에 해당한다. 그러나 핵오염수는 매일 90~100톤씩 추가로 발생하고 있다. 도쿄전력과 일본 정부는 향후 30~40년에 걸쳐서 해양 방류를 하겠다고 하지만, 불가능한 계획이며 실제로는 100년 이상 걸릴 것이라는 견해도 있다.

미야노 히로시 일본원자력학회 폐로검토위원장은 9월 19일 〈아사히신문〉과의 인터뷰에서 "핵연료 잔해(데브리)가 없는 일반 원전도 폐기에 30~40년이 걸리는데, 후쿠시마 제1원전에는 지금도 핵연료 잔해가 880톤이나 남아 있다"라며 "원자로를 폐기하는 폐로의 시간이 얼마일지 현재로서는 아무도 장담하지 못한다"라고 우려했다.

핵오염수탱크를 보관한 부지를 후쿠시마 원자로에서 반출한 핵연료 잔해 보관장소로 활용하겠다며, 핵오염수 바다투기를 결정한 도쿄전력의 계획은 2051년까지 녹아내린 원자로와 핵연료봉 그리고 콘크리트 잔해 등이 모두 제거되어야 가능한 일이다. 전제가 틀렸으니 결과도 당연히 틀릴 수밖에 없다.

일본 정부는 일본 국민을 향해 경제적인 면에서도 해양투기가 가장 타당한 방법이라고 주장하는데 이미 그 논리도 무너졌어요. 2016년 일본 경제산업성 산하 워킹그룹 '삼중수소수 테스크 포스'가 도출한 계산에서는 해양투기에 드는 비용은 최대 34억 엔이에요. 그런데 해저터널 등 공사비 약 430억 엔, 소문 피해 대책 비용 약 300억 엔, 어업인 지원기금 500억 엔 등으로 현시점에서 벌써 총 1,200억 엔(한화 약 1조 원)을 넘었어요. 애초 예산의 35배인 거죠. 기간이 늘어날수록 비용도 늘어날 거고요.

핵오염수 해양투기가 후쿠시마 핵사고 수습을 위해 불가피한 선택이라던 국제사회를 향한 주장은 자국민들에게는 가장 싼 방법으로 설득되고 있었다. 그마저도 속임수이지만 말이다.

후쿠시마 핵오염수 해양투기 본질은 핵발전

후쿠시마 오염수 해양투기 반대운동이 반일감정으로 연결되는 것이 어쩌면 더 위험할지 모르겠다고 생각했어요. 그런 식의 접근방식이 오염수 문제의 본질을 흐리게 만들죠. 처음에는 걱정되는 부분도 많았지만, 오염수 반대 집회에서 조금씩 '탈핵'이라는 구호가 들리기 시작했어요. 오염수 문제로 한·일 일반 시민들 사이에 안 좋은 감정은 바람직하지도 않고 오히려 역효과라고 생각해요. 오염수 문제를 한·일 국가 간의 갈등 문제로 바라보거나 정권 비판의 수단으로만 이용해서는 안 된다고 생각합니다. 후쿠시마 핵오염수 해양투기의 본질은 핵발전소예요. 한국과 일본은 핵발전을 추진하는 나라입니다. 그러니 한·일 양국 시민들이 공통의 문제의식으로 함께 손잡고 극복해 나가는 과제라고 생각해요. 사람들은 후쿠시마 오염수 해양투기를 '핵 테러'라고 하는데 인류가 '핵'을 다루는 것 자체가 '테러'이지 않을까요?

일본인으로 한국에서 15년 동안 환경운동, 탈핵운동에 몸담아 온 오하라 씨는 후쿠시마 핵발전소 오염수 해양투기는 한국과 일본 정부의 핵발전 부흥정책의 하나라고 강조한다.

미국과 소련이 군비경쟁에 한창이었던 냉전 시기 핵보유국들의 핵실험은 세계적으로 2천 회가 넘었어요. 중·저준위핵폐기물 해양투기도 1993년 금지되기 전까지 계속됐었고, 핵 재처리 관련 시설에서도 오염수가 대량으로 바다에 버려졌어요.

군사적 핵이든 평화를 가장한 핵발전이든 인류가 핵을 사용하는 한 핵 테러는 이미 일상이라는 것이 오하라 씨 주장이다. 이번 후쿠시마 핵오염수 해양투기가 롯카쇼무라 사용후연료 재처리시설의 핵오염수 처리를 위한 전초전 아니냐는 이야기까지 나오는 이유다. 핵발전은 태생부터 엄청난 양의 방사선을 품고 있다. 핵분열 에너지를 이용하는 순간, 방사능이 발생하고 기체나 액체 상태의 폐기물은 바다와 대기로 흘러간다. 오하라 씨는 오염수 해양투기 반대운동이 한국의 핵발전소에서도 방사능 오염수가 일상적으로 바다에 버려지고 있다는 사실을 알리는 계기와 공간으로 활용되어야 한다고 말한다.

한국뿐 아니라 핵발전소를 운영하는 모든 나라에서 일상적으로 벌어지는 일이지요.

방사성물질의 양이 얼마이든, 핵종이 삼중수소든, 세슘이든, 우라늄 136이든 '독'은 '독'이고 피해와 고통은 고스란히 국경을 가르지 않고 시민들의 몫이라는 것이 그의 주장이다.

2000년 전남대로 유학온 일본인 탈핵활동가 오하라 씨

거실 벽면을 가득 채우고도 모자라 바닥까지 쌓인 책은 정치, 경제, 사회, 문화를 막론하고 다양했다. 한눈에 봐도 독서량이 상당했다.

　남편 책이에요.

남편 이야기에 한국에서 탈핵 운동하는 일본인 오하라 씨가 바다 건너 한국까지 온 사연이 궁금해졌다.

　한국의 역동적 에너지가 좋았어요.

일본 단기대학에서 공부하던 오하라 씨는 1995년 일주일 동안 홈스테이 프로그램으로 한국에 첫발을 딛는다. 부산에서 서울까지 올라오는 동안 경험한 한국이 너무 재미있고 역동적으로 다가왔다. 가까운 나라임에도 불구하고 한국의 역사도 잘못 알고 있는 것도 있었고, 비슷하게 생겼는데도 사고나 행동이 이렇게 다를 수 있다는 것이 놀라웠다.

일본에서는 한국에 대한 이미지가 어둡고 탁한 색이었는데 한국에 와보니 알록달록 에너지 넘치는 것이 자유로움을 추구하던 저와 잘 맞더라고요.

일본에 돌아가서 "한국으로 유학 가겠다"라고 교수님께 말씀드렸더니 "감정적으로 유학을 결정하면 안 된다"라며 직장생활을 권하는 바람에 교수님 말씀대로 단기대학 졸업 후 취직하고 섬유회사 영업 사무원으로 2년을 보냈다. 직장생활은 재미있었고 사회생활은 또 다른 배움을 주었지만, 공부에 대한 미련이 남았던 오하라 씨는 교토에 위치한 리츠메이칸 대학 국제관계학부 3학년으로 편입한다.

일본 대학은 3학년부터 세미나에 들어가요. 그리고 마지막 과정이 논문이지요. 세미나 주제를 고르는데 한국 근현대사를 연구하는 교수님이 계시더라고요. 이거다 싶었지요. 교수님도 엄청나게 반가워하셨어요. 저와 비슷하게 한국을 너무나도 사랑하는 분이었어요.

지금은 돌아가신 나카무라 하쿠지 교수는 오하라 씨에게 한국 유학을 권하며 전남대를 추천한다.

2000년이 5·18민중항쟁 20주년 되는 해였어요. 전남대로 유학 가면 한국의 민주화에 대해 배울 수 있다며, 꼭 서울에 있는 대학이 아닌 전남대로 갔으면 좋겠다고 하셨어요.

오하라 씨는 2000년 전남대 사회학과 교환학생으로 유학 생활을 시작한다. 사회학과 사회조사실습 수업에서 조별 과제를 위해 우연히 구성된 팀의 한 남학생과 오하라 씨는 화순 한천면 등지를 돌며 1945년 이후 국군에 의한 양민학살 관련 사회조사를 했다. 자연스럽게 둘은 가까워졌고 결혼을 약속했다.

자기 신념을 지키며 평생 운동하면서 살겠다는 이 남자가 멋있더라고요. 일본 대학에서 볼 수 없는 갈라파고스 희귀생물 같은 존재였어요.

갈라파고스는 옛 스페인어로 '안장'을 뜻하며, 갈라파고스 제도에서 발견되는 갈라파고스땅거북의 등딱지 모양에서 유래한 단어다. 오하라 씨는 우직하게 고난의 길을 가겠다는 남자친구가 믿음이 가기도, 신기하기도 했던 모양이다. 남자친구는 졸업하고 공장에 취직하고 오하라 씨는 일본으로 돌아가 나머지 학업을 마친 뒤 다음 해인 2002년 한국으로 돌아온다. 국경을 넘은 장거리 연애가 결혼으로 열매 맺고 아이도 낳았다

돈은 꼬박꼬박 벌어오더라구요.(웃음) 남편은 공장 노동자로 일하면서 노동조합 활동을 하고 있어요.

아이가 네 살 되었을 무렵 사회생활이 하고 싶어진 오하라 씨는 2007년 광주전남환경운동연합에 공채로 들어간다.

의미 있는 일을 하고 싶었어요. 남편과 주변 사람들도 사회운동하는 사람들이다 보니 그 사람들 삶이 멋지게 보이더라고요. 지금은 생각이 좀 달라졌지만, 그때는 그랬어요.(웃음)

광주전남환경운동연합에서 맡은 업무는 회원 관리와 회계, 소식지, 환경교육 등이었다. 애초 오하라 씨가 생각했던 것과 업무 영역이 달랐고 외국인이 단체 활동가로 근무하는 것은 생각보다 장벽들이 많았다. 우여곡절의 연속이었지만 중간에 포기하지 않고 선배 동료들에게 배우며 많은 일을 해냈다.

광주와 가까운 영광에 핵발전소 6기가 있다는 정도만 알고 있었는데 크게 관심 가질 기회가 없었어요. 2011년 3월 11일 후쿠시마 핵발전소 사고가 났을 때 엄청난 큰 충격을 받았어요. 가만히 생각해보니 내가 있는 광주에서 불과 35~50km밖에 안 되는 곳에 핵발전소가 있다는 것을 인식하게 됐고 내가 사는 곳에서 탈핵운동을 해야겠다고 다짐했어요.

오하라 씨는 후쿠시마 사고 현장에서 벌어지고 있는 현실을 정확히 알고 싶었고, 일본에서 벌어지고 있는 일을 한국에 알리며 본격적인 탈핵운동을 시작한다. 영광 한빛 핵발전소에 대한 광주 시민들의 경각심이 높아졌고, 연대기구 '핵없는세상광주전남행동'(아래 광주전남행동)이 만들어졌다.

광주전남행동에서는 시민들을 대상으로 거의 매년 탈핵학교를 진행하고 있다. 탈핵영화제도 열었고 탈핵 피케팅과 서명운동 등도 꾸준히 해왔다. 또한 한빛핵발전소대응호남권공동행동(아래 호남공동행동)과 연대해 한빛 핵발전소 대응 활동도 벌이고 있다. 오하라 씨는 현재 광주전남행동 교육홍보를 담당하고 있다. 광주전남행동에서 나온 카드뉴스나 집회 웹자보를 보며 '잘 만든다' 싶었는데 오하라 씨 작품이라니 놀랍고 반가웠다.

2007년부터 2013년까지 7년 동안 광주전남환경운동연합에서 일하면서 일도 많고 탈도 많았지만 정말 많이 배웠어요. 하지만 환경운동 중에서도 탈핵에 특화된 활동을 하고 싶다는 마음이 날이 갈수록 커지더라고요.

탈핵운동만 하고 싶어요

2013년 광주환경운동연합 환경교육팀에서 일하던 오하라 씨는

'후쿠시마 청소년들을 광주로 초대하는' 공모사업을 진행했다. 후쿠시마 청소년들이 직접 겪은 핵사고의 경험을 나누고 한·일 청소년들이 꿈꾸는 미래에너지를 그려보는 프로그램들로 채웠다.

후쿠시마 한일 청소년 캠프는 처음부터 끝까지 제가 기획하고 운영한 첫 번째 프로그램이었어요. 어려움도 있었지만 큰 성취감을 느꼈고, 앞으로 더 탈핵에 집중해서 활동해야겠다고 생각하는 계기가 되었어요.

광주환경운동연합을 퇴직한 후 특정 단체에 속하지 않고 프리랜서로 활동을 시작했다. 오하라 씨는 현재 〈탈핵신문〉 편집위원도 맡고 있다. 월 1회 종이신문으로 발행되는 〈탈핵신문〉에 일본 탈핵동향과 영광지역에 있는 한빛 핵발전소 문제에 관한 기사를 쓴다. 어렸을 때부터 글쓰기를 좋아했고 무엇보다 후쿠시마 관련 소식을 알리고 싶은 마음이 컸다.

〈탈핵신문〉은 2012년 6월에 창간되었고 저는 윤종호 전 편집국장의 제안으로 2015년부터 본격적으로 〈탈핵신문〉 활동에 참여했어요. 〈탈핵신문〉은 일본에서 발간하는 〈반원전신문〉을 벤치마킹해서 만들었다고 해요. 핵발전소가 있는 지역을 중심으로 전국에서 벌어지는 탈핵 소식을 공유하기 위해 탈핵운동에 참여하는 사람들이 편집위원이나 통신원이라는 형태로 참여해 함께 만드는 신문입니다.

많을 때는 약 5~6천 부 인쇄해서 환경단체나 개인 구독자들에게 우편으로 보냈다. 늘 적자를 면치 못해 재정적 어려움이 따랐지만, 꾸준히 응원해주는 독자들의 후원금이나 때로는 각종 상금으로 현재까지 발간을 이어가고 있다. 2018년 4월부터 12월까지 내부 정비를 위한 휴간 기간을 거쳐 2018년 12월 복간준비 1호를 발간, 2019년 3월 23일 탈핵신문 미디어협동조합을 설립하고 재창간했다.

　협동조합을 설립하면서 편집국장이 울산에서 활동하는 용석록 씨로 바뀌었어요. 지금은 운영위원과 편집위원을 맡고 있어요.

〈탈핵신문〉은 2022년 7월 100호 발간을 달성하며 창간 10주년을 맞이했다. 홈페이지를 개편해 기사 접근성을 높이고 독자 확대를 통한 재정 안정화에도 신경을 쓰고 있다. 2023년 9월 현재 114호까지 발간된 〈탈핵신문〉 독자모임이 대전, 울산, 부산, 경주, 대구, 청주, 광주 등에서 진행 중이다. 2022년 5월 〈탈핵신문〉은 '탈핵신문 읽기모임을 시작하세요'라는 공지를 올렸다. 독자모임 후기나 인증샷을 올리면 다과비 5만 원을 지원한다는 내용이다.
'벼룩의 간'이라도 내어줄 테니 〈탈핵신문〉이 널리 유용하게 활용되길 바라는 간절함이 고스란히 전해진다. 지갑을 열고 개인 구독을 신청했다. 2023년 6월 〈탈핵신문〉에서 제작한 〈후쿠시마 오염수의 진실 10문 10답〉 소책자가 〈탈핵신문〉 발간 이래 처음으로 흑자를 안겨줬다. 반핵의사회·탈핵신문 운영위원인 박찬호 씨와 용석록 〈탈핵신문〉 편집장, 오하라 씨가 의기투합해 만든 소책자가 1쇄 1만 부를 넘어 최종 4쇄까지 찍었다.

〈탈핵신문〉은 한국에서 탈핵 이슈만 다루는 유일무이의 신문이에요. 〈탈핵신문〉이 아니면 다뤄지지 않은 중요한 기사들이 있고, 앞으로도 〈탈핵신문〉만 할 수 있는 중요한 역할이 있을 거예요. 어려움이 있더라도 지속해서 발행해야 한다고 생각해요.

재생에너지 외면하는 한·일의 핵발전 부흥정책

2023년 세계원전산업현황보고서에 따르면 현재 전 세계 32개국에서 총 412기의 핵발전소를 운영하고 있다.

인류가 '핵의 평화적 이용'이라는 것을 핑계로 핵발전을 사용한 지 반세기 이상이 지났어요. 일본은 1965년 상업용 발전소로 도카이 핵발전소를 처음으로 가동한 후 1970~1980년대부터 본격적으로 핵발전소 건설을 추진했어요. 후쿠시마 사고 전까지 핵발전 부흥기였죠.

후쿠시마 사고 발생 당시 일본은 핵발전소 54기를 가동하고 있었다. 미국, 프랑스에 이어 세계에서 3번째 핵발전소 보유국이었다. 태평양전쟁으로 히로시마와 나가사키에 핵폭탄이 투하되어 많은 사람이 비극을 겪었던 일본에서, 활성단층으로 지진이 빈발하는 일본이 기저 에너지원으로 핵발전소를 선택한 것은 핵재처리에 대한 열망을 피해 설명하기 어렵다.

1993년 시작해 31년간 건설, 중단을 반복하던 아오모리현 롯카쇼무라 '사용후핵연료재처리' 시설이 2024년 준공할 예정이란다. '사용후핵연료재처리시설'은 핵발전소에서 다 쓴 핵연료봉을 가져다가 재처리해서 다시 쓸 수 있는 핵연료를 만들어내는 공장이다. 후쿠시마 핵오염수 해양투기가 국제 기준에 부합하고 '과학적'으로 '안전하다'라고 한 국제원자력기구(아래 IAEA) 그로시 사무총장이 2023년 7월 4~6일까지 일본 방문 당시 마지막 날 일본 본섬 북쪽 끝 롯카쇼무라 핵재처리시설을 방문한 사실은 의미하는 바가 크다. IAEA 헌장 제2조는 IAEA가 핵에너지 사용을 '촉진하고 확산하는' 진흥기관임을 명시하고 있다.

후쿠시마 사고를 겪은 후 일본에서는 핵발전 확대 정책에 일정 정도 제동이 걸린 것처럼 보였어요. 핵발전소 반대 여론이 급격히 높아지면서 2013년 9월부터 약 2년에 걸쳐 실질적인 '핵발전소 가동 제로'를 경험하기도 했어요. 2011년 54기 핵발전소를 모두 정지시켰던 일본정부는 2012년

8월부터 전력부족 사태를 막기 위해 후쿠이현 오이 핵발전소 3, 4호기를 재가동했어요. 정기점검을 위해 2013년 9월 2일 오이 3호기가, 9월 15일 오이 4호기가 멈춰서면서 핵발전소 없이 사는 삶을 경험한 거죠. 정기점검은 재가동을 위한 것이긴 했지만요.

일본 정부는 핵발전소 재가동을 일정 정도 규제하는 기준을 만들었다. 핵발전소 수명을 40년으로 제한하는 법적 제도를 도입하고 노후발전소를 중심으로 경제성이 떨어지는 핵발전소 총 15기를 폐로했다. 그러나 오하라 씨는 일본 사회는 후쿠시마 핵사고로부터 교훈을 얻지 못했다고 진단한다.

기시다 정부는 2023년 4월, 핵발전 재가동과 노후 핵발전소 수명연장을 추진하는 내용을 담은 'GX(그린트랜스포메이션) 관련 법안'을 통과시켰어요. 기후위기에 대응하기 위한 탈탄소정책을 명분으로 내세워 또다시 핵발전 확대 정책으로 급선회하고 있는 거죠.

GX법안의 핵심은 핵발전소 운전 기간 연장이다. 현행 '핵발전소 운전 40년 원칙(1회 20년 연장 가능)'은 유지하지만, 재가동을 위한 안전 심사나 법원 가처분 명령 등으로 정지된 기간을 40년에서 제외해 실질적으로 60년을 넘어서 가동할 수 있는 길을 열어두었다. 60년 넘도록 가동하는 핵발전소는 지구상 어디에도 없다. 일본의 기존 핵발전소 내에서는 가동 후 40년 이내에서도 설비 열화에 의한 트러블이 상당수 일어나 위험이 가중되고 있다는 경고가 심상치 않다.

"핵발전소를 60년 넘게 가동한다는 것은 인류에게 미지의 영역이며, 중대한 사고를 용인하는 정책"이라는 후지모토 야스나리 원수폭(원자력수소폭탄)금지일본국민회의 공동의장의 말이 머지않은 미래의 일 같아 걱정이다.

후쿠시마 사고 이후 각지에서 핵발전소 재가동을 저지하기 위한 시민들의 활동이 이어지고 있지만 결국 2023년 8월 현재까지 총 12기가 재가동했고, 허가받은 5기도 재가동을 준비 중이에요. 규제위원회 적합 기준 심사에 신청한 원자로가 10기나 돼요.

일본 환경에너지정책연구소(ISEP)에 따르면 올해 일본의 전력회사가 핵발전소의 안전 대책에 투입한 금액이 5조 8,912억 엔에 달한다. 2021년 발표된 일본의 제6차 에너지 기본계획은 2030년까지 핵발전 비중을 20~22%까지 높이겠다는 내용을 담고 있다.

에너지정책이 거꾸로 가기는 한국도 마찬가지다. 한국은 1978년 고리 1호기를 시작으로 2024년 7월 현재 핵발전소 25기를 가동하고 4기 신규 핵발전소를 건설·추진 중이다. 2024년 5월 31일 발표한 제11차 전력수급기본계획 실무안(아래 11차 전기본)은 2038년까지 총 30기 핵발전소를 운영하며 모든 핵발전소 수명연장이 가능하도록 했다. 수명 다한 노후 핵발전소 9기에 대해서는 2차까지 수명연장을 가능하게 해 최대 20년까지 낡고 위험한 핵발전소를 더 돌릴 수 있도록 했다. 또한 3기 신규 핵발전소 추가건설과 설계허가도 나지 않은 소형원자로(SMR) 1기도 건설한다는 계획이다.

우리나라 재생에너지 비율은 2022년 기준 8.29%로 OECD 국가 중 꼴찌다. 세계적으로 '재생가능에너지'가 아니라 '신재생에너지'라는 용어를 쓰는 곳은 한국이 유일하다. '신에너지'에는 재생 가능하지 않은 에너지원인 '화석연료를 변환한 에너지'인 수소에너지, 연료전지 등이 포함되어 재생에너지라고 볼 수 없다.

청정에너지와 탄소시장 분야에 관한 독립적 분석, 데이터, 뉴스를 제공하는 '블룸버그뉴에너지파이낸스'에 따르면 2023년 전 세계 태양광발전 설치량은 연초 전망치에 20GW를 더해 340~360GW로 상향 조정됐다. 세계 태양광발전 수요가 빨라지면서 3~4년 후면 연간 500GW에 이를 것으로 보인다.

93기의 핵발전소를 운영하는 미국과 53기에 신규 핵발전소를 21기나 더 짓겠다는 중국이 전체 태양광발전 설치량의 50%를 차지하는 것도 아이러니다. 2022년 중국의 재생에너지 비율은 30.7%로 핵발전 비중 4.7%보다 훨씬 많다. 11차 전기본은 2038년까지 신재생에너지를 32.9%까지 늘리는 계획을 담고 있으나 이는 지난 10차 전기본이 제시한 2036년 30.6%보다 2.3% 증가에 그쳤다.

2023년 기준 미국(93기), 프랑스(56기), 중국(53기), 러시아(37기)에 이어 5위를 차지한 한국은 25기 핵발전소를 운영중이고 밀집도는 세계1위이다. 한·일 양국 핵 진흥정책은 재생에너지의 진척을 저해하는 요인임이 분명하다.

후쿠시마는 핵부흥을 위한 전시장

후쿠시마는 복섬(福島)이라는 뜻이다. 벚꽃이 흐드러지게 피고, 어장은 풍부했고, 땅은 기름졌다. 후쿠시마 핵발전소 사고 이전까지의 이야기다. 전쟁 말고 16만 명이 피난하는 사례가 핵발전소 사고 말고 또 있을까?

후쿠시마 제1 핵발전소는 12년이 지난 지금도 긴급 사태 선언을 해제하지 못하고 있어요. 핵발전소 내부상황이 아직도 끔찍한 상황에 놓여 있기 때문이에요.

녹아내린 핵연료(데브리)를 최종적으로 어떻게 처리할 것인지 구체적인 계획도 없고, 격납용기를 지탱하는 페데스탈이 위태롭기 짝이 없는 1호기 격납건물 붕괴도 걱정이다. 3·4호기 건물 상부 사용후핵연료 2,101개는 수조에서 꺼내기가 완료되었지만 1호기 392개, 2

호기 615개는 아직도 건물 상단 수조에 남아 있다. 전문가들은 진도 6강의 지진이 다시 일어나면 격납건물 붕괴로 이어질 것으로 우려한다. 후쿠시마 앞바다는 여전히 크고 작은 지진이 이어지고 있다.

후쿠시마 부흥을 기치로 내건 일본 정부는 광대한 삼림지대와 들판은 그대로 둔 채 생활공간만 오염된 흙을 긁어낸 뒤 새로운 흙을 덮는 방식의 제염작업을 마치고 피폭량이 연간 20mSv(밀리시버트)라며 주민의 귀환을 촉구하고 있어요.

방사선과 핵을 이용하는 조업자, 사업소 경계 주민들의 허용치도 연간 1mSv가 넘지 않는데, 귀환자들에게 20배의 피폭량은 어떤 근거로 괜찮다는 것일까? 연간 20mSv라는 허용량은 국제방사선방호위원회(ICRP)의 긴급 시 피폭에서의 허용량이지, 사고 이후 피난과 해제에 관한 방사선량이 아니다.

일본 정부는 피난민들의 귀환을 촉진하기 위해 주택지원이나 생활지원금을 끊으며 귀환을 재촉했지만 사고 당시, 11개 시정촌에서 피난한 8만 8천 명 중 1만 6천여 명이 귀환해 귀환율이 18%에 그쳤다. 아동과 학생의 수는 과거에 비하면 10% 미만이다. 후쿠시마 부흥은 핵발전 진흥의 바로미터이다. 그러니 핵사고는 '재건'할 수 있고 나아가 '부흥'할 수 있음을 전시해야 한다. 일본 정부가 후쿠시마 핵발전소 근처로 이사하면 최대 한화 2천만 원이 넘는 돈을 지원한다고 2023년 9월 13일 〈요미우리〉 신문이 보도했다.

일본 정부는 후쿠시마 제1핵발전소 주변 12개 지방자치단체로 이사하는 이들에게 가구당 최대 200만 엔(약 1,823만 원)을 지원한다는 방침이다. 단 이주 후 5년 이상 거주하고 취업 등을 해야 한다. 이주 후 5년 이내 창업하면 400만 엔(약 3,647만 원) 내에서 경비 75%를 지급한다. 피난민들보다 가난하고 돈이 급한 사람들이 후쿠시마 귀환자 대열로 걸어 들어갈 수밖에 없는 구조다.

일본 정부는 후쿠시마 부흥이라는 명분으로 전혀 다른 도시를 꿈꾸고 있어요. 미국 워싱턴주에 위치한 도시 핸퍼드(Hanford)가 모델이에요.

후쿠시마 이노베이션 코스트

핸퍼드는 제2차 세계대전 당시 원폭 제조를 위한 플루토늄을 생산하던 지역이다. 인류 최초의 핵무기가 제조된 '맨해튼 프로젝트' 산실이기도 하다. 전쟁이 끝난 뒤에도 8기 원자로를 더 지어 핵실험을 위한 핵무기 제조를 계속했다. 핸퍼드는 미국에서 가장 많은 방사능 폐기물 저장고가 되었고 노후 저장탱크에서 흘러나온 액체와 기체 방사성물질로 직원과 주민들은 암, 백혈병 등에 시달리고 사망이 속출했다.

핸퍼드는 이후 군사 관련 기업과 연구기관을 유치해 지역을 되살렸다고 홍보하고 있어요. 새로운 경제발전 모델로 인구도 증가했어요. 기반은 군수산업이에요. 핸퍼드 같은 군사도시를 모델로 가짜 후쿠시마를 만들겠다고 합니다. 가장 위험한 지역을 가장 안전한 곳으로 보이게 하려는 불순한 의도가 가장 큰 문제에요.

'후쿠시마 이노베이션 코스트 구상'이란 핵발전 사고로 막대한 피해를 받은 지역의 재생 프로젝트다. 후쿠시마현 태평양 해안가 지역인 하마도리를 중심으로 15개 기초자치단체에 후쿠시마 제1 핵발전소 폐로 산업, 최첨단 기술, 연구단지 등을 모아 신산업을 육성하겠다는 계획이다.

후쿠시마 부흥이라는 이름으로 펼쳐지는 각종 기술개발 사업이 보이지 않는 곳에서 일본 군사 기술개발과 산업육성에 깊이 연결돼 있다는 것이 문제에요. 예를 들어, 각종 재해와 관련된 대책이나 인프라 설비 구축을 위한 로봇 개발이 진행되는 '후쿠시마 로봇 테스트 필드'에서는 육·해·공 로봇 개발을 추진하고 있어요. 일본 경제산업성과 미국 국방부 공동으로 재해 대응 로봇을 공동 연구하는데, 단순 산업단지가 아니라고 생각해요.

후쿠시마를 경제적 부흥으로 몰아붙이며 핵산업 부흥을 군사전략과 연계하려는 일본의 속내가 뻔히 보인다고 말하는 오하라 씨는

'부흥'이라는 오염된 단어 앞에 걱정이 깊어진다.

한빛 1·2호기 수명연장 막아야죠

2022년 6월부터 12월까지 6개월 동안 '한빛 핵발전소 수명연장 반대 광주·전남 1만인 서명운동'을 했어요. 광주전남에서 1만 명 서명이 어렵지 않을 것으로 생각했는데 시간이 지나니 여론도 예전같지 않더라구요.

2016년 10월부터 2017년 4월까지 6개월 동안 진행한 '잘가라 핵발전소 10만인 서명운동' 때와 분위기가 달라졌다는 오하라 씨는 광주전남행동 회원들과 점심시간을 이용해 기아자동차, 금호타이어 등 현장을 찾아다니며 '한빛 1·2호기 수명연장 반대' 서명을 받았다. 1만 명 목표치를 훌쩍 넘은 1만 4,392명 서명지를 지난 1월 원자력안전위원회에 제출했다. 서명운동을 계기로 연대단체들과의 관계도 단단해졌다. 28개 광주전남 시민사회단체가 참여한 광주전남행동은 2월 9일 열린 2023년 총회에서 한빛 1·2호기 수명연장 반대, 고준위핵폐기물 임시저장 대응, 탈핵학교 개최, 방사능방재지도 만들기 등 각종 탈핵 현안에 대처하기로 결의했다.

핵발전 진흥을 공약으로 내세운 윤석열 정부가 고리 2·3·4호기에 이어

2023년 6월 한빛 1·2호기 수명연장을 결정하면서 영광뿐 아니라 호남권 탈핵 운동에도 빨간불이 켜졌어요.

윤석열 정부는 취임 첫해인 2022년 12월 '원자력안전법 시행령'을 개정하고 현 정부 임기 내 수명연장 심사가 가능했던 10기 핵발전소 외에도 8기(2차 수명연장 포함)에 대해 수명연장의 길을 열어놓았다. 2024년부터 2026년까지 차례로 멈춰 설 예정으로 수명연장 절차를 밟기에는 늦어버린 고리 3·4호기, 한빛 1·2호기와 심지어 지난 2023년 4월 수명이 다해 멈춰 선 고리 2호기까지 수명연장 대상에 올려놓았다.

노후 핵발전소 수명연장을 위해서는 국내외 최신 운전경험 및 연구결과가 반영된 기술을 기준으로 '안전성 평가'를 해야하고, 운영허가 이후 변화된 자연환경 및 부지특성 등을 포함한 '방사선환경영향평가'가 필수다. 또한 후쿠시마 사고와 같은 중대사고 시나리오를 반영해 주민피해, 건강영향, 보상대책 등을 포함한 사고관리계획서가 승인되어야 한다. 운영 기간만큼 늘어나는 핵폐기물 처리를 위한 방안도 고려되어야 한다.

안전 심사와 설비개선 등 수명연장과 재가동을 위한 각종 심사는 최소한으로 잡아도 3~4년이 걸린다. 2025년 재가동을 목표로 한 고리 2호기 수명연장의 졸속 처리는 기본값이라는 지적이 나오는 이유다. 부산·울산 지역주민들이 고리 2호기 수명연장 추진과정에서 중대사고에 대한 심사도 없고 최신기술 반영도 미흡하다는 의견을 냈지만 묵살됐다.

고리 2호기 수명 연장은 한빛 1·2호기에도 적용되었다. 한빛 1·2호기는 다수의 사건·사고 기록과 격납건물 철판 부식, 공극으로 중대사고 발생 위험이 가장 큰 핵발전소이다. 그런데도 윤석열 정부의 노후 핵발전소 수명 연장 방침에 따라 한수원은 2023년 6월 이사회에서 한빛 1·2호기 수명연장을 결의했고, 첫 절차로 '주기적 안전성평가보고서'를 원안위에 제출했다.

한빛 핵발전소 방사선비상계획구역 30km 내에 위치한 지자체는 전남 영광·무안·함평·장성, 전북 고창·부안 등 전남·북 6개 지역이다. 2023년 8월 25일 방사선비상구역 지자체 공무원을 대상으로 한 '방사선환경영향평가서 초안' 관련 설명회를 연 한수원은 10월 6개 지자체에 '방사선환경영향평가서 초안'을 제출했다. 영광, 부안, 고창, 함평 등 4개 지자체가 최신 핵발전소 운영 기술을 적용하지 않았고 사고 대책 미비, 사용후핵연료 저장 대책 등이 미흡하다며 '방사선환경영향평가서 초안'의 보완을 요청했다. 그러나 한수원은 지자체의 반려 권한이 없다는 점을 악용해 보완요청에는 응하지 않은 채 행정소송으로 대응하는 등 압박 수위를 높였다. 이미 기울어진 운동장에서 지자체가 아무리 보완요청을 해도 한수원이 응할 리 없었고, 결국 2024년 5월 13일까지 6개 지자체가 모두 주민공람을 마쳤다.

지역주민들이 어려운 전문용어로 가득한 공람절차 책자를 이해하고 서명하는 것은 요식행위에 불과했다. 주민공람 과정에서 선물 공세와 부당한 서명을 받는 등 한수원의 불법적 행태가 적발되기도 했다. 5차례에 걸쳐 32개 항목에 대해 보완을 요청하며 공람을 보류했던 함평군은 2024년 6월 11일 기자회견을 열고 수명연장 절차 과정이 지자체와 주민의견을 담지 못한다며 '가처분 소송'을 시작했다.

한빛 1호기는 2025년 12월, 2호기는 2026년 9월 수명연장 만료될 예정이에요. 예정대로 수명을 종료해야죠. 핵발전소를 하나씩 하나씩 꺼나가는 과정이 탈핵운동이라고 생각해요. 한빛 1·2호기 수명연장은 반드시 막아야 해요.

핵을 넘어 생명과 평화의 아시아로

지난 2023년 9월 19일부터 23일까지 대만, 베트남, 인도, 일본, 한국, 태국, 튀르키예, 필리핀 등 8개국 탈핵 활동가들이 참가한 가운데 서울-부산-울산-경주-삼척 등지에서 '2023 반핵아시아포럼 (NNAF, No Nukes Asia Forum)'이 열렸다. 핵무기와 핵발전 없는 세상을 만들기 위해 손잡은 아시아 사람들의 네트워크 '반핵아시아포럼'은 자국 내 신규 핵발전소 건설이 한계에 다다른 일본 핵산업계가 아시아 각국에 핵발전소 수출로 물꼬를 트기 위한 국제공조를 강화하자 이에 맞서기 위해 아시아 탈핵단체들이 국제 연대 활동을 제안하면서 시작된다.

1993년 6월 26~7월 4일까지 일본에서 열린 1차 반핵아시아포럼은 8개국 30명이 참가해 핵발전소 현지 및 주변 도시 총 28곳에서 집회를 열었다. 1994년 한국에서 열린 2차 반핵아시아포럼에 일본 활동가 36명이 영광·고리·울진 등 핵발전소 투쟁 현장을 방문했고, 핵폐기장 저지에 성공한 고성, 청하 등지에서 어민, 농민들과 집회를 열었다. 2차 포럼 직후 한국에도 '핵없는사회를위한전국반핵운동본부'가 결성됐다.

반핵아시아포럼 홈페이지에는 '반핵아시아포럼 30년 역사'가 정리되어 있다. 오하라 씨가 한국어로 번역한 '반핵아시아포럼 30년사'는 대만 제4핵발전소, 필리핀 바탄 핵발전소, 인도 쿠단쿨람 핵발전소, 인도네시아 무리아 핵발전소, 태국 온카락 연구로, 튀르키예 시놉 핵발전소 저지투쟁과, 다이나믹한 한·일 탈핵운동까지 아시아 탈핵·국제연대가 이뤄낸 감동의 역사를 담아냈다. 일본에 있는 '반핵아시아포럼' 사무국은 아시아 각국 탈핵운동을 공유하는 소식지를 매월 발행하고 오하라 씨는 한국 탈핵운동을 소개하며 한국과 일본의 소통자로 역할하고 있다. 30주년을 맞은 '2023 반핵아시아포럼' 외국인 참가자 29명과 5박 6일 전 과정을 함께 한 오하라 씨에게 소회를 물었다.

일본 사무국을 맡은 사토 다이스케씨가 늘 하는 말이지만 반핵아시아포럼
의 정신은 현장을 기반으로 한 연대이자 교류입니다. 30년 동안 아시아 사
람들이 손을 맞잡고 서로를 존중하고 격려해 온 역사가 있습니다. 코로나
19로 오랜 기다림 끝에 4년 만에 한국에서 열린 반핵아시아포럼이 또 새
로운 연대와 활동으로 이어지면 좋겠습니다.

5박 6일 동안 진행된 포럼은 호시탐탐 핵발전을 추진하려는 세력
에 꾸준히 맞선 온 태국, 베트남, 튀르키예, 필리핀 등 아시아 민중
들이 벌인 탈핵투쟁을 소개했다. 특히 2025년 5월 마침내 핵발전
제로, 탈핵에 도달하는 대만 사례와 이미 21기 핵발전소가 있음에
도 20기의 신규 핵발전소 건설을 추진하는 것을 막기 위해 고군분
투하는 인도 탈핵운동 여성리더쉽에 대한 이야기로 감동을 더했다.
또한 핵발전 부흥 정권에 맞선 한국과 일본의 후쿠시마 오염수 해
양투기·수명연장·재가동·고준위핵폐기물 반대 투쟁과 핵발전과 핵
무기가 한뿌리라는 것을 일깨워 준 핵무기와 전쟁에 반대하는 이야
기들로 채워졌다.

저는 주로 일본 참가자들과 많은 이야기를 나눴는데 월성 핵발전소 앞에
서 이주대책을 요구하며 농성하는 황분희 씨와 주민들에게 깊은 감동 받

았다고 해요. 또한 한국에서 진행되고 있는 갑상선암공동소송에 대한 관심도 높았어요. 핵발전소 반경 10km 내에 5년 이상 거주하는 주민 618명이 2015년에 제기한 갑상선암 공동소송은 2022년 1심에 이어 2023년 8월 2심에서도 패소했어요. 일본에서도 후쿠시마 핵발전소 사고로 소아갑상선암에 걸린 사람들이 도쿄전력을 상대로 소송 중입니다. 일본 참가자로부터 핵발전과 저선량 피폭의 인과관계를 밝혀내기 위한 활동에 힘을 모으자는 제안을 받기도 했어요. 세 번 싸워 모두 이긴 삼척원전백지화기념탑 앞에서 함께 춘 체르노빌 사고로 희생된 뭇 생명을 기리는 엘름댄스(느릅나무춤)도 큰 울림을 주었어요.

아시아 각국의 지난한 핵발전소 저지 투쟁의 배경은 국내에 핵발전소 추가건설이 어려워진 한국과 일본이 핵발전 기술을 다른 나라로 수출하려는 움직임 때문이라고 진단하는 오하라 씨는 그래서 더욱 반핵아시아포럼이 강고해져야 한다고 말한다.

소형모듈형 원자로(SMR, Small Modular Reacto) 개발도 마찬가지예요. 소형모듈형 원자로는 말 그대로 작은 원자로를 모아서 300MW 미만의 원자로를 만든다는 거예요. 국제 핵마피아들이 SMR을 위험도, 핵폐기물, 불평등 등 기존 핵발전이 가지는 문제점을 모두 극복한 새로운 기술인 양 위장하면서 국제공조를 공고히 하고 있어요. 이런 움직임에 단호하게 대항하기 위한 아시아 민중들의 연대가 더욱 필요한 시기입니다.

미국 핵폭탄 개발부터 후쿠시마 핵발전소 사고까지

윤종호, 오하라 츠나키, 박찬호 씨가 5년 동안 번역한 《방사선 피폭의 역사》 번역서가 2020년 3월 11일 출간됐다. 《방사선 피폭의 역사》는 미국 원자폭탄 개발 역사부터 핵산업계가 방사선 영향에 대해 과소평가하고 핵 개발을 추진해온 속임수에 대한 이야기를 담아낸 책이다. 공학자인 나카가와 야쓰오 박사가 병석에 누워서까지 검토하고 보완해 그의 사후 1991년 일본에서 출간된 《방사선 피폭의 역사》는 후쿠시마 사고 이후 2011년 8월 증보판을 출판했다. 이 책 번역기획은 2015년으로 거슬러 간다.

한국에서 핵발전소 주변지역 주민의 '갑상선암 공동소송'이 시작되었을 무렵, 당시 〈탈핵신문〉 편집국장이자 '핵없는세상을위한고창군민행동' 운영위원장인 윤종호 씨의 제안으로 시작됐어요. 일본은 히로시마 나가사키 핵투하로 인해 저선량피폭에 대한 연구가 오래전부터 진행되었고, 체르노빌 핵사고 이후 반핵의 입장에서 분석한 책과 자료들도 많이 나왔어요.

이공계 관련 책이다 보니 전형적인 문과생인 오하라 씨는 선뜻 대답하기 어려웠지만, 윤종호 씨 부탁을 차마 거절하기 힘들었다.

1991년에 일본에서 발간되었으니 조금 오래된 책입니다. 체르노빌 핵사고를 계기로 쓰여진 책인데 2011년 후쿠시마 핵발전소 사고로 일본 사회에서 다시 '저선량피폭'에 대한 관심이 높아지면서 2011년에 증보판이 출판됐어요. 일본에서는 방사선 피폭에 관해 관심 있는 사람이라면 누구나 한번은 읽거나, 읽지 않더라도 들어본 적은 있는 방사선 피폭과 관련해서는 고전 같은 책이에요.

이 책 1장 '서문을 대신해서'에서 저자는 "인류가 쌓아온 문명의 수준과 풍요로움의 기준은 항상 약자 입장에 있는 사람들을 어떻게 대하는가로 판단해야 한다고 생각한다"라고 썼다.

이 책은 '핵'의 힘으로 세계를 장악하려는 지배자들이 여러 이해관계 세력들과 결탁하면서 피폭 위험성을 은폐하고 힘없는 사람들에게 그 피해를 강요해온 역사를 낱낱이 밝힌 책입니다. 피해자들은 항상 목소리를 내왔고, 작은 목소리가 모여 큰 목소리로 확대되어가는 역사를 보여주는 책이죠. 피해자들의 운동을 뒷받침하는 용기 있고 정의로운 과학자들이 항상 존재했다는 것도 이 책을 번역하면서 알게 되었어요. 엘리스 스튜어트, 고프만, 탱플린, 스턴글라스, 버텔, 맨큐소 같은 과학자들이죠.

책을 번역하면서 "저자 나카가와 야스오 씨는 어떤 마음으로 이 책을 썼을까에 대해 많이 생각하게 됐다"라는 오하라 씨는 이 책에 숨어 있는 메시지처럼 낙관적인 상황은 아니지만 계속 알아내고 싸워

나가기 위해 많은 사람이 이 책을 읽고 행동하길 바란다.

'주장'에 사람과 생명에 대한 배려가 있어야

한국 사람들은 일본에 대한 감정이 좋지 않겠지만 저는 대학 다닐 때까지 경제 대국 일본의 좋은 점을 보고 살아왔어요. 그런데 후쿠시마 사고 이후 확실히 일본 사회가 달려졌다고 느껴요. 일본 젊은이들이 활기가 없다고 하는데 그건 젊은 친구들 탓이 아닐 거예요. 후쿠시마 핵사고는 사회구성 원 모두에게 큰 충격을 주었고 사회 전반적인 우울과 포기라는 현상으로 나타나지 않았나 싶어요. 일본인인 저도 일본에 대해 잘 모르겠어요.

핵발전소 지역과 도시에서 하는 탈핵운동의 내용과 역할이 다를 수 있고, 사람에 따라, 지역마다 의견이 다를 수도 있다. 한국과 일본 탈핵운동도 관점과 내용이 다를 수 있는데 상대에 대해 무심히 혹은 맹렬히 내뱉는 말들이 때론 상처를 만들어내기도 한다. '후쿠시마는 죽음의 땅'이라는 말이 그렇고 '일본 사회가 늙었다는 말' 등이 대표적이다.

핵사고가 났어도 떠나지 못하고 그 지역에 사는 사람이 있잖아요. 죽음의 땅에 사람이 살고 있다는 것을 잊지 말았으면 해요. '주장'에 사람 또는 생명에 대한 배려가 없으면 운동으로서 가치가 있는 말인지 살펴봐야 해요. 일본 사회가 초고령화 사회인데 당연히 사회운동 하는 분들도 나이가 들었잖아요. 오히려 평생 사회운동을 놓지 않고 늘 현장에 나타나는 분들이 더 존경받아야 한다고 생각해요. '일본 사회가 늙었다' 이런 말들을 들으면 마음이 좀 복잡해져요.

'후쿠시마 오염수 일본이나 먹어라' 같은 구호를 들었을 때 필자와 오하라 씨의 감정의 간극이 얼마나 벌어졌을지 이제야 짐작이나마 해 본다. 내가, 우리가 내뱉었던 주장과 구호에 혐오와 차별, 선정성은 없었는지 살펴볼 일이다. 사실 우리 사회도 빠르게 초고령화 사회가 되어가고 있지 않은가. 마키우치 쇼헤이 전 〈아사히신문〉 기자는 〈경향신문〉 칼럼 '민주주의 근간을 흔드는 일본의 오염수 방류'에서 후쿠시마 주민들에게는 이제 '분노'보다 '포기' 감정이 지배적이라고 표현했다. "지난 12년 동안 피폭 걱정은 오로지 후쿠시마현 주민들만의 몫이었다"라는 그의 말이 마음의 빚이 되었다.

후쿠시마를 더 다녀보려고요. 후쿠시마에 대한 객관적 사실, 진실 등을 한국 사람들에게 제대로 전하고 싶어요.

오하라 씨가 전해 줄 후쿠시마의 진실과 그후, 일본 사회 이야기가 기다려진다.

울산 시민은
방사선비상계획구역에 산다

탈핵울산시민공동행동 대외협력실장 **용석록**

고리, 신고리, 월성 핵발전소 16기에 둘러싸인
100만 명이 사는 도시 울산에서 '울산공동행동' 집행위원장으로 일했다.
10만 년 이상 관리해야 하는 핵폐기장도, 방사능 재난 대책도 없는 나라에서
N가지 탈핵의 이유를 알리기 위해 지금은 〈탈핵신문〉에서 열정을 쏟고 있다.

경주 지진 충격으로 탈핵운동 시작

탈핵울산시민공동행동(아래 울산공동행동) 용석록 대외협력실장에게 2016년 7월 5일 울산에서 일어난 규모 5.0 지진과 9월 12일 규모 5.8 경주 지진은 충격이었다.

2011년 후쿠시마 핵발전소 사고는 바다 건너의 일이었지만, 직접 지진을 맞닥뜨려보니 후쿠시마가 진짜 현실로 다가왔어요. 후쿠시마가 나의 현실이 되지 않게 하기 위해서는 뭐라도 해야 했죠.

용석록 씨가 탈핵운동을 하는 이유는 다름 아닌 '내 문제'였다.

울산 아래쪽에는 고리 핵발전소 2·3·4호기와 신고리 1·2·3·4호기가 돌아가고 있어요. 울산 위쪽에는 월성 핵발전소 2·3·4호기와 신월성 1·2호기가 가동되고 있고요. 영구 정지된 고리 1호기와 월성 1호기, 건설 중인 신고리 5·6호기까지 합하면 울산은 16기의 핵발전소에 둘러싸인 형국인 거죠. 30km 방사선비상계획구역에는 110만 울산시민 중 100만 명이 살아요. 사고가 난다면 울산 전 지역이 방사선에 피폭 당할 수 있는 구역인 셈이죠.

특히 울산은 핵발전소 사고가 나면 국가 기간산업이 흔들릴 만큼

대표적인 산업도시다. 석유화학공단과 온산 국가산업단지, 미포 국가산업단지가 있고 현대자동차와 현대중공업 등 주요한 기업이 있는 도시다.

2016년 지진을 겪은 후 울산시민들의 탈핵 감수성도 높아졌어요. 보수적인 울산 정치인들도 신규 핵발전소 짓자는 주장을 대놓고 하지 못했어요.

국토 면적 대비 핵발전소 밀집도는 한국이 세계 1위다. 특히 고리와 신고리 핵발전소 단지에는 건설 중인 2기를 포함해 12기의 핵발전소가 있는데, 이 주변은 세계 최대 규모의 핵발전소 단지로 세계에서 가장 위험한 방사선 비상계획구역이다. 부산 고리와 경주 월성 핵발전소가 1978년, 1983년부터 운전을 시작했으니 30~40년 된 노후 핵발전소가 즐비하다.

사고 위험은 커져만 가는데 후쿠시마 인구 대비 21배인 부산·울산 시민 380만 명이 대피할 곳이 이 좁은 국토 안에 과연 있기나 할까? 어떤 산업이 폐기물 쓰레기 처리장도 없이, 사후대처 방안도 없이 존재할 수 있을까? 그런데 2024년 대한민국은 핵발전소 28기를 핵폐기장도 없이 운영·관리 중이다.

2023년 11월 30일 새벽 4시 55분, 경주시 동남동쪽 19㎞ 지점에서 규모 4.0 지진이 일어났다. 갑자기 침대가 덜덜거리더니 건물 전체가 떨리기 시작했다는 신고가 잇따랐다.

'활성단층'과 2023년 경주 지진

2016년 9월 12일 규모 5.8 지진이 일어났던 경북 경주시 내남면 부지리 화곡저수지 부근에서 직선거리로 약 21.8㎞ 떨어진 곳이었다. 월성 핵발전소에서 10.1km 남짓 떨어진 곳이다. 진동은 약 4초간 이어졌고 경주 시민 대부분은 새벽잠 설치며 여진에 신경을 곤두세워야 했다. 인근 울산과 포항 시민도 진동을 느꼈다고 한다. 마침 어머니 건강을 보살피기 위해 본가에 와 있던 용석록 실장을 2023년 12월 1일 강원도 홍천에서 만나 경주 지진 이야기부터 물었다.

경주 지진 당시 식탁에 있던 컵이 밀리고 책장이 흔들리는 등 몸으로 지진을 느꼈어요. 2016년 9월 12일 저녁이었죠. 저도 그렇고 사람들이 모두 건물 밖으로 뛰어나갔어요. 지진 진앙인 경주는 울산 바로 위쪽이에요. 여진이 계속돼서 몇 시간 동안 집에 못 들어갔어요. 지진의 공포도 무서웠지만, 핵발전소에서 사고가 날까 봐 더 걱정이었어요.

2016년 7월 5일 20시 33분경 울산광역시 동구 동쪽 해역 52km 지점에서 일어난 해역지진은 규모 5.0급이었다. 두 달 후인 2016년 9월 12일 오후 7시 44분, 8시 32분쯤 경상북도 경주시 남서쪽 8~9km에서 두 차례 지진이 발생했다. 각각 규모 5.1과 5.8 지진으로 1978년 대한민국 지진 관측 이후 한국에서 일어난 지진 가운데 최대규모로 큰 지진이었다. 수개월 동안 여진도 600여 회가 넘도록 계속됐다. 2017년 11월 15일 규모 5.4 지진이 포항에서 일어났다. 진원지가 얕아 피해 규모는 경주 지진을 뛰어넘었고, 다음날로 예정된 수능이 연기되었다.

지진 기록을 보면 조선 인조 때 경주에서 규모 6.8~7.0 지진이 있었어요. 올해 초 행정안전부가 발표한 자료에 따르면 우리나라 동남권에 활성단층이 16개 있고, 핵발전소 반경 32km 이내에 확인된 활성단층도 다섯 개나 돼요. 활성단층 위에 핵발전소가 있으니 더욱 두렵죠.

부품도 내진 성능에 미달

공교롭게 경주 지진이 발생한 2023년 11월 30일 국회에서 월성 핵발전소에 '불량 앵커볼트(고정 나사)'가 대량 사용된 사실이 폭로됐다. 더불어민주당 김성환·민형배·양이원영 의원은 공동기자회견을 열고 월성 핵발전소 격납건물에 시공한 수천 개 CIP(Cast-in-Placed) 앵커볼트가 내진 성능을 만족하지 못한다고 밝혔다. 기자회견에서는 공익 신고자를 통해 파악한 사업자 한수원과 규제기관 원안위 등에 관한 자료를 발표했다.
CIP 앵커볼트는 콘크리트를 타설할 때 미리 설치해 콘크리트에 매입하는 앵커볼트다. 격납건물 안에 설치하는 핵반응로, 증기발생기, 냉각 펌프, 냉각수 배관, 각종 측정기기 등 안전 등급 설비들을 CIP 앵커볼트에 단단히 고정해야 한다. 안전 등급 설비들을 단단히 고정하는 격납건물 CIP 앵커볼트는 최고 수준의 지진 충격에 견디는 내진 성능을 갖춰야 한다.

김성환 의원실이 공개한 자료에 의하면 월성 핵발전소 3호기 격납건물에 CIP 앵커볼트를 사용한 353개소 고정 부위 중 21개소만 내진설계가 적용됐다. 보통 고정 부위 1개소에 CIP 앵커볼트가 2~8개 사용되니 월성 핵발전소 1~4호기 격납건물을 통틀어 사용된 비내진 CIP 앵커볼트는 총 4천 개에 달할 것으로 추정된다. 활성단층으로 지진 위험이 가장 큰 월성 핵발전소의 지진 대비가 부실하다는 증거다.

핵발전소 안전관리 종사자인 제보자는 수년간 앵커볼트 문제를 제기했지만, 사업자 한수원과 규제기관 원안위 등은 "원자로를 설계한 캐나다 규제 당국에 문의해 문제없다는 회신을 받았다"라는 것을 근거로 시정조치 하지 않았다. 기준에 미달한 부분을 발견하고도 아무런 조치를 하지 않은 것은 원자력안전법 위반이다.

격납건물은 원자로가 폭발하더라도 방사성물질이 외부로 누출되지 않도록 차폐하는 '최후의 방호벽'이다. 문제는 핵발전소 안전이 시스템에 의해 검증되는 것이 아니라 내부 제보자에 의해 우연히, 사후에 마지못해 알려지는 허술한 시스템이라는 데 있다. 수백만 명의 목숨이, 대한민국의 존망이, 그리고 지구촌 안위가 달린 핵발전소 운영이 이리 허술해도 되는 걸까.

길천마을, 골매마을, 신리마을 사람들

충격이었어요. 핵발전소와 마을이 이렇게 가까워도 되는지? 핵발전소와 도로 하나를 사이에 두고 마을이 있더라고요. 눈으로 보고도 믿기지 않았어요.

2011년 후쿠시마 사고가 나고 그해 6월 탈핵울산시민공동행동이 출범한다. 용석록 실장은 울산에 살면서도 후쿠시마 사고가 나기 전에는 울산을 끼고 이렇게 많은 핵시설이 있다는 걸 몰랐다. 2013년 지역 언론사에서 일하면서 핵발전소 지역을 자주 찾아갔다.

핵발전소와 함께 살아가는 마을을 찾고 주민들을 만나러 다녔어요. 그런데 기자라고 하면 표정도 달라지고 입도 닫더라고요. 주민들은 그동안 기자나 외부인들에게 말해봤자 소용없더라면서 기자는 사기꾼으로 취급했고, 외부인에 대한 경계도 심했어요.

그래도 꾸준히 찾아가 인사도 하면서 얼굴이 익자 마을 사람들은 말을 걸며 커피도 내주기 시작했다. 부산 기장군 길천마을과 울산 울주군 골매마을을 자주 찾았다. 길천마을은 고리 핵발전소 바로 앞에 있는 마을이다. 이 마을은 고리 1~4호기가 차례로 들어서면서 주민들의 주 통행로였던 7번 국도가 단절되고 31번 국도가 우회 도로로 개설되면서 마을이 외곽지역으로 밀려나는 아픔을 겪었다. 마을주민들은 이주대책위원회를 구성해 한수원에 이주를 요구하고 있다. 핵발전소가 들어서면 마을이 발전하고 잘 살 거라고 했지만 길천마을 한편에 즐비한 임대형 원룸은 공실이 많고, 다른 한편은 허술하고 허물어져 가는 집들로 마치 슬럼가를 연상케 했다. 핵발전소에서 나오는 지원금은 마을사업 등에 사용했지만, 성공한 사업을 보기 어렵고 개인의 삶을 바꿔주지 못했다. 오히려 집과 땅이 팔리지 않았다. 건설 인력이 빠져나간 마을은 황량한 기운이 완연했다.

골매마을은 더 기막힌 사연을 담고 있다. 울산 울주군 서생면에 위치했던 골매마을은 지금은 사라졌다. 용석록 씨가 2013년 이 마을을 처음 찾아갔을 때만 해도 사람들이 살고 있었다. 이 마을은 신리 7반으로 불리기도 했다. 1996년 한국 최초로 핵발전소 건설을 위한 전국의 10개 후보지 중 고리가 최종 선정되었고, 그해 4~9월 사이에 고리마을 162세대 중 43세대는 기장군 동백리 온정부락으로 40세대는 골매마을로 집단이주 했다. 고향을 지키며 1970년대 말까지 저항하던 주민들도 길천과 월내, 신평 등지로 개별이주를 해야했다. 이들은 천막을 치고 공동생활을 하면서 길을 내고 집을 지어 살았다. 바닷가 축대를 쌓는 데만 3년 가까운 시간이 걸렸다. 그렇게 터를 잡고 살던 골매마을 사람들은 신고리 3·4호기가 건설되면서 또다시 강제로 이주당했다. 용석록 씨는 이러한 주민들의 삶을 취재해 보도했다. 용석록 씨가 10년 전에 만났던 마을주민 중 벌써 여러 사람이 생을 마감했다고 한다. 용석록 씨가 골매마을 주민들의 이야기를 보도하고 알리면서 골매마을에도 연대자들의 발길과 기자들의 취재가 이어졌다고 한다.

골매마을 사람들은 핵발전소가 훤히 보이는 가까운 바닷가로 이주를 희망했어요. 그곳에서는 고향인 고리 핵발전소가 훤히 보여요. 저 같으면 하루라도 핵발전소 돔을 보고는 못 살 것 같은데 끝까지 고향을 버리지 못하는 마음이 아프게 다가왔어요. 바다에 의지해 살아온 터라 바닷가에 삶의 터전을 마련해야 하기도 했고, 고향을 바라보며 살고 싶었던 거지요.

신고리 5·6호기가 건설 중인 현장 앞에는 울산시 울주군 서생면 신리마을이 있다. 이 마을은 주민들이 신고리 5·6호기를 자율 유치했다. 핵발전소가 좋아서가 아니라 신고리 5·6호기가 들어서야 이주를 할 수 있기 때문이었다. 그러나 이에 앞서 서생면 주민들과 울산시민들은 행정구역상 울산에 최초로 들어서는 신고리 3·4호기 건설 당시 반대운동을 강력하게 했었다. 울산시청 광장과 태화강 둔

치에 수천 명이 모여 신고리 3·4호기 건설 반대 집회도 했으나 결국 막아내지 못했다.

주민들은 정부가 추진하는 사업을 막기가 쉽지 않음을 몸소 겪었다. 세월이 흘러 신리마을 전체를 이주시켜 준다는 조건으로 신고리 5·6호기 건설을 유치했다. 핵발전소가 위험하고 불안하다면서도 달리 이주할 방법이 없으니 핵발전소를 유치하는 기막힌 사연을 안고 신고리 5·6호기가 굉음을 내며 공사 중이다. 핵발전소 인접 지역주민들은 그렇게 고향 땅에서, 삶의 터전에서 밀려나고 있었다.

기자에서 탈핵활동가로

2011년부터 울산공동행동이 한 해도 거르지 않고 진행한 '탈핵학교'를 통해 많은 사람이 송전탑 뒤에 핵발전소가 있다는 것도, 피폭 노동에 대해서도 알게 되었다. 용석록 씨도 탈핵학교에 참여하면서 핵발전에 대해 본격적으로 탐구한다. 특히 2013년 밀양 송전탑 건설 반대 싸움을 취재하면서 반민주적인 핵발전소 운영에 뙤리를 틀고 있는 국가폭력의 민낯을 가감 없이 마주한다.

용석록 씨는 밀양 주민들이 송전탑 건설 예정지를 지킬 때, 카메라를 메고 동화전마을, 용회마을, 보라마을, 고정마을, 상동마을, 평밭마을 등 송전탑 건설 예정지에 여러 차례 올라다녔다. 2014년 6

월 10일 밀양송전탑 행정대집행이 있던 날 밀양 전 지역에 팽팽한 긴장감이 돌았다. 용석록 씨는 당시 금곡헬기장 앞에서 '아비규환'과도 같은 장면을 마주한다.

주민과 연대자들을 경찰이 막아서면서 자칫 넘어지기라도 하면 밟힐 정도로 사람들이 뒤엉켜 있었다. 그 안에서 사진을 찍으려고 해도 팔을 마음대로 움직일 수 없었다. 송전탑 건설을 반대하는 한 주민은 돌멩이를 움켜쥐고 자기 머리를 치면서 자해하려고 했고, 주변 사람들이 겨우 뜯어말리기도 했다.

그러나 결국 송전탑은 들어섰죠. 송전탑 건설할 때, 건설된 이후에도 인연 깊은 마을들을 자주 찾아갔어요. 주민들은 눈만 뜨면 집 앞에 커다란 송전탑이 보이는데 볼 때마다 시커멓게 가슴이 타들어 간다고 했어요. 전자파만 사람의 건강을 해치는 게 아니에요. 밀양 주민들이 당한 국가폭력은 철탑 세우는 과정에서도, 송전탑 건설 후에도 진행 중입니다.

2016년 언론사를 그만두고 쉬고 있던 용석록 씨는 2017년 2월 '신고리5·6호기백지화 울산시민운동본부' 사무국장으로 일해달라고 요청받는다.

2016년 지진 이후 핵발전소 안전성에 대한 요구와 신고리 4호기 운영 허가 반대, 신고리 5·6호기 건설 반대 운동이 거세게 일어났어요. 울산공동행동은 전국적으로 진행한 '잘가라 핵발전소 100만인 서명운동본부'를 발족해 탈핵의 대중화를 거세게 밀고 나가는 중이었죠.

신고리 5·6호기 공론화

2017년 문재인 정부는 6월 19일 고리 1호기 영구정지 선포식에서 탈핵을 선언한다. 핵심 내용은 신규 핵발전소 건설중단, 노후 핵발전소 수명연장 금지, 안전한 핵발전소 운영이었다. 신규 핵발전소 중단 방침에 따라 공사를 중단한 신고리 5·6호기는 건설공정률 10%, 종합공정률 28%로 핵산업계의 저항이 심했다. 문재인 정부는 공약을 후퇴해 신고리 5·6호기 공론화를 발표한다. 전국 탈핵 단체들의 연합체인 '핵없는사회를위한공동행동(아래 탈핵공동행동)'은 치열한 논쟁을 벌였는데, 탈핵 의제를 대중화하고 신고리 5·6호기 논쟁에 마침표를 찍자고 생각한 탈핵 단체들이 개별적으로 공론화에 참여한다.

울산공동행동도 공론화에 적극 참여했어요. 당시 울산 여론은 70% 이상이 신고리 5·6호기 건설 중단이었거든요. 문재인 정부가 탈핵 공약을 뒤로 되돌렸지만, 울산시민들은 공론화 성공을 위해 할 수 있는 모든 일을 해야만 했어요.

용석록 씨는 울산공동행동과 함께 신고리 5·6호기 건설 백지화를 위한 교육사업과 대시민 홍보, 대중사업에 힘을 쏟았다. 당시 마을 단위 동아리까지 '신고리 5·6호기백지화 울산시민운동본부'에 참여했고, 울산공동행동이 진행한 교육 횟수만 100회가 넘는다. 그뿐만 아니라 노동자를 대상으로 탈핵 교육에도 힘을 쏟았다.

울산을 노동자의 도시라고 하잖아요. 전국금속노조 현대자동차지부 교육위원회는 2017년 상반기에 '탈핵교육'을 배치하고 4월부터 8월까지 하루 약 250여 명씩 조합원 약 2만 7천 명을 교육했어요. 교육위원회와 울산공동행동은 '방사능 누출사고 시 방사능방재대책을 따져보고 실제 대피는 어떻게 해야 하는지' 등 피부에 와 닿는 내용으로 교육했어요.

울산공동행동은 매일 진행되는 조합원 교육에 참여해 후쿠시마 사진전과 탈핵 선전물을 나눠주며 2천 명에 달하는 '탈핵 노동자실천단'을 꾸렸다. 전국금속노동조합 울산지부도 '안전한 울산 만들기'를 주제로 탈핵 선전물을 자체 제작·배포했고 '피폭 노동자를 생각하는 네트워크' 활동가를 초청해 강연회를 여는 등 피폭 노동과 탈핵에 관한 관심을 높였다.

울산시청 앞에서 농성도 하고 공론화 막바지에는 촛불집회도 열면서 최선을 다했어요. 재정과 홍보를 위해 제작한 탈핵티셔츠도 3천여 장이나 팔렸죠. 티셔츠가 재정 마련에도 한몫했지만 3천여 명의 탈핵지원단이 생긴 거예요. 공론화 과정에서 '울산시민 천인 토론회'도 열었어요.

2017년 9월 24일 울산 남구 종합체육관에서 열린 '신고리 백지화 울산시민 천인 대토론회'에는 870여 명의 성인과 어린이 청소년 등 1천여 명의 울산시민이 모였다. 40분간 진행된 선택 토론은 '핵발전소 주변 서생면 주민들의 고통과 피해(이주, 건강 생존권, 보상 문제 등)에 대해 정부의 역할을 물었고, 신고리 5·6호기 백지화 이후 탈핵 한국을 위한 다음 과제가 무엇이라고 생각하는가'라는 주제로 토론이 벌어졌다. 참가자들은 핵발전소 주변 주민들을 위한 생존권 보장과 이주지역 확대 정책이 필요하다고 했고, 신고리 5·6호기 건설 백지화를 위해서는 재생에너지 확대 정책이 필요하다고 목소리를 냈다. 이어진 공동 토론에서는 교육과 홍보를 통해 신고리 5·6호기 건설의 부당성을 주변에 적극적으로 알리고, 탈핵 집회를 열어 울산시민들의 의지를 표출하자는 의견이 모아졌다.

천인 토론회는 2017년 7월 출범한 '신고리 5·6호기백지화 울산시민운동본부'가 7월 28일부터 9월 20일까지 총 115회에 이르는 탈핵교육과 릴레이 토론을 한 결과물이었어요. '탈핵 골목순례'도 한몫했죠.

2017년 9월 24일 '신고리 5·6호기 공론화위원회'는 '신고리 5·6호기 건설 재개'를 발표한다.

주민 뺀 공론화요? 설계부터 잘못됐어요

시민참여단 471명에게 신고리 5·6호기 건설을 왜 중단해야 하는지? 매몰 비용보다 사후 비용이 얼마나 더 드는지? 세계 최대 핵발전소 밀집 지역이 왜 문제인지? 만에 하나 사고가 나면 380만 명의 대피는 어떻게 가능한지? 지진에 과연 핵발전소는 안전한지? 울산시민 입장에서 생존권을 이야기하고 싶었어요.

용석록 실장은 '신고리 5·6호기 공론화'는 생존권을 위협받는 주민을 배제한 불공정한 설계였다고 주장한다.

신고리 5·6호기 건설중단과 건설재개를 결정할 공론화 시민참여단을 인구 비율로 선정하다 보니, 핵발전소를 한 번도 마주한 적도 없고 전기생산에 큰 관심도 없었던 수도권 전기소비자가 50%를 차지했어요. 16기 핵발전소에 포위된 방사선비상계획구역에 사는 100만 명을 대변할 인원은 단 7명이었죠. 고준위핵폐기물 처리 등 피해 당사자가 될 미래세대의 참여도 제한되었어요. 기계적인 비율로 구성된 시민참여단을 통한 공론화는 한참이나 기울어진 운동장이었지요.

신고리 5·6호기 건설중단을 주장하는 시민사회의 대응도 "핵발전소 위험성을 좀 더 부각했어야 했는데 재생에너지 전환 등 피부에 와닿지 않는 교과서적 대안 제시 등으로 논제를 벗어난 것 같아서 답답했다"라는 용석록 씨는 471명 시민참여단 마음을 움직이지 못한 것이 못내 가슴 쓰리다. '대중의 마음을 움직이는 탈핵운동'은 신고리 5·6호기 건설 찬반 공론화가 남긴 과제가 되었다.

실망과 절망감이 한동안 저와 울산공동행동을 지배했어요. 허탈했죠. 그러나 다음 해부터 부산에서 진행한 '탈핵 교안 만들기와 탈핵 교사 양성' 프로젝트를 함께 하면서 털어냈어요. 탈핵 일반, 고준위핵폐기물, 방사능 방재 등 분야별 교재를 만들었는데 그때 많은 공부가 되었어요. 많은 울산 활동가들도 '탈핵교사 양성과정'에 참여하면서 차츰 가라앉았던 분위기를 회복했어요. 그 후 5년 동안이나 '울산공동행동' 집행위원장 역할을 맡게 되었어요.

10만 년의 책임, 고준위핵폐기물

문재인 정부는 여론을 반영하는 한 가지 방법론인 공론화를 사안의 복잡성, 특수성, 지역성을 반영하지 않고 밀어붙였다.

잘못 설계된 공론화는 대응 자체를 하면 안 되는 거였어요.

'박근혜 정부의 '제1차 고준위 방폐물 관리 기본계획'이 시민사회
의견수렴 없이 졸속으로 결정되었다'라는 문제 제기를 받아든 문재
인 정부는 '고준위 방사성폐기물 관리계획 재검토'를 국정 과제로
삼았고 산업부가 2018년부터 재검토를 시작했다. 문재인 정부는
'신고리 5·6호기 공론화'에 이어 '고준위 핵폐기물 관리'도 공론화
방식으로 추진했다. '신고리 5·6호기 공론화' 패배를 경험한 지역
주민들에게 공론화는 기울어진 운동장에서 레이스를 펼쳐야 하는
불공정한 방식일 뿐이었다.

2019년 산업부가 재검토위원회를 중립적 인사 15명 내외로 구성하면서,
추천된 위원에 대한 제척권을 환경단체와 핵발전업계, 지역주민에게 주겠
다고 하는 거예요. '고준위방사성폐기물 관리방안 재검토 준비단'에 참여
했던 핵발전소 소재지역과 환경단체 등을 공론화위원회에 포함시키지 않
겠다는 의미였어요. 또다시 지역주민은 공론화 논의에서 밀려난 거죠.

울산공동행동 등 15개 단체 연대체인 '고준위핵폐기물전국회의'는
2019년 4월 성명을 통해 "재검토위원회에 이해당사자들이 일부
참여하는 방식을 여러 차례 제안했지만, 전혀 반영되지 않았다"라
며 정부의 일방적인 공론화에 참여하지 않겠다고 밝혔다. 반쪽짜리

재검토위원회가 된 셈이다.

월성 핵발전소는 중수로형으로 핵폐기물 배출량이 많아 1992년부터 핵발전소 건물 바깥 부지에 '캐니스터'라는 건식저장시설(공냉식)을 별도로 300기 건설했고, 2006년부터 대용량 조밀건식저장시설인 맥스터 7기를 건설해 2010년부터 운영했어요. 그런데 이마저도 포화상태가 되자 맥스터 증설 계획을 세웠어요. 산업부는 이 또한 공론화로 돌파하려 했고, 지역 주민 참여와 조작 논란 등의 문제가 발생해요. 특히 울산에서는 공론화 시민참여단에 울산시민을 배제한 문제로 인해 반발이 거셌지요.

울산 북구는 월성 핵발전소로부터 7km 거리에 인접해 경주 시내보다 월성 핵발전소와의 거리가 훨씬 가깝다. 월성 핵발전소 맥스터 공론화 시민참여단을 경주 시민 145명으로 꾸린다는 결정에 울산북구 주민들은 반발했다. 울산시장, 울산북구청장, 울산시의회 등도 울산지역 주민들의 의견수렴이 필요하다는 뜻을 계속 정부와 사용후핵연료 재검토위원회에 전달했지만 무시되었다.
울산 북구 주민들은 2020년 6월 5~6일 월성 핵발전소 사용후핵연료 임시저장시설 맥스터 증설에 대해 주민 의견을 묻는 주민투표를 실행했다. 총 유권자의 28.82%인 50,479명이 투표에 참여했고 투표참여자 47,829명인 94.8%가 월성 임시저장 시설인 맥스터 증설에 반대표를 던져 월성 핵발전소 맥스터 추가건설 반대의 뜻을 분명히 했다.

임시 저장시설을 언제까지 운영할 것인지, 영구처분장은 언제쯤 건설될 것인지에 대한 논의나 대안도 없이 밀어붙인 또 다른 공론화는 민의를 상실한 채 군사독재 시절과 다를 바 없이 진행되었다.

공론화가 고준위핵폐기물 임시저장시설을 늘리는 방편으로 이용될 것을 경계했어요. 진정한 공론화는 정부가 전 국민을 대상으로 고준위핵폐기물의 '위험성'과 '해법 없음'을 제대로 알리는 것부터 시작해야 해요. 핵발전소를 40년 가동했어도 고준위핵폐기물 영구처분장이 없다는 사실을 모든 국민이 알아야 제대로 핵발전에 대해 고민할 수 있죠. 고준위핵폐기물 임시 처분장을 만드는 것이 공론화의 시작이어서는 안 되죠.

이해당사자인 주민을 배제한 공론화 재검토 과정은 졸속·엉터리·밀실·불공정으로 얼룩졌으며, 2021년 3월 재검토위가 발표한 '사용후핵연료 관리에 대한 권고안'과 연이은 산업부의 '제2차 고준위방폐물 관리 기본계획' 수립으로 이어졌다. 문재인 정부는 고준위핵폐기물을 '부지 내 저장시설'이라는 이름으로 건설할 수 있게 하는 기본계획을 수립했다. 핵발전소로 40년이 넘도록 고통받은 지역주민에게 또다시 '위험을 떠안기는 방식'으로 고준위핵폐기물 처분 방안을 마련한 것이다.

고준위 특별법안 폐기해야

국회에는 고준위 방사성폐기물 관리에 관한 특별법안(아래 고준위 특별법안)이 세 개 발의돼 있어요. 산업부를 비롯해 정부 여당은 고준위 특별법안 통과를 위해 안간힘을 쓰고 있는데, 이 법안은 핵발전소 지역에 더 많은 위험과 희생을 강요하는 내용을 담고 있어요. 고준위 핵폐기물 중간저장시설이나 영구처분시설을 마련하기 전까지 현재 가동 중인 핵발전소 부지에 고준위 핵폐기물 저장시설을 더 지으라는 '사용후핵연료 부지 내 저장'이 가장 큰 문제예요. 핵발전소 인근 지역 주민과 시민단체가 이 법안을 반대하는 이유죠.

국내 핵발전소는 현재 발전소마다 '사용후핵연료 습식장 시설'을 운영 중이다. 핵발전을 시작한 지 40년이 지났으나 중간저장시설이나 영구처분시설 부지 선정은 40년째 표류상태다. 정부와 사업자는 굴업도, 안면도, 부안, 삼척, 영덕 등 여러 지역을 고준위 핵폐기물처분장 부지로 선정하려고 했으나 굴업도는 해저에서 활성단층이 발견돼 부지 지정 고시를 못 했고, 대부분 지역은 주민과 지방자치단체의 거센 반대로 부지 선정에 실패했다. 더군다나 동남권에서 발견된 16개의 활성단층과 잦은 지진 등으로 영구 핵폐기물 처분장 찾기는 요원해졌다.

사용후핵연료 즉 고준위 핵폐기물은 말 그대로 방사성물질의 독성 준위가 높은 핵폐기물을 말해요. 여기서 나오는 방사성물질의 종류는 1천 가지가 넘고, 독성 반감기는 짧게는 며칠에서 길게는 10만 년 이상이에요. 흔히 알고 있는 플루토늄-239 반감기는 2만 4천 년이에요. '반감기'는 수명이 반으로 줄어드는 것이니 사용후핵연료의 플루토늄 독성이 완전히 없어지려면 24만 년이 걸려요. 플루토늄보다 반감기가 더 긴 테크네튬-99는 21만 년, 주석-126은 10만 년 등 독성이 완전히 사라지기까지 인류가 상상하기 어려운 기간이 필요한 거죠. 이런 맹독성 방사성물질을 처분해야 하는 고준위 핵폐기물 처분장 부지 선정을 환영할 지역을 찾는 일이 가능할까요? 고준위 핵폐기물 처분 문제는 '단순히 부지를 어디에 선정할 것인가?'만의 문제가 아니에요. '과연 10만 년 이상 고준위 핵폐기물을 안전하게 보관할 기술이 인간에게 있는가?'라는 근본적인 질문부터 시작해야 해요.

세계 200여 국가 가운데 현재 핵발전을 하는 나라는 33개국에 불과하다. 핵발전 국가 중 18억 년 동안 흔들림 없었고 지하수가 거의 없는 화강암 암반을 찾아낸 핀란드가 유일하게 고준위핵폐기물의 10만 년 심층매립을 목표로 고준위핵폐기물 영구처분시설을 건설 중이다.

흔한 말로 '화장실 없는 아파트'를 계속 지으면서 위험성이 큰 고준위 핵폐기물은 핵발전소 부지에 더 쌓아놓자는 것이죠. 매년 750톤의 고준위핵폐기물이 쏟아져 나와요. 영구처분장 부지조차 없는 상황을 고려해 수명연장을 하지 않겠다거나, 신규 핵발전소 건설을 하지 않겠다는 최소한의 약속도 없이 지역에 위험과 희생을 강요하는 것이 바로 고준위 특별법안이에요. 핵 진흥정책을 폐기하지 않으면 해결할 수 없어요. 핵발전소 사고 위험과 고준위 핵폐기물 처분 문제는 핵발전소 지역만의 문제가 아니라 수도권을 포함한 우리 모두의 책임임을 알았으면 좋겠습니다.

'복합 재난' 방재 대책 '없음'

기후위기로 인한 자연재해가 잦아졌어요. 핵발전소는 쓰나미, 폭우 지진 등으로 전기가 차단되면 원자로 폭발로 이어질 가능성이 커요. 1978년 고리 1호기 상업 발전 이후 45년이 흘렀어요. '핵발전은 안전하고 깨끗하고 싸다'라는 3대 신화가 깨져감에도 아직 사람들은 '설마'라는 안전불감증을 붙들고 탈핵을 외면하려 해요. 특히 핵발전소로부터 멀리 떨어진 도시의 전기소비자들과 핵발전소 인근 주민들의 생각 차이가 크죠.

핵발전소에서 방사능이 외부로 누출되는 상황에 대비해 주민 보호 조치 의무를 담은 '원자력시설등의방호및방사능방재대책법'은 지역주민들에게 다른 탈핵 이슈보다 민감하게 다가온다. '핵물질과 원자력시설을 안전하게 관리·운영하기 위하여 물리적 방호체제 및 방사능 재난 예방체제를 수립하고, 국내외에서 방사능 재난이 발생하였을 때 효율적으로 대응하기 위한 관리체계를 확립함으로써 국민의 생명과 재산을 보호함'이 목적인 방사능방재법은 방사능 재난 사고 대응을 위한 비상 조직 훈련 등을 명시하고 있다. 이 법에 따라 핵발전소 반경 30km 내에 속하는 방사선비상계획구역의 광역 및 기초자치단체는 방사능 재난에 대비한 주민 보호 조치를 수립하고 실행해야 한다.

그러나 대응 매뉴얼을 꼼꼼하게 들여다보면 허점과 한계가 많다. 각 지자체가 수립한 방사능 재난 대비 행동 매뉴얼의 가장 큰 문제는 '복합재난에 대한 대비책이 없다'라는 점이다.

후쿠시마 핵발전소 사고처럼 '지진과 해일'이라는 자연재해로 인해 핵발전소에서 사고가 일어나 대량의 방사성물질이 외부로 누출될 때 '지진과 방사성물질 누출'이라는 두 가지 재난에 대응해야 하는데 현재 존재하는 국내 매뉴얼은 도로가 파손되지 않는 상황을 고려해 수립한 대응책이에요. 핵발전소가 가까운 마을부터 열차나 자동차를 이용해 대피한다는 매뉴얼인데, 지진으로 인해 도로가 파손되면 시민들은 긴 시간 방사능에 노출될 수밖에 없어요. 빠르게 방사능 오염지역을 벗어나는 것이 최선의 대피인데 도로 위에서 피폭될 가능성이 커지죠.

지진과 핵발전소 사고라는 복합재난이 고리와 월성 핵발전소에서 일어난다면 반경 30km 이내에 380만 명이 거주하는 부산과 울산 지역주민들의 대피 계획이 없다는 말이다.

현재 수립된 매뉴얼도 정보통신이 끊길 때를 대비한 적절한 대응 방안을 갖추지 못한 상태예요. 이 역시 실제 대량의 방사성물질이 누출되면 엄청난 혼란이 일어날 거예요.

정부와 방사선비상계획구역 내 광역·기초자치단체의 주민보호 대책도 미흡하고, 그 마저도 피해지역 주민들에게 제대로 교육하고 홍보하지 않는다는 것이 용석록 씨 주장이다.

법으로 정한 방사능 재난 대응 훈련은 주로 핵발전소와 가까운 지역주민 중심으로 시행하고 있는데, 울산의 경우 100만 명 시민 대다수가 방사능 재난 시 통제하는 도로와 이동을 할 수 있는 도로를 모르고 있어. 평상시 교육과 홍보가 부족해 실제 재난이 발생하면 누구나 자동차를 가지고 도로로 나갈 거예요. 도로에서 피폭이 불가피한 상황을 맞이하게 될 것은 뻔하죠.

울산공동행동과 울산시, 김종훈 국회의원이 2018년 9월 4일 '방사능방재대책 울산시민 안전토론회'를 열었다. 용석록 씨는 토론회에서 지역주민의 피해를 줄일 수 있는 현실적 대책인 방사능방재 교육과 훈련, 갑상샘 보호 약품 사전 배부의 중요성을 제기했다. 토론회 이후 김종훈 의원은 갑상샘 보호 약품 사후 배부이던 법 규정을 사전 배부도 가능하게 일부 개정했다. 중요한 성과 중 하나이지만, 여전히 지자체는 관외 구호소 지정 등에 어려움을 겪고 있다.

복합재난 대응책 부재와 정보통신 두절에 대한 대비책이 제대로 수립되지 않은 '방사능 재난 대비 매뉴얼'은 주민 보호를 제대로 할 수 없어요. 핵발전소 사고가 매뉴얼 대로 일어난다는 보장도 없고 인류사회가 경험해 보지 못한 재난이 많아질 기후위기 시대에 사고 후 대비책이 없는 핵발전소는 중단해야 해요.

2023년 5월 2일 SBS는 울산지역의 열악한 방사능 방재 인프라에 대해 보도했다. 방사능 사고 시 주민들에게 신속히 보급해야 할 방재 물품이 폭우가 내리면 물에 잠길 수 있는 배수장 창고에 임시로 쌓여 있었고, 울산 중구 주민 21만 명에게 보급되기에는 턱없이 부족한 양이었다. 주민용 보호구는 1,800여 개였고 방사능 중증도를 판단할 피폭량 측정기도 50여 개에 불과했다. 기본적인 대피로와 적절한 대피로도 구축되어 있지 않았다.
부산, 경주, 울진, 영광은 방재시스템이 과연 작동하고 있을까? 지역주민들은 각자의 집이나 마을회관 등에 요오드가 상시 배치되어야 하고 방사능 대피요령을 숙지하고 훈련해야 한다는 사실을 알고 있을까? 핵발전소가 '전기공장'이 아닌 '고준위방사능쓰레기'를 처리해야 하는 핵시설임을 제대로 알고 있는가? 의문과 질문이 꼬리를 문다.

'탈핵'을 '탈핵'이라 말하자

인터뷰를 청한 2023년 12월 첫째 주는 〈탈핵신문〉 편집 기간이기도 했다. 용석록 실장의 홍천 작업실을 방문했을 때 창문을 뚫고 햇살이 들이쳤다. 반려묘 '나나'가 툇마루에 앉아 존재를 알리고, 먹이 주러 나가는 집사 뒤를 따라 마당에 나서니 틈틈이 농사지은 배추밭과 작약, 민들레, 모란 그리고 각종 허브를 심고 거둔 뜰이 아담하다. 내리꽂는 햇살과 홍천의 청정 공기에 잠시 탈핵운동의 고단함을 달랠 양인지 용석록 씨는 이제 막 싹을 틔우는 시금치 자랑이 한창이다. 눈과 비, 새벽바람과 깊은 밤을 담은 봄날의 시금치나물은 상상만으로도 달짝지근하다.

툇마루에 앉아 울산 활동도 만만치 않았을 텐데 어쩌다 〈탈핵신문〉 편집위원장을 맡게 되었는지 물었다. 후쿠시마 사고 이후 2012년 6월 창간된 〈탈핵신문〉은 2019년 미디어협동조합 이름으로 재창간 하면서 용석록 씨가 편집위원장을 맡고 있다.

〈탈핵신문〉은 2011년 후쿠시마 사고 이후 탈핵 활동가들이 탈핵 미디어가 필요하다는 데 의기투합해 만든 신문이에요. 2017년 신고리 5·6호기 공론화 이후 잠시 휴간하고 〈탈핵신문〉의 진로를 논의할 때 저도 논의에 참여했었죠. 그전에는 통신원으로 참여하다가, 신문을 다시 발행하기로 하면서 제가 편집장을 맡게 되었어요. 그렇지 않으면 신문을 발행하기 어려운 상황이었어요. 〈탈핵신문〉 제호에 대해 다른 의견을 주시는 분들도 있지만 저는 '탈핵'을 '탈핵'이라고 분명하게 말하는 미디어 하나는 필요하다고 생각해요.

핵발전소 관련 용어가 어려워서 아무리 풀어 써도 쉽지 않지만, 대중들에게 쉽게 다가가기 위해 노력하고 있다는 용석록 씨는 후쿠시마 오염수 문제에 한창 관심이 고조됐을 때 한 매체와의 인터뷰에서 '후쿠시마 오염수의 본질은 핵발전소'라는 말로 일갈했다. 핵발전소는 기체, 액체, 고체 형태로 매일 핵폐기물을 내어놓고 있다. '후쿠시마 오염수 해양투기'는 슬며시, 일상적으로 버려왔던 핵 오염수를 공개적으로 버리겠다는 것이니, 25기나 돌아가고 있는 우리나라 핵발전소 문제에 더 많은 관심을 가져달라는 요청이었다.
월 1회 타블로이드판 16면을 발행하는 〈탈핵신문〉은 편집위원과 27명의 통신원이 만들어낸다. 십시일반, 제 돈 들여가며, 탈핵을 염원하는 사람들이 만들어내는 신문이다.

서울, 청주, 대전, 대구, 경주, 부산 울산, 고창, 광주 등에서 '〈탈핵신문〉 읽기 독자모임'이 진행되고 있어요. 청주 사는 열혈독자이며 통신원인 한 분은 〈탈핵신문〉이 나오면 친구나 지인들을 만나서 읽어줘요. 핵발전 문제를 잘 모르는 지인에게 이를 설명하는 매개로 〈탈핵신문〉을 들고 가는 것이죠. 독자 중에는 기자들도 꽤 있어요. 탈핵 관련 기사 쓸 때 도움이 많이 된다고 합니다. 독자 모임에 나오는 분도 있고 후원으로 응원하기도 해요.

신문 구독료는 연 5만 원인데 구독료만으로는 운영이 어려워 월 1만 원 후원 구독을 권한다.

핵산업계도 〈탈핵신문〉을 모니터링 한다고 들었어요. 지피지기 차원인지 모르겠지만, 더욱 분발하려고요.(웃음)

우리의 일상을 바꾸려면 탈핵을 어떻게 말해야 할까

얼마 전 도서관 서가에서 책을 둘러보다가 눈에 띈 책 제목이 《기후변화, 이제는 감정적으로 이야기할 때 - 우리 일상을 바꾸려면 기후변화를 어떻게 말해야 할까》(리베카 헌들리·이민희 엮음·양철북)였다. '기후변화'에 '탈핵'을 바꿔 넣어보니 나에게 던지는 질문 같았다. "탈핵을 어떻게 말해야 할지" 글을 쓰고 의견을 많이 전달해야 하는 용석록 씨에게 물었다.

2017년 신고리 5·6호기 공론화 대응할 때 수없이 교육했어요. 당시에는 부르면 다 갔죠. 한 번은 노인복지관에서 교육해 달라고 해서 갔어요. 노인 복지관은 기본적으로 어르신들이 이용하시잖아요. 어르신 세대는 탈핵이라고 하면 안 좋게 생각하셔요. 그날도 신고리 5·6호기 이야기하러 왔다니까 삐딱하게 절 쳐다보더라고요. 저는 교육하면서 한 번도 탈핵 이야기를 하지 않았어요. 다만 있는 그대로 사실만 설명했어요. '핵'이라는 것이 어떤 물질이고, 발전소는 어떻게 돌리고, 어떤 사고가 나고, 우리가 사는 곳이 핵발전소로부터 얼마나 가까운지 이야기했죠. 그리고 체르노빌, 후쿠시마 사례를 들면서 울산시 방사능 방재 대책을 설명하니 강사로 온 저만의 문제가 아니라 듣는 사람들의 문제가 되는 것 같더라고요.

울산은 위아래로 이렇게 많은 핵발전소가 있고 전기가 부족하지도 않은데 신고리 5·6호기까지 추가되면 우리의 위험은 증가할 수밖에 없다고 결론짓자 삐딱하게 보던 어르신들의 태도가 달라졌다는 용석록 씨는 탈핵을 추상적인 말이 아니라 '나의 문제'로 접근해야 한다고 말한다. 핵발전소 지역만 해당하는 말이 아니다. 후쿠시마 오염수로 인한 피해나 사고로 인한 피해는 서울이나 수도권도 피할 수 없기 때문이다.

도시 사람들에게는 먹거리 문제로 접근하면 어떨까요?

2023년 4월 시민방사능감시센터와 환경운동연합은 2018년부터 2022년까지 5년 동안 일본 후생노동성 식품에서의 방사능물질 검사 결과를 분석한 〈일본산 농수축산물방사능 오염 실태 분석 보고서〉를 발표했다. 일본 정부는 2022년 총 3만 6,115건의 농수축산 식품을 대상으로 방사성물질(세슘-134, 세슘-137) 검사 결과를 발표했다. 식품 종류별 방사능 검사 결과 수산물 5.3%, 농산물 21.1%, 축산물 2.6%, 야생육 29%, 가공식품 6.3%, 유제품 0.3%에서 방사성물질인 세슘이 검출됐다.

농산물에서 21.1%나 검출됐어요. 문제는 지난 5년간 방사성물질 검사 건수는 줄었는데 검출률은 오히려 증가했다는 점이에요. 후쿠시마현 포함 주변 8개 현 농산물 세슘 검출은 22%, 그 외 일본 전역에서는 세슘 14%가 검출되었어요. 수산물에서도 세슘 검출률이 높아요. '세슘 우럭' 들어보셨죠? 특히 후쿠시마보다 인근 현에서 잡힌 수산물에서 세슘 검출이 늘어났다는 점을 눈여겨봐야 해요. 일본 식품에서 방사성물질 검출 비율이 2018년 1.83%, 2019년 1.84%, 2020년 3.57%였는데 2021년 9.9%로 뛰더니 2022년 11.5%로 많아졌어요. 시간이 지나면서 방사능물질이 축적되고 농축되면서 사고 지역뿐만 아니라 모든 지역에서 방사성물질이 검출된다는 이야기죠.

"한번 배출된 방사성물질은 반감기에 따라 독성이 줄어들겠지만 사라지지는 않는다"라는 점을 핵발전소 외 지역 도시 사람들이 알았으면 좋겠다는 말이었다. 핵발전소 사고는 우리 모두를 당사자로 만든다. 일상을 바꾸려면 일상의 탈핵 이야기를 해야겠다.

세대교체

강원도의 밤은 빨리 온다. 서둘러 자리를 털며 용석록 씨에게 "탈핵이 될까요?"라고 우문을 던져본다.

탈핵은 돼요. 일단 핵발전소 자체가 대책 없잖아요. 사고 위험이 일상적으로 존재하고, 고준위핵폐기장은 어디에도 만들 수 없을 거예요. 기후위기가 격화되면서 해수 온도가 올라가고 기상이변으로 핵발전소 위험은 가중될 수밖에 없어요. 핵발전소가 대안이 아니라는 사실을 모두가 인정할 때가 올 거라고 믿어요.

알면 알수록 핵은 정말 인간이 감당할 수 있는 물질이 아니라는 용석록 씨는 우리나라는 전문가 그룹이 적어 아쉽고 젊은 세대가 그들의 언어와 행동으로 탈핵운동의 지평을 넓혔으면 좋겠단다.

핵발전소가 워낙 복잡다단하잖아요. 물리학자나 핵공학자들이 제대로 이야기를 해주면 좋은데, 우리나라에는 그런 전문가가 한 손에 꼽을 정도예요. 일본은 다카기 진자부로 선생님 같은 선구적인 물리학자이자 반핵운동가가 계셨고 이후로도 핵물리학자나 공학자 등이 반핵·탈핵운동을 이끌었어요. 일본 시민과학자의 산실 원자력자료정보실 등이 허브가 되어 끊임없이 학술적 근거와 자료 등을 제시하잖아요. 우리로서는 아쉽고 부러운 일입니다.

그러면서도 용석록 씨는 희망을 이야기한다. 울산에는 탈핵을 진정으로 염원하고 행동하는 사람들이 많다고 한다. 2011년 결성한 울산공동행동은 연대체임에도 불구하고 규모가 큰 시민단체 이상으로 일을 많이한다.

'이해하기 쉽고 공감 가는 언어로 말하자'라는 자성의 목소리를 담은 울산공동행동은 2024년 5월부터 울산 시내버스에 '오래된 원전, 고리 2호기 문 닫자'라는 광고판을 달았다. 또한 지난 5월 14일 문을 연 2024 울산탈핵학교는 '탈핵공부가 이렇게 재미있을 줄이야'라는 부제를 붙였다. 울산 탈핵버스도 타고 싶고, 재미난 탈핵학교 동창생도 되고 싶은 사람들이 울산공동행동에 많이 모여들었으면 좋겠다.

마지막으로 용석록 씨는 아주 적은 양의 피폭이라도 건강에 영향을 줄 수 있는 '저선량 피폭 문제에 대한 사회적 담론'을 시작해야 한다고 덧붙인다.

최근 정부가 후쿠시마 오염수로 인한 피폭선량이 기준치 미만이라며 안전하다고 말하잖아요. 그러나 방사선은 장기간, 지속적으로 피폭될 때 기준치 미만이라 하더라도 건강에 분명히 영향을 미칠 수 있습니다. 한국 사회가 아직 '기준치 미만' '저선량 피폭'이라는 문제에 민감하게 반응하지 않는데, 갈수록 암 증가 등 방사능으로 인한 피해가 늘어날 것이라고 봅니다.

텃밭에서 농사지은 배추와 무를 챙기고 밥에 넣어 먹으라며 얼려두었던 완두콩을 주섬주섬 싸던 용석록 씨는 "우리 세대는 우리 방식대로 탈핵 운동을 했는데 젊은 세대는 그들의 사유와 삶의 방식에 맞는 탈핵 운동을 이어갔으면 좋겠어요. 그러려면 저변을 넓히는 일들을 많이 벌여야 할 텐데 고민이네요"라고 말한다.

용석록 씨가 싸 준 강원도 먹거리를 챙겨오며 '세대'라는 말이 맴돌았다. 초등학교 때부터 자연과의 관계를 생각하는 생태교육을 한다는 독일 교육제도를 언제까지 부러워만 해야할까. 젊은 세대에게 '일상을 바꾸는 탈핵 이야기'를 어떻게 건넬지 나 또한 고민이다. 천만관객 탈핵영화도 좋고 BTS나 뉴진스, 조용필이나 아이유가 부르는 탈핵노래는 어떨까? 꿈이 아닌 현실에서 말이다.

"탈핵하는 사람, 귀하고 소중한 존재들"

'법으로 싸우는 영희 씨'는 한빛 1·2호기 수명연장 위법성을 가리기 위해 소송 중이다. 법원의 각하 처분을 받아 든 다음 날 또 다른 소송을 준비한다. 지는 재판도 세상을 바꾸기 때문이다. 태풍과 지진으로 핵발전소 위험지수가 높아지니 김영희 변호사 변론과 탈핵싸움은 더욱 거세질 모양이다.

'서울 사람들은 핵발전소가 싸놓은 똥이 무섭지 않냐'고 묻던 노병남 영광군 농민회장은 망치가 돌아다니고 구멍까지 숭숭 뚫린 한빛 핵발전소 여섯 기의 안전이 늘 걱정이다. 2025년 1호기부터 시작해 영구폐쇄 예정인 한빛 핵발전소가 수명을 연장한다니, 농사꾼 발길이 자꾸 탈핵 현장으로 향한다.

탈핵, 탈송전탑, 탈석탄 깃발을 한 뼘이라도 더 높이기 위해 삼척우체국과 삼척시청을 부단히 오가는 이옥분 씨는 사부작사부작 사람들을 챙긴다. 손은 많이 가도 티가 안 나는 일이지만, 삼척평화를 지키러 오는 이들이 너무도 고맙다. 옥분 씨 건강도 누가 챙겼으면 좋겠다.

'한국살이 24년 차 광주댁 오하라 츠나키 씨'는 한국 탈핵을 위해 영광과 고창, 함평, 무안 등을 동동거리며 오간다. 여전히 〈탈핵신문〉에 글을 쓰고 살림을 챙긴다. 오하라 표 핸드메이드 가방은 오하라 씨의 탈핵 활동을 돕는다. 가방 만드는 일이 오하라 씨에게 힐링이라니 응원해야겠다.

지난 5월, 갑자기 곁을 떠난 어머니의 빈자리를 메울 요량으로 어머니 밭에 꽃을 심고 씨를 뿌렸다. 풀매기 노동에 시달리지만, 옥수수와 감자 등 어머니 밭에서 거둔 것을 삶고 쪄 사람들과 나눈다. 〈탈핵신문〉을 만들고, 울산 등 전국 탈핵현장을 내달리는 용석록 씨에게 어머니 밭은 '짬'을 내어준다.

지난해 탈핵하는 사람들의 이야기를 담고자 필자가 만났던 '탈핵 잇_다' 주인공 다섯 명은 1978년 고리 1호기 가동 이후 한 번도 멈춘 적 없는 핵폭주에 맞서 법원과 지역, 미디어 현장에서 싸워온 이들이다.

핵발전소를 안고 사는 지역주민은 늘 불안하고, 괴롭고, 외롭다. 일을 나눌 동료를 쉬이 찾기 어렵고 핵발전소 사건·사고들은 마주하기 두렵다.

'탈핵 잇_다'는 수십 년 동안 탈핵 현장을 일궈온 사람들의 외침에 대한 화답인 셈이다. 10명의 이야기를 모아보니 탈핵운동의 역사다.

탈핵하는 사람들 모두가 '귀하고 소중한 존재'임을 독자들도 알아챘으면 좋겠다.

이태옥

싸놓은 똥은 치워야지 않겄소
동료 시민 10인의 탈핵잇_다

발행일 | 2024년 9월 1일
지은이 | 김우창, 이태옥
기　획 | 원불교환경연대
디자인 | 우형옥

펴낸이 | 최진섭
펴낸곳 | 도서출판 말
출판신고 | 2012년 3월 22일 제2013-000403호
주　소 | 인천광역시 강화군 송해면 전망대로 306번길 54-5
전　화 | 070-7165-7510
전자우편 | dream4star@hanmail.net
ISBN | 979-11-87342-30-4(03330)

* 값은 뒤표지에 있습니다.
* 잘못된 책은 본사나 구입하신 곳에서 바꾸어 드립니다.